# LE
# SIÉGE DE PARIS
## PAR LES NORMANDS

SE VEND À PARIS

A la librairie classique et élémentaire de L. HACHETTE, ancien élève de l'école normale, rue Pierre-Sarrazin, n° 12.

# LE SIÉGE DE PARIS

## PAR LES NORMANDS

### EN 885 ET 886

## POÉME D'ABBON

AVEC LA TRADUCTION EN REGARD

ACCOMPAGNÉ DE NOTES EXPLICATIVES ET HISTORIQUES

## PAR N.-R. TARANNE

PROFESSEUR DE RHÉTORIQUE AU COLLÉGE STANISLAS

## PARIS

IMPRIMÉ PAR AUTORISATION DU ROI

## A L'IMPRIMERIE ROYALE

—

M DCCC XXXIV

# AVANT-PROPOS.

L'ouvrage qu'on livre ici au public n'a, pour se recommander auprès des lecteurs, ni l'attrait de la nouveauté, ni le piquant de l'à-propos, ni surtout l'intérêt d'une composition bien conçue et bien exécutée. C'est un poëme en latin barbare, composé à la fin du ix<sup>e</sup> siècle par un moine ignorant et sans goût, et qui n'est pas aujourd'hui mis en lumière pour la première fois : mais c'est le récit assez détaillé d'un fait important de notre histoire ancienne; c'est un monument de l'état des lettres et du langage à cette époque; c'est surtout l'œuvre d'un bon citoyen, sensible à la gloire de ses compatriotes et à l'abaissement de son pays; attaché à son roi, dont il est l'admirateur sincère, mais non pas l'aveugle panégyriste; et qui seul lui adresse des reproches que l'histoire semble n'avoir pas entendus. Enfin, malgré les fautes que l'auteur s'est cru en droit de reprocher au prince, c'est dans son livre que sont consignés les titres les plus réels à la royauté du premier roi français élu librement par des Français : la supériorité de la valeur, et la défense heureuse d'une ville confiée à sa garde.

Il ne faut donc pas s'étonner si, malgré la rudesse de ses formes, cet ouvrage a mérité l'attention de tous ceux qui se sont occupés de notre histoire. Sans parler des éditeurs, nos historiens, Mézeray, Cordemoy, Daniel, Félibien, etc., ont, dans leurs récits, donné l'analyse et presque la traduction des passages les plus importants de ce poëme : ils ont tous senti ce que présentaient d'intérêt à l'observateur de nos antiquités, et au citoyen jaloux des gloires nationales, la fière attitude d'une ville occupant à peine un point dans l'immense empire de Charlemagne, tandis que tout tremblait alentour; et sa résistance opiniâtre à la toute-puissance d'un ennemi, depuis plus d'un demi-siècle l'effroi des peuples et des rois, même de ceux qui se faisaient ses tributaires.

Sans attribuer trop d'influence à un fait unique, on peut croire que Paris, délaissé par les Francs-Germains de Charlemagne, dut à cette défense héroïque, aussi bien qu'à son heureuse position, l'avantage de redevenir la capitale du royaume qui allait se reformer : en effet, cette ville, qui n'était pas même auparavant capitale du grand fief appelé plus tard duché de France, le fut seulement à partir de l'époque qui nous occupe. (Voyez note 16 de l'introduction.) Probablement les comtes de Paris, devenus seigneurs de cette grande province, puis rois de France, auront tenu à honneur de siéger dans une cité ancien théâtre de leurs hauts faits : et d'ailleurs l'attachement et la valeur de ses habitants semblaient garantir la stabilité de leur puissance.

Telles sont les considérations qui m'ont frappé, après tant d'autres, à la première lecture de cet ouvrage. Avant de connaître la traduction insérée dans la collection de nos anciens mémoires, par M. Guizot, j'en avais traduit quelques passages détachés, pour donner à des jeunes gens une idée de ce poëme et du style de l'auteur. Depuis, j'ai été amené à le traduire tout entier : je pourrais dire, avec l'auteur lui-même, dans son épître dédicatoire, pour deux raisons : d'abord, afin de m'exercer; ensuite, pour laisser un exemple mémorable de ce que doit faire tout homme chargé de la défense d'un peuple. J'en ajouterai une troisième : j'ai désiré familiariser, les jeunes gens surtout, avec un auteur qui, malgré huit éditions, deux commentaires, dont un aussi ancien que l'auteur lui-même, et une traduction qui n'est pas sans mérite, est resté ignoré, ou n'est connu qu'imparfaitement. Aurai-je réussi? C'est aux hommes instruits à en juger. Je n'ai pas la prétention de leur rien apprendre de nouveau; mais s'ils croient mon travail de quelque utilité pour la jeunesse, je me féliciterai d'avoir payé au public une mince partie de ma dette, comme homme, en présentant à d'autres hommes quelques faits intéressants et des exemples à imiter; comme Parisien, en rappelant les anciennes gloires de ma ville natale.

# PRÉFACE.

POINTS A TRAITER DANS CETTE PRÉFACE : I, OBJET DU POEME; II, AUTEUR DU POEME, ABBON; III, EXAMEN DE SON OUVRAGE; IV, GLOSE INTERLINÉAIRE; V, MANUSCRIT; VI, ÉDITIONS ET TRADUCTIONS.

---

I. Le poëme dont on donne ici une nouvelle édition et une traduction est intitulé : *Des guerres de la ville de Paris*. En effet, c'est principalement à retracer le long siége de cette ville par les Normands en 885 et 886, et leurs attaques souvent renouvelées, même depuis cette époque, qu'est consacrée la plus grande partie de l'ouvrage. Mais ce n'est pas là seulement l'objet de l'auteur : il voulait encore, comme il le dit dans sa préface, célébrer les grandes actions du roi Eudes, et surtout les miracles opérés par saint Germain, son patron. Ce but est indiqué encore par la phrase complémentaire qui termine le second livre : d'où il suit qu'il n'y a pas dans son poëme unité de sujet. Le siége de Paris est terminé au vers 342 du deuxième livre; les ravages des Normands, les miracles du saint, les expéditions du roi, remplissent le reste. Mais on aurait tort de demander à un écrivain du IX$^e$ siècle une composition plus régulière.

II. L'auteur, *Abbon*, se nomme lui-même dans le

titre de sa préface et dans l'épitre en vers à Aimoin. L'épithète de *cernuus*, qu'il y joint chaque fois, est probablement un surnom qu'il se donnait lui-même par modestie.

On l'a confondu avec *Abbon*, abbé de Fleury-sur-Loire, massacré par les Gascons en 1004, et auteur d'un recueil de canons présenté aux rois Hugues Capet et Robert. Celui dont nous parlons était antérieur d'un siècle : moine de l'abbaye Saint-Germain-des-Prés (II, 36), diacre (*conlevita*), si l'on s'en rapporte à son épître dédicatoire; et, plus tard, prêtre, selon D. Rivet (*Hist. littér. de la France*, t. VI, p. 190, 191), qui l'affirme d'après le nécrologe de Saint-Germain, où, à la date du 9 mars, sans indication d'année, est marquée la mort du prêtre Abbon.

Il était Neustrien de naissance (I, 624); mais il faut observer qu'à cette époque la dénomination de Neustrie était appliquée surtout au pays entre Seine et Loire. (Voyez la note 16 de l'introduction, et le poëme, II, 447.)

Il étudia, à ce qu'il paraît, sous Aimoin, à qui il présenta d'abord son poëme; mais qui ne voulut pas en accepter la dédicace, ou se charger de le corriger. (*Epist. ad Gozlin.* — *Vers. dactylic.*)

Cet Aimoin, chancelier du monastère de Saint-Germain et directeur de l'école qu'y avait fondée l'abbé Robert I<sup>er</sup> en 790 (*Annal.* de Duplessis), auteur d'une Histoire de l'invention et de la translation du corps de saint Vincent au monastère de Castres; de la translation des saints martyrs George, Aurèle et Natalie de Cordoue à Saint-Germain-des-Prés; des Miracles de saint Germain, etc.\*, ne doit pas être confondu avec Aimoin, moine de Fleury, sous l'abbé Abbon, le même qui fut tué en 1004, auteur d'une histoire des Francs en quatre livres, et de deux livres sur les miracles de saint Benoît.

Se voyant rebuté par Aimoin, il adressa son poëme à Gozlin, diacre comme lui (*conlevita*). Celui-ci a été aussi confondu par Labbe et Oudin (D. Bouquet, t. VIII, p. 2, note a), mais non par D. Rivet, avec l'évêque Gozlin. Deux raisons forcent de les distinguer: Abbon traite Gozlin comme un égal; ensuite il lui dédie son poëme achevé, et l'évêque Gozlin mourut avant la fin du siége. Sa mort est racontée au deuxième livre, vers 68 et suivants.

D. Rivet (*ibid.*) a prétendu qu'Abbon avait écrit au moins le commencement de son poëme avant l'avénement d'Eudes à la couronne. Cette opinion est insoutenable: dès les premiers vers, il l'appelle *rex futurus*, I, 45, et depuis le vers 444 du deuxième livre, il n'est question que des actions d'Eudes, devenu roi. D'après les derniers vers de son poëme, on voit qu'il l'achevait vers 896 ou 897.

Abbon n'est pas mort avant 921 ni après 927; car, dans l'avertissement mis en tête de ses sermons, il dit

---

\* D. Rivet, t. IV, p. 641. — *Inter acta SS. ordin. Benedicti.* — D. Bouquet, *Histor. Franc.*, t. VII, p. 348, 352, 353.

les avoir composés à la demande de Frotier, évêque de Poitiers, et de Fulrad de Paris; or, Frotier fut évêque de 900 à 936, et Fulrad, de 921 à 927.

Ces sermons, au nombre de trente-sept, existent dans un manuscrit petit in-4°, appartenant autrefois à la bibliothèque de l'abbaye; maintenant à la bibliothèque royale, sous le n° 1213, auparavant 393. Il est écrit en gothique, et est à peu près du xii° siècle. D. Dachery, t. IX de son Spicilége, p. 79, en a donné cinq au public, avec une partie de l'avertissement. Quatre sont sur l'eucharistie; le cinquième est l'histoire de l'établissement et de la propagation du christianisme; ce dernier présente de l'intérêt. Le style de ces sermons est plus clair que celui du poëme. En général, il y a peu de profit à retirer de cette lecture.

III. C'est surtout par le poëme qui nous occupe qu'Abbon a mérité l'attention de la postérité. Ce qui le recommande, ce n'est pas, comme nous l'avons dit, le talent de l'écrivain, mais les détails qu'il nous a transmis, plus complets qu'aucun historien, sur un fait important.

Ce poëme, composé sur le siége de Paris par les Normands, est en trois livres: les deux premiers seuls sont historiques; mais, pour compléter le nombre divin, l'auteur en a ajouté un troisième qui n'a aucun rapport avec les deux précédents, et qui renferme seulement des préceptes pour les clercs.

# PRÉFACE.

Il n'y a dans cet ouvrage aucun artifice de composition; c'est un simple récit historique en vers, où les faits se suivent dans le même ordre qu'ils se sont passés. L'auteur marche toujours sans savoir mettre des bornes à son sujet, et ne s'arrête que lorsqu'il n'a plus rien à raconter.

Il déclare dans sa préface n'avoir voulu employer aucune fiction poétique à l'imitation de celles de Virgile, et il a bien fait. Il aurait dû aussi négliger ces périphrases ou dénominations mythologiques, pour exprimer le lever et le coucher du soleil, l'eau, le feu, la guerre, etc., que d'ailleurs de plus grands talents que le sien ont employés jusqu'au xviii° siècle. Le seul merveilleux dont son ouvrage fût susceptible, et qu'il n'a eu garde d'omettre, puisqu'il reposait sur des faits pour lui indubitables, puisque c'était d'ailleurs un des objets principaux de son poëme, ce sont les miracles de sainte Geneviève, de la croix, et surtout de saint Germain, évêque de Paris. Soit que dans des visions nocturnes il rassure les esprits abattus; soit qu'invoqué dans les temples et sur les murs, il écarte les flammes qui menacent le pont et la tour; soit que, porté en procession par toute la ville, il la sauve d'un ennemi furieux; soit qu'enfin il fasse sentir sa vengeance aux Normands campés dans son enceinte sacrée, et les force à reconnaître en lui une puissance surhumaine; saint Germain, comme l'ange tutélaire des Parisiens, est mêlé à tous leurs désastres pour les réparer, à tous leurs succès pour en jouir ou en partager la gloire.

Faire de cette intervention merveilleuse un sujet de reproche à l'auteur et le traiter d'absurde pour avoir cru à tant de miracles, ce serait montrer à la fois peu de goût et beaucoup d'ignorance. L'histoire des croyances de l'homme n'est pas moins instructive que celle de ses actions, et souvent les secondes ne sont que les conséquences des premières. Le christianisme, sans doute, était mal connu, encore plus mal pratiqué au ix$^e$ siècle : pour les esprits grossiers et féroces de cette époque, au lieu d'être une religion d'amour et de vertu, c'était seulement une certaine forme de culte, donnée par Dieu même, fondée, dès l'origine, sur des miracles, s'appuyant continuellement sur des miracles, les supposant tous possibles, les admettant tous dans son intérêt; ce devait donc être une croyance entière, inébranlable, exclusive. Aussi, rien ne divisait plus les Francs et les Normands que la différence de religion. Aux yeux des Francs, les Normands étaient encore plus des païens que des ennemis publics; les Normands attaquaient le culte des Francs plus cruellement encore que leur puissance; et tandis que la religion chrétienne avait été un objet de vénération pour la plupart des barbares destructeurs de l'empire romain, on ne voit, dans les invasions des hommes du Nord, que monastères détruits, églises brûlées, moines, prêtres et évêques massacrés¹. C'est pour cela qu'Abbon les traite continuellement de gentils, de païens, d'infidèles, d'acéphales (II, 410), c'est-à-dire qui n'ont plus de tête, parce que le Christ est la tête de l'homme. Il reproche à l'évêque Anschéric, qui en avait sauvé plusieurs à la suite d'une trêve passagère rompue par eux (II, 440), de ne les avoir pas massacrés, comme c'était son devoir. Il pousse un cri de joie, lorsque cinq cents de ces malheureux sont surpris et tués par les Parisiens furieux contre cette nation perfide.

Mais pardonnons ce fanatisme aux prêtres et aux guerriers du ix⁰ siècle, s'il les a soutenus, animés d'une ardeur nouvelle contre les ennemis de l'état; s'il a produit des actes sublimes de courage et de dévouement. Quoi de plus intéressant que de voir l'évêque Gozlin et Ebles son neveu, abbé de Saint-Germain, partager avec le comte, ses barons, et tous les habitants, les travaux d'un long siége; les encourager par leur exemple, les soutenir par leurs exhortations; et, après que l'évêque a succombé trop tôt sous le poids des fatigues, que le comte s'est absenté pour presser le secours de l'indolent Charles le Gros, Ebles, resté seul, continuer de les défendre; effrayer les Normands de ses incursions continuelles, faciliter à Eudes

---

¹ Ces idées ont été développées dans un Mémoire de Bonamy, *Mémoires de l'Académie des inscriptions*, t. XVII, p. 273. La cause de cette haine des Normands contre le christianisme est indiquée par Montesquieu, *Esprit des Lois*, XXXI, 10.

sa rentrée dans la ville, et mériter ainsi d'être nommé avec lui le sauveur de ses concitoyens? C'était la cause de Dieu qu'ils croyaient défendre autant que leur patrie, ces douze guerriers de la tour méridionale, qui, privés de toute communication avec la cité par la rupture du petit pont, combattent si désespérément contre le fer et le feu pendant une journée entière, et périssent victimes de la perfidie des barbares; cet Ervée surtout, qui, pouvant se racheter par une rançon, se livre volontairement à la mort, plutôt que de survivre à ses infortunés compagnons. Aussi le poëte ne balance pas à leur accorder la palme du martyre: ils avaient combattu et péri pour leur croyance.

Ici le patriotisme était donc inséparable de l'opinion religieuse : se joindre aux Normands, c'était apostasier; les combattre, c'était se montrer à la fois chrétien et Français. Tels sont les héros du poëme, tel est le poëte lui-même. Il exprime plus d'une fois son amour et ses vœux pour la France, tantôt par des lamentations sur ses désastres (I, 618; II, 583), tantôt par des regrets donnés à sa gloire éclipsée et des reproches adressés aux Français pour les vices qui ont causé leur abaissement (II, 598). Ce morceau curieux, en nous faisant connaître l'élégance qui régnait alors dans les costumes, ajoute une nouvelle preuve à cette vérité : que la continuité des malheurs publics amène l'indifférence et l'égoïsme; puisqu'au milieu des ruines, des incendies, des massacres qui couvraient la France depuis un demi-siècle, on se livrait avec l'ardeur du désespoir à toutes les voluptés d'une vie sensuelle. Ainsi exposés aux atteintes d'une peste longue et meurtrière, les Athéniens usaient dans des jouissances toutes matérielles de longs jours qui leur restaient peut-être.

Les guerriers les plus distingués n'étaient pas sous ce rapport exempts de tout reproche. Ebles, cet abbé martial, aurait été parfait, dit l'auteur, s'il n'eût été trop ami des plaisirs (II, 437). Eudes lui-même, le sauveur de la patrie, céda aux attraits du repos, lorsqu'il lui restait encore beaucoup à faire. Le poëte alors, quoique son panégyriste, ne le ménage pas plus qu'un autre, et lui fait craindre, comme juste retour de sa négligence, l'abandon de Dieu qui l'a protégé jusqu'ici et la perte de la royauté. Les fatigues l'avaient peut-être usé avant le temps. Eudes ne se réveilla pas de sa léthargie; et son admirateur, n'ayant plus à raconter ses hauts faits, se condamne au silence.

Nous le voyons par cette courte analyse : l'auteur, célébrant un grand événement, des actions héroïques, un prince sauveur de ses peuples; se montrant à la fois chrétien zélé, bon Français et censeur inflexible, devait produire un ouvrage d'un haut intérêt, s'il eût eu quelque talent en partage. Malheureusement, soit par les pensées, soit par le style, soit par les formes même les plus matérielles de son langage et de sa versification, il est au-dessous de la tâche qu'il s'était imposée. Excepté deux ou trois endroits* où un sentiment profond, soit d'admiration, soit de douleur, semble le soutenir et l'élever au-dessus de lui-même, sa pensée est ordinairement triviale, l'expression faible et très-souvent impropre : ses récits d'assauts et de combats, ses tableaux de la ville en alarmes, lorsque le danger devient plus pressant, ne renferment que des détails vagues, uniformes et dénués de toute sensibilité.

Ce n'est donc plus comme poëme, comme création du génie, qu'un pareil livre mérite d'être lu; c'est comme monument historique. Mais ici se présente aux lecteurs un obstacle qui en a rebuté un grand nombre, et qui ne peut être vaincu que par une étude approfondie : c'est une obscurité presque perpétuelle et souvent désespérante. Ce défaut, motif du peu de réputation de notre auteur, tient à plusieurs causes : il faut en accuser et l'écrivain et son siècle.

Si la pensée a été peu nettement conçue; si l'expression est impropre, commune, ou figurée d'une manière extravagante; si les détails sont quelquefois insuffisants pour juger d'un fait ou de sa liaison avec ce qui l'entoure; si enfin les constructions sont bizarres et contraires à toutes les lois communes de syntaxe générale; on doit s'en prendre à l'auteur, qui n'a su ni penser, ni exprimer clairement, ou simplement, ou complétement, ce qu'il voulait dire; qui a cru peut-

---

* Comme le récit des douze guerriers; la fin de son poëme

# PRÉFACE.

être élégant et poétique de confondre pêle-mêle dans une phrase de deux ou trois vers tous les mots qui la composent, sans avoir égard à leurs rapports respectifs; car de pareilles constructions reviennent trop souvent pour qu'on puisse les croire l'ouvrage du hasard : on voit qu'il les affectionne, que c'est sa manière à lui, comme s'il eût voulu par ces formes singulières nous laisser un cachet indubitable de son talent et de son goût.

Mais si nous voyons, en le lisant, un poëte gêné par une versification et un langage mesuré qu'il ne connaît qu'imparfaitement[a], et qui, pour se préparer à la composition d'un poëme épique, a lu pour la première fois les églogues de Virgile[b]; un écrivain qui trouve à peine dans sa mémoire les mots les plus nécessaires pour exprimer les idées les plus communes; qui n'a retenu de la lecture des anciens poëtes que des dénominations mythologiques, qu'il prend pour l'essence de la poésie; enfin qui surcharge un ouvrage écrit en latin d'une multitude de mots ou grecs ou barbares; nous plaindrons l'auteur du IX° siècle, sans ressource dans un temps d'ignorance pour cultiver son esprit et former son goût, et forcé, pour

---

[a] A cette époque, l'usage, et même la prononciation, avaient singulièrement altéré la quantité de certains mots. Par exemple, *respondit* termine deux fois un vers (II, 560, 587). Il est probable qu'on prononçait comme s'il y avait *repondit*; aussi c'est un défaut que nous imputons moins à l'auteur qu'à son siècle.

[b] Voyez son *Épître dédicatoire à Gozlin*.

exprimer une pensée mal conçue d'abord, parce que les signes lui manquaient, de recourir à différents idiomes, tous peu connus de lui, selon que chacun lui suggère un mot qu'il croit heureux.

IV. Toutes ces causes d'obscurité réunies auraient rendu notre auteur impénétrable à l'investigation la plus laborieuse peut-être, si un contemporain (quelques-uns ont pensé que c'était Abbon lui-même) ne s'était chargé d'en expliquer les difficultés par une glose interlinéaire. Sans doute, elle ne dispense pas d'un nouveau commentaire pour connaître à fond la pensée du poëte; mais elle facilite singulièrement ce travail. On peut la comparer à ces scolies destinées à l'interprétation des auteurs grecs, et qui ne nous ôtent pas cependant le mérite et le plaisir de la découverte, quand nous croyons avoir pénétré quelques mystères de la phrase antique.

Cette glose est-elle d'Abbon? Du Cange (*Glossar. infimæ latinit.*), au mot *Elegus*, dit : *Abbo operis sui glossator*. D. Toussaints Duplessis est du même avis; il en donne pour preuve la phrase de l'épître dédicatoire, *glossas superjeci;* mais il est évident qu'elle ne s'applique qu'au troisième livre; en cela, D. Rivet ne s'est pas trompé; et la glose du troisième livre est en effet bien plus complète et bien plus indispensable encore que celle des deux premiers. Duplessis cite encore à l'appui de son opinion la glose des vers 528, 569, liv. I$^{er}$. Abbon seul pouvait savoir que *plures* signifiait *triginta*; et *plecti*, *decollari*. Mais on peut répondre qu'un témoin oculaire a pu le savoir aussi bien que lui. Cependant ces particularités prouveraient, ou qu'Abbon est auteur au moins d'une partie de la glose, ou que lui ou tout autre contemporain témoin de l'événement a transmis des explications à celui qui devait le commenter. Je dis qu'Abbon est l'auteur tout au plus d'une partie de la glose. En effet, plusieurs endroits, difficiles sous le rapport grammatical, sont laissés sans glose : on peut conjecturer que le commentateur ne les a pas compris[a]. D'autre part, il peut sembler étrange qu'il explique quantité de mots qui ne nous paraissent pas avoir besoin d'explication. Sans doute ils n'en ont pas besoin pour nous; mais le commentateur s'adressait probablement aux clercs de l'école de Saint-Germain, ou même aux moines de l'abbaye, pour qui le latin devenait de moins en moins familier et se circonscrivait dans un certain nombre de mots usuels, toujours les mêmes, et qui sont devenus peu à peu des mots français[b]. On ne parlait pas encore dans les monastères la langue vulgaire en usage chez le peuple dès le temps de Charlemagne; mais elle s'y glissait insensiblement, dénaturait le sens des expressions, en altérait la forme,

---

[a] Voyez la note sur *Penthemimeris*, de l'épître dédicatoire.

[b] Tels sont la plupart de ceux qu'emploie le glossateur : *mensura*, pour *modus*; *nigris*, pour *atris*; *devastant*, pour *populantur*; *rotundus* pour *teres*; *frigidus*, pour *gelidus*; *pavor*, pour *formido*, etc.

ou même y substituait des mots entièrement barbares. Par exemple, la glose explique de véritables mots latins, *mergitibus, taxos, conum*, etc., par les mots français *gerbes, ifs, heaume*, en les déguisant sous les formes latines *garbis, ivos, helmum*. Ainsi, tandis que le texte de l'auteur nous donne l'idée de ce que pouvaient produire alors dans une langue qu'ils n'étudiaient plus que par les livres, les savants et les grands génies de l'époque ; la glose nous montre la dégénération du latin, même dans les écoles fondées pour en perpétuer la connaissance, et l'envahissement progressif d'une langue rivale qui ne devait cependant que plus de sept siècles après produire ses premiers chefs-d'œuvre.

Ce que nous venons de dire du style d'Abbon et de sa glose n'est vrai que pour les deux premiers livres, que l'auteur a prétendu écrire en latin : mais le troisième offre un système de diction tout particulier. C'est, comme nous l'avons déjà dit, une collection de préceptes moraux destinée aux clercs : chaque vers presque renferme une sentence, comme ceux des gnomiques grecs, de Syrus, de Pibrac ou de Fénélon, etc. ; mais, sous un autre rapport, ils ressemblent aux vers techniques en usage autrefois dans les traités de grammaire et de philosophie, où des mots barbares, composés arbitrairement par l'auteur donnaient à la règle une forme de vers pour aider la mémoire. De même ici, on ne voit que des mots composés, dérivés du grec, rendus méconnaissables par les désinences latines, exprimant par une allégorie forcée tout autre chose que ce qu'ils signifient ordinairement, et liés ensemble par quelques mots latins en forme de vers hexamètres; le tout pour la plus grande instruction des clercs. Voulait-il qu'ils eussent comme une langue sacrée, mystérieuse, pour y apprendre leurs devoirs et recevoir des conseils qu'il n'aurait pu d'ailleurs leur donner dans un idiome plus connu sans exposer aux yeux profanes des faiblesses dont n'étaient pas toujours exempts les hommes de sa profession; ou bien cette singulière composition n'est-elle qu'un jeu d'esprit, propre à graver plus profondément le précepte dans la mémoire de l'élève par la difficulté même dont il est accompagné? Ce qu'il y a de certain, c'est que l'usage n'en fut pas renfermé dans l'abbaye de Saint-Germain, et qu'au vi<sup>e</sup> siècle, une traduction en avait été faite en Anglo-saxon[1].

V. On peut douter cependant qu'en France, et dans l'abbaye même de Saint-Germain, on ait fait un très-grand cas de l'ouvrage d'Abbon; car il n'en reste aujourd'hui qu'un seul manuscrit, qui était déjà le seul en 1753, lorsque D. Toussaints Duplessis donna son édition; le seul en 1588, lorsque *Pithou*, à qui il appartenait, le fit imprimer pour la première

---

[1] Voyez, p. 233, la note sur le titre de ce troisième livre, et qui est un extrait de la préface de M. Pertz.

fois. Depuis, il le donna à l'abbaye Saint-Germain, d'où vraisemblablement il était sorti, dit Duplessis dans sa préface. Il est maintenant, avec les débris de la bibliothèque de l'abbaye, incendiée le 20 août 1794, à la Bibliothèque royale, sous le n° 1633, autrefois 535.

C'est un petit in-4° relié en peau, sur la couverture duquel est écrit en lettres d'or majuscules :

ABBONIS
DE OBSIDIONE LUTETIÆ PARISIOR.
A NORTMANNIS ET MIRACULIS
S. GERMANI LIBRI II.

au bas :

P. PITHŒI. I. C. D.

c'est-à-dire : *Petri Pithœi, juris consulti, donum*. De l'autre côté du livre, également en lettres d'or :

BIBLIOTHECÆ MON.
S. GERMANI PARIS.

au bas :

P. PITHŒUS
D. D.

c'est-à-dire : *Dono dedit*.

Le manuscrit est sur parchemin ; il n'a point d'autre titre que celui qui est sur la couverture. On lit de suite la suscription de l'épître dédicatoire, *Scidula singularis*, etc. Chaque page renferme dix-huit vers.

L'écriture du texte, comme de la glose, parait être du x° siècle ; quelques mots semblent avoir été récrits après coup. La glose pourrait bien être d'une autre main que le texte; mais de très-peu postérieure. Elle est en quelques endroits plus effacée, à cause de l'exiguité des lettres.

Le manuscrit est-il l'autographe d'Abbon? C'est ce que nous ne pourrions décider. Je ne tirerais pas, comme Duplessis, en faveur de la négative, une induction du vers interpolé, I, 259 : *Jupiter aspiciens*, etc. L'auteur lui-même, en transcrivant son ouvrage, a pu se tromper et rectifier ensuite son erreur; car ce vers est effacé comme on effaçait dans ce temps-là, en mettant un point sous chaque lettre :

*Juppiter aspiciens*, etc.
.......... ..........

Outre la glose, le manuscrit renferme quelques notes marginales qui paraissent de la même écriture, ou du moins aussi anciennes. Puis, en majuscules, également du même temps, les noms des figures employées par le poëte : *metaphora, metonymia*, etc. Ce qui prouve que ce livre a servi ou devait servir à l'instruction des écoliers. J'ai scrupuleusement conservé tout ce qui est d'écriture ancienne. Quant aux notes plus récentes, la plupart de la main de Pithou, et reproduites par lui dans son édition, je n'en ai conservé que quelques-unes; la traduction et les notes historiques les rendaient pour la plupart superflues.

Pour représenter fidèlement le manuscrit, il aurait

fallu peut-être en conserver l'orthographe; elle est assez bizarre. Par exemple, à tout moment æ remplace e simple, et réciproquement; mais comme elle n'est pas uniforme, que le même mot est écrit de plusieurs manières, j'ai adopté, comme Duplessis, l'orthographe commune; j'ai seulement reproduit en note certains mots tels qu'ils sont dans l'original. Quant au troisième livre, je l'ai conservé tel que le donne le manuscrit, sans presque toucher à l'orthographe des mots. Dans tout le poëme, il n'y a de majuscules qu'au commencement de chaque vers; les noms propres n'en ont pas. La ponctuation est très-vicieuse : presque tous les vers sont terminés par un point et virgule; les suspensions de phrase sont indiquées, comme dans le grec, par des points en haut, mais arbitrairement placés; les points d'interrogation seuls m'ont paru établis judicieusement.

Il résulte de ces données sur l'état de ce manuscrit, que ce n'était pas une petite tâche de donner un texte net, éclairci par une ponctuation raisonnée, surtout dans un auteur si obscur. Heureusement pour les éditeurs actuels, d'autres sont venus avant nous pour nous abréger le travail; et nous n'avons plus qu'à vérifier, à rectifier quelquefois un texte que les premiers avaient à déchiffrer, à établir d'une manière satisfaisante, sans autre secours que leur perspicacité ou leur persévérance.

VI. La première édition est de *Pithou*, possesseur

du manuscrit, dans son recueil de douze historiens inédits de la deuxième race, in-8°, Paris, 1588; recueil réimprimé à Francfort en 1594, mais non sous les yeux de l'auteur.

Cette édition *princeps* est souvent fautive. Pithou a donné à la marge quelques explications tirées de la glose; quelques autres de lui, mais en petit nombre et insuffisantes pour l'intelligence du texte.

D. Jacques Du *Breul*, de Saint-Germain-des-Prés, a donné la deuxième édition (ou la troisième, si l'on compte la réimpression de Francfort) dans un recueil in-f° de 1602, qui renferme quelques historiens de France, entre autres Aimoin interpolé. Il a fait usage de la glose plus souvent que Pithou; mais il reproduit presque toutes ses fautes : par exemple, la transposition des vers 181 et 182, liv. I⁷, et l'omission du vers 647, *ibid*.

Les troisième et quatrième éditions sont de Duchesne, en 1619, Recueil des historiens de Normandie; en 1636, deuxième volume des historiens de France. Dans la première il suit plus Du Breul, dans la deuxième Pithou. Il aurait dû ne suivre que le manuscrit.

Jean du Bouchet, dans ses preuves de son Traité sur l'origine des deuxième et troisième races, en 1642 selon Rivet, 1646 selon Duplessis, a donné la cinquième édition. C'est la copie de la seconde de Duchesne, moins l'épître dédicatoire et la petite pièce de vers adressée à Aimoin ; l'édition fourmille de fautes.

La sixième, beaucoup plus correcte, est de D. Bouquet, bénédictin, t. VIII des Historiens de France, 1752 : elle est faite d'après Pithou et Duchesne, accompagnée de quelques notes historiques : mais il n'a pas profité de la glose plus que ses devanciers. Il n'a pas rectifié leurs erreurs d'après le manuscrit; de sorte que plusieurs fautes sont communes à ces six éditions consécutives, que nous indiquons dans nos notes par les six éditions, ou les six premières éditions. Celles de Pithou et de D. Bouquet ont été sous nos yeux, et consultées par nous plus que les autres.

L'année suivante, D. Toussaints Duplessis, religieux bénédictin de la congrégation de Saint-Maur, à l'abbaye Saint-Germain, donna la septième édition de ce poëme, comme pièce justificative de ses *Nouvelles annales de Paris* (1 vol. in-4°, Paris, chez Lottin et Butard, 1753); mais voyant tout ce qui manquait aux éditions précédentes, il entreprit un travail entièrement neuf : il collationna le manuscrit d'un bout à l'autre; rectifia quantité d'erreurs de ses devanciers; donna avec le texte la glose entière, dont on n'avait eu jusqu'alors que de rares fragments; et y joignit enfin un commentaire critique et exégétique presque perpétuel.

Après un pareil travail, il semble qu'il n'y avait plus rien à faire. Cependant des fautes encore se sont glissées dans son texte; il a omis quelques mots de la glose; ses notes n'expliquent pas toutes les difficultés, ou les expliquent mal : enfin un commentaire qui paraît suffisant quand on lit rapidement et pour prendre une idée générale de l'ouvrage, cesse de l'être quand on veut étudier à fond l'auteur et se rendre un compte rigoureux de tous les détails et de tous les mots.

C'est cette lacune que nous avons essayé de remplir. Les notes de Duplessis nous ont été fort utiles pour l'intelligence du texte; mais comme elles ont passé en quelque sorte dans notre traduction quand nous avons adopté son sens, nous n'en avons conservé qu'un petit nombre, et la plupart réduites de beaucoup : elles sont indiquées par D. Nous aimons donc à le répéter : c'est à lui que nous sommes redevable en général de l'intelligence du poëme; et son texte et son commentaire ont fait le fond de notre travail.

Depuis cette époque, deux personnes se sont occupées spécialement de notre auteur. L'une, aidée du commentaire de Duplessis, en a donné une traduction, insérée dans la collection de nos anciens mémoires par M. Guizot, t. VI, en 1824. Peut-être il ne m'appartient pas de la juger; mais elle ne me semble pas reproduire l'auteur tel que je l'ai compris. Si on la compare à celle-ci, on trouvera un grand nombre de passages où nous ne paraissons pas avoir traduit le même ouvrage. Ensuite le traducteur, n'ayant pas à craindre une confrontation continuelle avec le texte, a pu glisser sur certains endroits subtils, obscurs; où d'ailleurs le plus ou moins de fidélité importait peu à l'exactitude des faits historiques, la seule chose que l'on cherche ordinairement dans un poëte du moyen âge. J'avouerai donc que j'ai travaillé sans le consulter; mais que, ma traduction achevée, j'ai profité de la sienne pour corriger deux ou trois passages où je m'étais évidemment trompé.

Enfin le dernier savant qui se soit occupé d'Abbon est M. Pertz, qui, dans ses *Monumenta Germaniæ*, t. II, in-f°, 1829, *Hannoveræ*, en a donné une nouvelle édition; c'est la huitième, entièrement collationnée sur le manuscrit, qu'il était venu lui-même consulter à Paris. Il a donné en note presque toute la glose, a rectifié les fautes des six premières éditions; mais il n'a pas profité du travail de Duplessis, car il ne paraît pas l'avoir connu. Du reste, il n'a presque rien fait pour faciliter l'intelligence du texte. J'ai tiré peu de profit de son travail, ayant d'ailleurs comme lui l'avantage de pouvoir consulter et collationner d'un bout à l'autre le manuscrit original. Je parle pour les deux premiers livres; car Pertz a mis au jour pour la première fois le troisième livre, que tous les éditeurs précédents avaient omis, parce qu'il est entièrement étranger au sujet du poëme. Comme il est fort court, on le trouvera aussi dans cette édition, copié sur le texte de Pertz, revu et corrigé en quelques points sur le manuscrit; mais on m'excusera de n'avoir pas tenté de le traduire.

Telles sont les ressources qui m'avaient précédé. J'ai cru qu'on pouvait faire encore quelque chose pour rendre plus accessible à l'étude des jeunes gens qui s'occupent de notre vieille histoire un auteur qui a certainement plus d'un titre à leur attention. L'édition de Toussaints Duplessis est assez rare; la traduction de M. Guizot et le texte de M. Pertz sont insérés dans de volumineuses collections qu'il n'est pas toujours facile de se procurer. Un seul volume, réunissant le texte, la glose, la traduction, et des notes explicatives qui résument à peu près tout ce qu'on a tenté pour l'interprétation de l'auteur, sera donc d'un grand avantage; à une condition, toutefois : si l'exécution a rempli son objet. Ce n'est pas à moi d'en juger.

Je ne prétends pas que le sens adopté ici soit le meilleur possible; mais, réduit souvent à conjecturer, j'ai préféré celui qui m'a paru, ou se lier le plus à la suite des idées, ou résulter plus naturellement des formes de phrases et des constructions habituelles à l'auteur. Quant au style, j'ai cru devoir, par fidélité de traducteur, conserver quelquefois l'emphase de l'original et ses singulières périphrases; mais, comme je n'avais pas affaire à un modèle, j'ai dû le plus souvent me contenter d'être simple et clair, sans nuire à l'exactitude.

Les notes qui établissent ou justifient le texte, celles

qui l'éclaircissent, sont au bas des pages; mais j'ai rejeté à la fin des notes plus étendues, destinées à développer certains points d'histoire. En tête de tout l'ouvrage, est la traduction d'un passage des annales de Saint-Waast, celle de toutes les chroniques contemporaines qui raconte le siége de Paris avec le plus de détails. Ce morceau peut servir d'argument à un poëme sur ce sujet; il est comme l'analyse de l'ouvrage d'Abbon.

De plus, il m'a paru nécessaire, pour l'intelligence de ce poëme historique, de présenter un tableau des événements qui ont précédé. Ce sera, si l'on veut, selon l'expression d'un écrivain profond\*, la *monotone histoire* des incursions d'un peuple barbare; mais on ne peut autrement connaître quels étaient alors les forces et la puissance des Normands, leur caractère, leurs mœurs, leurs dispositions à l'égard des chrétiens; et au contraire dans quelle situation se trouvaient les peuples d'occident, et en particulier la cité célèbre dont ils entreprirent le siége. Tel sera l'objet de l'introduction.

[1] M. Michelet, *Histoire de France*, t. I, p. 398.

# INTRODUCTION[*].

On sait que les *Normands*, ces hommes du Nord sortis des mêmes contrées, peut-être, d'où s'étaient répandus les Francs (1) aux IIIe et IVe siècles, les Saxons aux IVe et V[e], firent leur première apparition sur les côtes de France au moment de la plus grande puissance de Charlemagne (2), l'année même où il fut couronné empereur à Rome; et que ce prince, effrayé de leur audace plus que de leurs ravages actuels, prévit des malheurs sans nombre pour ses successeurs, dont il pressentait la faiblesse (3).

Resserrés dans la presqu'île du Jutland, dont l'Égi-

---

[*] Ce tableau historique a été composé uniquement d'après les chroniques contemporaines. Si certaines observations à la suite des récits semblent empruntées à des historiens modernes, et surtout à l'auteur de *l'Histoire des Français*, nous sommes flattés de cette ressemblance; mais elle nous prouve qu'on ne saurait trop étudier les originaux: eux seuls donnent la véritable connaissance des faits. Est-il étonnant qu'ils aient suggéré quelquefois les mêmes réflexions? Du reste, il a paru inutile de mentionner à chaque ligne les Annales d'Eginhard, de Loisel, Saint-Bertin, Metz, Fulde, Saint-Wast, etc. Nous ne citons les autorités que pour quelques faits ou moins connus, ou plus extraordinaires, ou racontés par un seul historien. Quand, après une citation d'auteur, on trouve t. V, VI, etc., il s'agit de la Collection des Historiens de France commencée par D. Bouquet. Les notes de l'introduction, indiquées par des chiffres, sont à la suite du poëme.

dore (Eyder) formait la limite au S., ils attaquèrent rarement et avec peu de succès les Obodrites, qui avaient remplacé les Saxons entre l'Elbe et l'Égidore: les forteresses franckes, entre autres *Esselfelt* sur la Stoer (*Annal. Francor.*, t. V, p. 58, ad ann. 809), établies par Charlemagne au delà de l'Elbe, arrêtaient leurs invasions; d'ailleurs la Germanie, encore peu peuplée et sans villes, ne leur offrait pas l'espérance d'un riche butin (MONTESQUIEU, *Esprit des Lois*, l. XXXI, ch. xxx). Ce fut donc par mer et sur les côtes des pays plus méridionaux que déborda le surplus de leur population, accrue de tous les fugitifs de la Saxe échappés aux tyrannies de Charlemagne (MONTESQUIEU, *Grandeur et décadence des Romains*, ch. XVI) : des disputes entre les rois de cette contrée en furent souvent l'occasion. Les Danois du parti vaincu émigraient en foule et se recrutaient des barbares de la Norwége et de tous les pirates des mers septentrionales.

Les îles de la Frise, qui s'étendait alors de l'Escaut au Weser, et peut-être jusqu'à l'Elbe (4), furent les premières exposées à leurs ravages.

Ils ne faisaient d'abord que de courtes apparitions à de longs intervalles et s'avançaient peu dans le pays. Une de leurs courses les plus audacieuses, en 820, les porta des rivages de Flandre, d'où ils furent repoussés, à l'embouchure de la Seine, et de là à l'embouchure de la Loire, où ils ravagèrent l'île de *Bouin* (*Bandium*); puis ils s'en retournèrent chez eux.

Cette expédition, qui pour le moment n'eut pas de suite, renferme tout le système de leurs incursions postérieures : attaques sur la Frise, invasions par la Seine et la Loire, qu'ils remontaient jusqu'à une grande profondeur. Celles qu'ils tentèrent par les autres fleuves, la Somme, la Vilaine, la Charente, la Garonne et le Rhône, ne furent qu'accidentelles et temporaires, tandis que les premières furent multipliées, continues, et leur procurèrent de bonne heure des établissements dans ces parages.

Après quelques années de tranquillité, on les voit reparaître à la suite des révoltes des fils de Louis I*er*.

En 834, ils se jettent sur la Frise avec fureur, ravagent *Dorestad*, ville de commerce située à la séparation du Rhin et du Leck (aujourd'hui *Wyck Duerstede*), et renouvellent leurs attaques pendant trois années consécutives. Louis, redevenu le maître, prit des mesures pour leur résister. En 837, on informa sur la conduite des comtes chargés de la défense du pays : il fut reconnu que les désastres étaient causés en partie par l'impossibilité de prévoir les points de débarquement et d'y opposer des forces suffisantes; en partie par la désobéissance de quelques chefs. (*Annal.* Bertiniani.) Faut-il s'en étonner? Lothaire lui-même s'entendait avec les Normands pour susciter de nouveaux embarras à son père (*Annal.* Bertin., an 841); et d'ailleurs les Saxons, transplantés dans ce pays par Charlemagne (*Chroniq. Saint-Denis*, t. V,

p. 252), se joignaient probablement à leurs anciens compatriotes, et les aidaient à ravager les terres de leurs vainqueurs; de là aussi cette haine furieuse des Normands et de tous ceux qui faisaient cause commune avec eux, contre le christianisme et les ministres d'un culte qu'on leur avait imposé par le glaive. (Montesquieu, *Esprit des Lois*, XXXI, x.)

L'empereur néanmoins prit des mesures pour mettre un terme à ces déprédations; mais sa mort livra l'empire à des guerres civiles, qui laissèrent le champ libre aux Normands; et l'extinction de cent mille Francs à Fontenai assura pour longtemps l'impunité à leur audace. Lothaire renouvela son alliance avec Hériold, un des chefs de ces pirates, qui l'avait servi contre son père; lui céda l'île de *Walacrie* (Walcheren en Zélande), avec la liberté de piller les peuples voisins sujets de ses frères. (*Annal.* Bertin., an 841; Nithard, l. IV, ch. ii.)

Dès ce moment il ne se passa pas une année qui ne fût marquée par leurs ravages. Cette même année 841, ils entrèrent pour la première fois dans la Seine, brûlèrent Rouen, et les monastères de Jumièges et Fontenelle, puis regagnèrent leurs vaisseaux.

En 843, ces mêmes Normands, appelés par Noménoë, duc des Bretons, qui voulait se rendre indépendant, remontent la Loire jusqu'à Nantes, qu'ils pillent horriblement; ils y massacrent une infinité d'habitants, clercs et laïcs, et l'évêque lui-même dans son église, au milieu de ses fonctions. C'est alors qu'ils se cantonnèrent à l'embouchure de la Loire, dans les îles de Bouin et de Noirmoutier, d'où ils ravagèrent l'Aquitaine durant dix ans. (*Annal.* Bertin.)

845. Cependant une autre troupe de pirates, sous la conduite de Ragenaire, venant directement du Danemarck, entre dans la Seine avec cent vingt vaisseaux, arrive à Paris le 28 mars, veille de Pâques, et y entre sans résistance (5), car les habitants s'étaient enfuis. Tous les monastères aux environs étaient également abandonnés : celui de Saint-Germain fut brûlé. Charles le Chauve, ne pouvant les repousser par la force, leur donna 7,000 livres pour prix de leur départ.

Les rois de Danemarck ne voulaient pas paraître approuver ces émigrations, dont probablement ils n'étaient pas fâchés, et que certainement ils n'auraient pu empêcher. Horich qui régnait alors, apprenant que la plupart de ceux qui avaient pillé le monastère de Saint-Germain avaient péri misérablement, fit couper la tête à ceux qui revinrent de l'expédition (Aimoin. *de Miraculis S. Germani*, t. VII, p. 350, 351), puis il demanda la paix à Louis de Germanie, qui savait mieux que Charles défendre son autorité et ses états. Déjà en 836, ce même Horich s'était excusé auprès de Louis le Débonnaire des ravages des pirates, jurant qu'il n'y avait aucune part; et en 838, faisant valoir sa fidélité à rester neutre, il lui avait demandé en récompense la possession de la Frise et du pays des Obodrites\*; mais il avait trop compté sur la faiblesse de l'empereur : sa demande fut rejetée avec mépris. (*Annal.* BERTIN.)

Malgré cette prétendue paix de 845, les ravages continuèrent toujours en Frise et en Aquitaine. Saintes, Bordeaux, Périgueux furent successivement attaqués, envahis et brûlés par ces barbares. Les Aquitains au désespoir ne savaient quel protecteur implorer. Mécontents de Pepin, ils appellent Charles le Chauve; mécontents de Charles, ils s'adressent à Louis le Germanique; ils rappellent Pepin : mais aucun prince alors ne pouvait les défendre; presque toute leur noblesse avait péri à Fontenai. (ANDREÆ *Presbyteri Chron.*, t. VII, p. 204; *Fragment. historic.*, ibid., p. 224.)

Le seul moyen possible qu'on pût imaginer pour arrêter ces ravages était d'abandonner aux vainqueurs les contrées envahies. Nous avons déjà vu Lothaire céder, en 841, l'île de Walacrie à Hériold; en 850, il céda à Roric, son neveu, Dorestad et une partie de la Frise. Charles le Chauve abandonna à Godefred, son fils, quelques terres près de la Seine; mais pour le moment ces concessions ne remédièrent à rien. Ces Normands n'étaient ni assez forts pour résister aux

---

\* Nouvelle preuve que la Frise s'étendait jusqu'à l'Elbe. Les Obodrites étaient au delà. Il est probable que Horich demandait deux pays contigus. (Voyez la note 4.)

autres invasions, ni assez près de la civilisation pour s'attacher facilement à une vie paisible. Dès que l'occasion se présentait, ils se joignaient aux pirates qui ne cessaient d'affluer sur ces rivages; ou se constituaient d'eux-mêmes agresseurs, quand les pays ravagés qu'on leur donnait pour demeure ne suffisaient plus à leur cupidité.

L'an 851 fut signalé par de nouveaux ravages. La Frise, l'île des Bataves furent pillées; le monastère de Saint-Bavon, à Gand, incendié; et les barbares poussèrent leurs ravages jusqu'auprès d'Arras.

En même temps, la troupe qui avait dix ans ravagé l'Aquitaine rentre dans la Seine, sous la conduite d'Oscheri; brûle le monastère de Fontenelle, s'avance par terre jusqu'à Beauvais, et, malgré un échec reçu à Warder, dans les environs, regagne ses vaisseaux. Ils quittèrent la Seine en juin 852, deux cent quatre-vingt-sept jours après y être entrés, et de là retournèrent à Bordeaux, chargés de butin. Ils avaient commis sur les bords de la Seine des ravages tels, que de mémoire d'homme jamais ces contrées n'en virent de semblables. (*Chron. Fontanell.*, t. VII, p. 43.)

Outre Rouen, Paris et Beauvais, ils prirent, pillèrent et brûlèrent Meaux, Melun, Chartres, Évreux, Bayeux, et toutes les villes qu'ils rencontraient. Aucun lieu, aucun monastère ne restait intact : tous les habitants s'enfuyaient désespérés. Il se trouvait à peine une voix pour s'écrier : « Restez, résistez, défendez votre

« patrie et vos enfants. » On ne l'écoutait pas. (*Ermentar. abb. Heriensis*, VII, 343.)

Aimoin avait dit avec plus de détails, lors de la prise de Paris en 845 : « Sortis de leurs vaisseaux, ils se ré-
« pandaient au loin dans les campagnes, massacraient
« une grande multitude des deux sexes; brûlaient les
« villages, les monastères, les églises, et exerçaient
« contre le peuple de Dieu tous les excès d'une fureur
« sans bornes » (t. VII, p. 348).

C'est donc au christianisme surtout qu'ils avaient déclaré une guerre d'extermination; aussi plusieurs habitants de l'Aquitaine n'avaient trouvé d'autre moyen de salut que de se faire païens comme eux. (*Agii Vabrensis Epist.*, t. VII, p. 66, note.) Ces chrétiens apostats* se joignaient aux barbares : quelques-uns même devinrent leurs chefs. Ils devaient en effet se signaler par plus de fureur encore contre la religion qu'ils avaient quittée : tel fut le fameux Hastings, natif des environs de Troyes (*Glaber*, I, 5), qui cette même année 851 (*Chr. S. Michael. in periculo maris*, t. VII, p. 272) commença à se faire connaître parmi les chefs les plus déterminés des Normands.

A la fin de 852, les Normands de Godefred, devenu parjure, remontèrent la Seine et se retranchèrent à *Giraldi-Fossa* (Géfosse ou Jeufosse, au-dessous

---

* En 869, Hugues l'abbé et Gozfrid prirent parmi des prisonniers normands un chrétien apostat, qu'ils firent décapiter. (*Annal.* Bertin.) Voyez aussi l'an 881.

de Bonnières). Charles le Chauve voulut les y attaquer; mais telle était la terreur qu'inspiraient les Normands, tel était l'affaiblissement des sentiments généreux chez les Francs d'alors, que ses soldats refusèrent de combattre. Le roi fut forcé de composer avec Godefred, et de lui faire de nouvelles concessions. Celui-ci resta tranquille pour le moment; mais une partie de son armée, qui apparemment ne voulait pas de la paix, quitta la Seine pour rentrer dans la Loire; et, joints probablement avec ceux qui depuis longtemps y avaient des cantonnements, ils exercèrent de nouveaux ravages. Nantes, le monastère de Saint-Florent, Angers, Tours, l'abbaye de St-Martin, Luçon, Blois furent pillés et brûlés. Agius, évêque d'Orléans, et Burchard, évêque de Chartres, ayant réuni contre eux une flotte et une armée, sauvèrent Orléans (854).

Cette année, s'il faut en croire l'annaliste de Fulde, tous les Normands cantonnés dans les différentes parties de l'empire des Francs quittèrent leurs conquêtes pour aller prendre part à une guerre civile en Danemarck, entre Horich et Gudorm, un de ses rivaux, qui, chassé par lui du royaume, avait jusque-là exercé le métier de pirate. Tous les princes de la famille royale y périrent, à l'exception d'un enfant.

Cet événement, s'il est vrai, ne procura pas cependant un long repos aux chrétiens de la Gaule. Dès 855, les Normands de la Loire envahissent encore

Bordeaux; ils attaquent Poitiers par terre, mais sont repoussés. Maîtres de Nantes, ils sont chassés par d'autres Normands alliés d'Erispoë; et pour se venger entrent dans la Vilaine, où ils exercent leurs ravages accoutumés. (*Gesta ss. Rotonensium, Conveyonis*, etc., t. VII, p. 364.)

Les Normands vainqueurs de Nantes, conduits par Sidroc, entrèrent dans la Seine, remontèrent jusqu'à Pitres, au confluent de l'Andelle, et, joints par une nouvelle flotte que commandait Bernon, ils firent une excursion jusque dans le Perche; mais ils furent battus par le roi Charles le Chauve. (*Chron. Fontan.*, p. 43.)

En 856, les Normands de la Loire prennent et pillent Orléans; d'autres entrent dans la Seine, ravagent les monastères situés sur les deux rives, et se fortifient à Géfosse pour y passer l'hiver. Le 28 décembre, ils envahissent Paris et le brûlent.

En 857, ils revinrent encore à Paris (6), et brûlèrent la basilique de Saint-Pierre et de Sainte-Geneviève, et toutes les autres églises, excepté celles de Saint-Étienne, de Saint-Denis, de Saint-Vincent et Saint-Germain (7), qui se rachetèrent seulement de l'incendie par de grosses sommes d'argent. Cette seconde invasion, marquée par plus de ruines que celle de 845, inspira des plaintes amères à Paschase Radbert, abbé de Corbie, auteur contemporain (t. VII, p. 72, not.) : « Qui eût jamais pu croire, s'écrie-t-il,

« que des pirates ramassés de différentes nations se-
« raient venus humilier un royaume si glorieux, si
« puissant, si populeux? Aucun roi n'aurait espéré,
« aucun habitant de la terre n'aurait cru que jamais
« un ennemi pût entrer dans notre Paris ». Ainsi, dans
l'opinion de plusieurs, Paris, quoique délaissé par les
rois Carolingiens, était toujours la capitale du royaume
des Francs.

Pendant ce temps la Frise, abandonnée par Roric
et Godefred, qui étaient allés en Danemarck faire
valoir leurs prétentions à la royauté, était attaquée
et pillée par d'autres pirates; et les Normands de la
Loire, auxquels s'était joint Pepin d'Aquitaine, dé-
vastèrent Poitiers et d'autres lieux aux environs.

858. Tandis que Bernon venait à Verberie jurer
fidélité à Charles, d'autres, continuant les hostilités,
prirent dans une de leurs courses Louis, abbé de
Saint-Denis, et Gozlin son frère, abbé de Saint-
Germain-des-Prés, le même qui fut depuis évêque
de Paris, et en exigèrent une forte rançon. Pour y
suffire, Charles épuisa en vain les trésors de plusieurs
églises : le roi, les évêques, abbés, comtes, hommes
puissants fournirent leur contingent pour la compléter. On peut juger de cette rançon par ce qui
suit : le monastère de Saint-Denis donna pour sa
part 685 livres d'or et 3,250 livres d'argent, sans y
comprendre un certain nombre de ses vassaux qui
furent livrés aux Normands, avec leurs femmes et

leurs enfants. (*Ann.* Bertin. et note, t. VII, p. 73.)

Les Normands s'étant retranchés dans l'île d'Oissel, formée au S. de Rouen par les détours de la Seine, Charles vint les y assiéger; mais menacé par son frère Louis, qui venait usurper ses états, il se retira en hâte, et les Normands s'emparèrent de ses vaisseaux. (*Vita S. Faronis episcopi Meldensis*, t. VII, p. 357.) Selon une chronique (*Fontanell.*, t. VII, p. 43), c'est Bernon lui-même qui était établi dans cette île; son serment de fidélité n'est pas un motif d'en douter : pour ces hommes le parjure n'était qu'une ruse de guerre.

Une fois établis à Oissel, les Normands pouvaient venir à Paris quand bon leur semblait. Ils commencèrent par attaquer et brûler Noyon, tuèrent l'évêque Ymon, et emmenèrent une multitude de captifs. (*Chron. Elnonens.*, t. VII, p. 273, 274.)

859. Les ravages se multiplient sur tous les points. L'Escaut et la Somme reçoivent de nouvelles flottes de Normands; d'autres pirates tournent l'Espagne et entrent dans le Rhône : la Frise et le Brabant, Saint-Valeri et Amiens, l'île de la Camargue sont envahis, pillés et brûlés en même temps. Les peuples d'entre Seine et Loire, désespérés des vexations continuelles d'un ennemi impitoyable qui les pressait des deux côtés, s'insurgèrent contre les Normands de la Seine; mais les seigneurs du pays, faisant cause commune avec leurs nouveaux hôtes, se réunirent à eux et

détruisirent facilement cette multitude aveugle (8). (*Annal.* Bertin., t. VII, p. 74; *Chron. Normann.*, ibid., p. 153.)

860. Charles négocie avec les Normands de la Somme pour combattre les Normands de la Seine. Ils exigaient 3,000 livres d'argent<sup>a</sup>. Charles leva cette somme sur les églises, les négociants et les manoirs même des pauvres; mais n'ayant pu la compléter, il leur donna des otages. Ceux-ci, dans l'intervalle, allèrent attaquer les Anglo-Saxons, qui les repoussèrent.

Les Normands du Rhône remontent jusqu'à Valence, puis retournent dans la Camargue, et de là vont infester l'Italie, ravager Pise et d'autres villes.

861. En janvier, selon les *Annales bertiniennes*, le jour de Pâques, suivant Aimoin, auteur des *Miracles de Saint-Germain*, les Normands de la Seine reviennent pour la troisième fois[b] sur Paris, qu'ils brûlent, ainsi que l'église de Saint-Germain. Ils poursuivent les négociants de la ville, qui s'enfuyaient en remontant la Seine, et les font prisonniers[c]: puis ils retournent à Oissel.

---

[a] On voit par ces distinctions, livres d'argent, livres d'or, qu'il s'agit toujours de poids. La livre numéraire d'argent n'était pas encore distincte de la livre poids même métal.

[b] La quatrième, si l'on compte deux invasions, l'une à la fin de 856 et l'autre en 857; mais il est probable que c'est la même. (Voyez la note 6.)

[c] Ces négociants se seraient retirés dans la cité si elle eût été à l'abri des insultes.

Les Normands de la Somme vinrent les y attaquer, moyennant un tribut de 5,000 livres payé par le roi. (Ils étaient devenus plus exigeants depuis l'année précédente.) Les Normands de la Seine, réduits à l'extrémité, capitulèrent et donnèrent aux assiégeants 6,000 livres, moitié or, moitié argent. Tous réunis, ils songeaient à se remettre en mer; mais, arrêtés par la tempête, ils se cantonnèrent par peuplades dans les ports de la Seine. Wéland, avec les Normands de la Somme, remonta jusqu'à Melun: les Normands de la Seine s'arrêtèrent à Saint-Maur-des-Fossés.

862. Tandis que Charles à Senlis attendait la réunion de son armée, pour garder les rives de l'Oise, de la Seine et de la Marne, et arrêter les ravages des Normands, il apprend qu'une partie de ceux qui étaient à Saint-Maur-des-Fossés se dirigeaient vers Meaux avec de petites barques. Il y court, fait rétablir et garder le pont de Trille-Bardou (*Bardulfi trajectum*), au-dessous de Meaux, pour fermer le retour aux Normands, et dispose des troupes sur les deux rives de la Marne. Les Normands n'en brûlèrent pas moins la ville de Meaux. (*Vita S. Faronis*, t. VII, p. 357, 358.) A leur retour, se voyant enfermés, ils demandèrent un accommodement, proposant de rendre les prisonniers qu'ils avaient faits depuis leur entrée dans la Marne, et de s'en retourner par mer avec les autres Normands de la Somme, ou,

si ces derniers s'y refusaient, d'aider Charles à leur faire la guerre. Ayant livré dix otages, ils retournent à Saint-Maur, où étaient leurs compagnons.

Vingt jours après, Wéland, chef de l'autre bande, vint prêter serment de fidélité à Charles avec les siens. Ensuite toute la flotte réunie descendit jusqu'à Jumièges, où on résolut de réparer les vaisseaux et d'attendre l'équinoxe de printemps. Les vaisseaux remis en état, ils se divisent : la plupart, joints à d'autres pirates qui avaient ravagé l'Espagne, vont se réunir à Salomon, duc de Bretagne; mais Robert-le-Fort leur enleva douze vaisseaux sur la Loire; puis, moyennant 6,000 livres d'argent, il engagea, pour combattre avec lui contre Salomon, les Normands de la Seine, avant que Salomon eût pu les attirer dans son parti.

Wéland, au lieu de conduire ses peuples à de nouvelles conquêtes, se rendit auprès de Charles avec sa femme et ses fils, et embrassa le christianisme.

Charles, pour empêcher de nouvelles incursions, fit élever à Pîtres des constructions imposantes; établit des postes militaires sur les rives de l'Oise, de la Seine et de la Marne, et ordonna de construire sur la Seine un grand pont (9) pour la défense de Paris. Ce pont n'était pas encore construit en 866, puisque cette année les Normands remontèrent la Seine jusqu'à Melun.

863-64-65. La fureur des Normands sur la Seine semble se ralentir; mais ceux de la Loire poursuivent leurs ravages. Ils envahissent Poitiers, qui se rachète du pillage; brûlent l'église de Saint-Hilaire et saccagent les environs d'Angoulême. De là, pénétrant en Auvergne, ils brûlent Clermont, tuent le comte Étienne, et regagnent leurs vaisseaux impunément. En 865, ils brûlèrent le monastère de Fleuri et la ville d'Orléans, qu'ils avaient déjà pillée en 856, tandis qu'un autre parti soudoyé par Pepin assiégeait Toulouse. En même temps d'autres barbares venus du Nord remontaient le Rhin, et ravageaient continuellement Dorestad, la Frise, le Brabant et la Flandre.

865. Les Normands rentrent dans la Seine, et envoient jusqu'à Paris deux cents des leurs pour chercher du vin; ensuite ils ravagèrent pendant quinze jours les environs de Saint-Denis, et rentrèrent dans leur camp, situé près de ce monastère.

Ces longs désastres, ces revers humiliants n'étaient pas suffisamment contre-balancés par quelques succès passagers. Robert-le-Fort, un des plus infatigables guerriers de cette époque, chargé de défendre les Marches de Neustrie, c'est-à-dire le Maine et l'Anjou, contre ces barbares, sortit victorieux de plusieurs combats; mais le petit nombre des Normands tombés sous ses coups* prouve qu'il était encore

---

* Il ne put empêcher le saccage d'aucune grande ville de l'Aqui-

plus difficile de les surprendre que de les vaincre; ou que, réduits à des armées peu nombreuses, les ducs et les comtes ne pouvaient se mesurer qu'avec de faibles détachements ennemis. Il périt enfin lui-même, en 866, dans un combat contre Hastings; et les peuples, qui n'espéraient plus que dans la force de son bras, crurent avoir perdu un nouveau Machabée. (*Annales Fuldenses*, an 867.)

866. Il n'avait pas encore succombé cependant, lorsque Charles, effrayé par le pillage de Melun, conclut avec les Normands de la Seine une paix des plus honteuses, mais qui du moins procura un calme de quelques années à cette partie du royaume. Il leur donna 4,000 livres d'argent, leur remit leurs prisonniers qui s'étaient échappés à la nouvelle du traité, croyant qu'il les rendait libres; ou leur en paya le prix, ainsi que des Normands qui avaient pu être tués pendant la discussion des articles. Les Normands abandonnèrent la Seine, et plusieurs passèrent en Italie.

867-68. Ceux de la Loire, plus intraitables, brûlent Bourges, rançonnent encore Orléans; mais sont battus par les habitants de Poitiers.

taine, Poitiers, Clermont, Orléans même, qui était peut-être de son gouvernement.

En 862, il prend douze vaisseaux aux Normands sur la Loire.

864, attaque et disperse deux corps de Normands : *caneos*.

865, tue cinq cents des Normands qui avaient brûlé Poitiers.

866, la troupe qu'il combattait, lorsqu'il fut tué, était de quatre cents hommes.

869. Charles avait engagé les habitants du Mans et de Tours à se fortifier pour protéger le reste de la population contre les Normands : ceux-ci, à cette nouvelle, prirent les devants, et exigèrent de ces peuples beaucoup d'argent, de blé et de vin, pour prix de la paix qu'ils voulaient bien leur accorder. L'observèrent-ils? On le croirait volontiers, car pendant quelques années l'histoire se tait sur leurs déprédations. D'ailleurs à force de malheurs les peuples avaient repris courage et s'étaient aguerris; on résistait plus souvent aux Normands : quelquefois même on les attaquait. En 873, Charles entreprit de les chasser d'Angers. Réuni à Salomon, duc de Bretagne, il leur enleva cette ville en octobre, leur accorda une île de la Loire pour y faire leur commerce jusqu'en février. A cette époque, ceux qui ne voudraient pas être baptisés sortiraient du royaume. Une chronique prétend qu'ils ne remplirent pas leur promesse, ne quittèrent pas le pays, et firent plus de dégâts qu'auparavant. (*Chron. monasterii S. Sergii Andegavensis*, t. VII, p. 53.) Sans doute ils ne sortirent pas tous de France, mais les ravages s'apaisèrent. Ainsi le royaume paraissait jouir enfin de quelque repos par le départ des Normands de la Seine et l'affaiblissement de ceux de la Loire. La Frise même sembla respirer quelque temps : les Frisons occidentaux battirent les Normands en 876, et leur enlevèrent les trésors que ceux-ci avaient amassés dans leurs pillages. (*Ann. Fuld.*)

Ici se termine en quelque sorte la première période des incursions des Normands; elles sont irrégulières, variées, portant sur plusieurs points à la fois, et finissent, comme elles avaient commencé, par se concentrer sur trois principaux : la Frise, la Seine et la Loire. La Frise, attaquée la première dès 810, ne fut jamais débarrassée de ces hôtes désastreux; ceux qui s'y établissaient étant chassés par de nouveaux venus, ou se joignant à eux pour piller les provinces plus reculées. La Seine, envahie pour la première fois en 841, fut délivrée en 866. Les établissements sur la Loire, commencés en 843, subsistaient encore en 876, mais probablement bien affaiblis. Les Normands cantonnés sur ces deux fleuves s'étaient épuisés par leurs conquêtes; ils avaient éprouvé dans les dernières années plusieurs échecs, et ils n'avaient pas été renouvelés à tout moment et retrempés comme ceux de la Frise par des immigrations successives. Charles le Chauve, en les combattant selon ses moyens, tantôt avec de l'or, tantôt par les armes, leur avait inspiré peut-être plus de respect qu'on ne le suppose communément.

Cette apparence de tranquillité dura peu. L'ambition déplacée de Charles, les troubles qui suivirent sa mort réveillèrent la fureur assoupie des Normands établis en France, et une nouvelle irruption de barbares sortis du Nord, plus féroces, s'il est possible, que leurs devanciers, vint replonger la France occidentale dans un abîme de maux dont elle ne sortit à peine qu'après plus de trente ans. C'est la seconde période de ces étranges ravages; mais ceux-ci du moins, après avoir causé des maux infinis, produisirent un résultat, et aboutirent à l'établissement d'une puissance qui fut une des merveilles du moyen âge.

876. Tandis que Charles le Chauve se rendait à Aix-la-Chapelle pour s'emparer du royaume de Louis le Germanique, au préjudice de ses neveux, les Normands entrèrent dans la Seine avec une flotte de cent barques. A leur tête était un chef qui devait fixer leurs destinées, Rollon, dont le nom rappelle la valeur qui subjugue les peuples et la sagesse qui les gouverne. Il s'établit à Rouen. (*Annales Bertiniani*, et *Guillaume de Jumièges*, l. II, ch. ix.)

877. Charles, qui venait d'être battu à Andernach par son neveu Louis, et qui, au lieu de défendre ses états primitifs, méditait un voyage en Italie, pour secourir Rome contre les Sarrasins, ne trouva d'autre moyen de conjurer ce nouvel orage, que de promettre aux Normands 5,000 livres d'argent, à condition qu'ils sortiraient du royaume. En conséquence, dans une assemblée à Compiègne, 1ᵉʳ mai (*Annal. Bertin.* et *Capitular. Caroli calvi*, t. VII, p. 697, 698), il fut décidé qu'une taxe serait établie sur toutes les propriétés civiles et ecclésiastiques de France et de Bourgogne, pour éloigner les Normands de la Seine; et sur celles de la Neustrie, ou du pays entre Seine et Loire, pour les Normands de la Loire.

Le 14 juin, dans un placite à Quiersi (*Capitul. carisiac.*, tit. 27, t. VII, p. 703), il ordonna de mettre Paris en état de défense, et de réparer les châteaux sur les rives de la Seine et de la Loire, entre autres celui de Saint-Denis.

Telles furent, pour la défense de son royaume, les dernières dispositions de ce prince, qui, au lieu de veiller lui-même à l'exécution de ses décrets, allait chercher la honte et la mort dans une expédition lointaine, désapprouvée de ses fidèles [a].

Ce roi, que ses flatteurs surnommaient le Grand, qu'ils comparaient à Josias, à Théodose [b], est simplement pour la postérité Charles le Chauve. Cependant si, en lisant le récit de ses actions, on songe aux malheurs des temps, aux circonstances critiques qui l'accompagnèrent dès le berceau, et dont il se tira quelquefois avec honneur et succès [c], on reconnaîtra qu'il n'est pas le plus méprisable des rois de sa race.

Son fils, qui comme lui est désigné par un surnom, indice d'une infirmité naturelle, n'eut ni le temps, ni la force de travailler à la délivrance de son peuple, et les disputes qui s'élevèrent après lui sur le choix de

---

[a] Contra suorum voluntatem. (*Annal. Vedast.*, t. VIII, 79, note *a*)

[b] Cùm sedeat Carolus magno coronatus honore,
Est Josiæ similis parque Theodosio.
(Baluz., *Capitul.*, t. II, p. 1177.)

Voyez en outre tous les vers à sa louange, t. VII, p. 310-317.

[c] Par exemple, après la mort de son père. (Voyez Nithard.)

ses successeurs renouvelèrent tous les malheurs de la France.

879. Tandis que Conrad, comte de Paris, et Gozlin, depuis son évêque, alors abbé de Saint-Germain, appelaient en France Louis de Saxe, au préjudice des fils de Louis le Bègue, et que Boson, excité par sa femme, se faisait déclarer roi de Provence par vingt-huit archevêques et évêques réunis à Mantale (*Concilia Galliæ*, t. III, p. 496), Louis III et Carloman, à peine établis sur un trône chancelant, au retour d'une entrevue à Orbe avec leur cousin Charles, depuis Charles le Gros, volèrent à la rencontre des Normands de la Loire, qui s'avançaient par terre et dévastaient le pays, et les battirent près de la Vienne; mais leur activité ne suffisait plus pour sauver la France. Dans le même temps, à la faveur des troubles intérieurs et du démembrement de l'empire, un nouvel essaim de pirates venus d'outre mer, conduits par le roi Gurmond, et attirés en France par le traître Esimbard (*Chron. Centulens.*, tom. VIII, p. 273), se jeta sur les côtes de Flandre, et Térouanne fut brûlée sans résistance; puis ils descendirent l'Escaut, ravagèrent et brûlèrent sur ses deux rives les monastères et les villes, Gand, Tournai, Courtrai, et une partie du Brabant. De là, remontant vers le sud, ils saccagèrent tout le pays entre l'Escaut et la Somme, brûlèrent Arras, Cambrai, Saint-Riquier, Saint-Valeri, Amiens et Corbie; enfin ils passèrent la Somme et firent des courses jusqu'à Beauvais (881). Cependant

les peuples ne se laissaient plus égorger sans défense comme au temps des premières incursions : maintenant on opposait aux Normands une résistance vigoureuse; mais elle ne faisait qu'irriter leur fureur. Souvent vainqueurs, quelquefois vaincus dans de grandes batailles, ils se remontraient plus nombreux, plus ardents, et écrasaient enfin leurs adversaires, ou fatigués de leurs efforts ou enivrés trop tôt de leurs succès.

Ainsi Hugues, fils du roi Lothaire, en 879; l'abbé Gozlin, l'année suivante, de son autorité privée, avaient tenté d'arrêter le torrent; il les avait entraînés. Plus heureux, Louis de Saxe leur tua cinq mille hommes près de *Thimum*, dans la forêt Charbonnière (880), mais y perdit un fils; et dans le même temps, un autre parti de Normands en Saxe battit son armée et lui tua deux évêques, douze comtes et dix-sept gardes du roi, avec leurs hommes; sans compter un grand nombre de captifs. Encore à la même époque, une autre flotte de Normands entra dans le Wahal, ravagea toute l'ancienne île des Bataves et se cantonna à Nimègue. Louis de Saxe, aussi actif que l'avait été son père Louis le Germanique, vint les y assiéger. Serrés de près, ils lui proposèrent de quitter son royaume, à condition qu'il se retirerait avec ses troupes. Il y consentit : ils regagnèrent en effet l'embouchure du Rhin, mais après avoir brûlé Nimègue.

En 881, Louis III rencontra à Saucour, en Vimeux, les Normands qui revenaient de Beauvais; il les battit et leur tua huit ou neuf mille hommes; mais ses troupes, surprises par les barbares dans l'ivresse du succès, eussent été détruites entièrement si, mettant pied à terre avec un petit nombre de ses fidèles, il n'eût arrêté l'ennemi par sa ferme contenance et donné aux siens le temps de se rallier et le moyen de repousser cette nouvelle attaque. (*Annal. Vedast.*) Malgré ses efforts, le fruit de la victoire fut perdu; et les Normands ne furent arrêtés qu'un moment. Cependant tel était l'effroi qu'avaient inspiré ces barbares, crus longtemps invincibles, que cette défaite, la plus sanglante qu'ils eussent encore éprouvée, causa une joie universelle, et fut célébrée par les compatriotes du roi dans un chant teutonique rimé que nous avons encore (10).

882. Les chants de triomphe qui souhaitaient à ce prince un règne long et glorieux avaient à peine cessé qu'il mourut à la fleur de l'âge. La Chronique de Centule ou de Saint-Riquier dit qu'il s'était rompu quelques vaisseaux dans l'intérieur du corps en combattant avec trop d'ardeur à Saucour. Selon les Annales de St-Waast, il mourut des suites d'une blessure qu'il se fit à la porte d'une maison où il poursuivait une jeune fille. Prince aimable, généreux, chéri et regretté de ses peuples, si l'on en croit les Annales de Metz; homme vain, prodigue, débauché, si l'on ajoute foi au continuateur d'Aimoin. Le premier jugement a prévalu dans l'opinion de la postérité.

La mort de Louis de Saxe, arrivée peu auparavant, compléta les malheurs de l'empire. Déjà les Normands vaincus à Saucour et ceux de Nimègue, réunis sous Sigefred et Godefred, étaient rentrés en Gaule par le Rhin, la Meuse et l'Escaut. Les uns pénétrèrent en Lotharingie, marquant leur passage par des ruines; le Hasbaigne ou pays de Liége, le pays ripuaire, entre la Basse-Meuse et le Bas-Rhin, furent envahis et dévastés. Maëstrich, Prumm, Inda, Stavelot, Aix, dont la chapelle servit d'écurie à leurs chevaux, Cologne, Bonn furent brûlés avec leurs églises : les campagnes étaient saccagées, les habitants massacrés; on fuyait jusqu'à Mayence, jusqu'à Metz sans trouver un asile. Les peuples éperdus implorèrent Carloman, frère de Louis III, alors occupé au siége de Vienne, pour qu'il vînt les défendre; mais il ne pouvait faire face à tous ses ennemis. L'autre division des Normands, après avoir brûlé Cambrai et Arras, et dévasté les environs de la Somme, menaçait l'Oise, l'Aisne et la Marne, tandis que Hastings[*], chef des Normands de la Loire, était sorti de ce fleuve et ravageait les contrées maritimes.

Cependant l'empereur Charles le Gros, soit accès momentané d'un courage qui ne lui fut jamais propre, soit jalousie contre son cousin Carloman, à qui il enviait la gloire d'un succès et la part de Lotharingie

---

[*] Peu de temps avant sa mort, Louis III avait tenté de s'en faire un allié. (*Annal. Vedast.*)

qu'avait possédée Charles le Chauve, se hâta de marcher contre les Normands de la Meuse, qui, après avoir ajouté à leurs ravages la ruine de Trèves et menacé Metz, dont l'évêque Walon avait péri en les combattant, s'étaient retranchés dans un lieu nommé *Ascloha*, près de la Meuse, à 14 milles du Rhin. Le détail de cette expédition suffira pour nous faire apprécier ce prince, qui réunissant, pour la dernière fois, sur une seule tête presque tous les états de la vaste monarchie de Charlemagne, roi de Germanie, empereur, régent, ou plutôt roi de France [a], succomba bientôt sous le poids d'une triple couronne.

Il rassemble une armée formidable de Lombards, d'Allemands, de Francs, et marche contre les Normands : lui, sur la rive occidentale du Rhin, à la tête d'une partie de ses troupes; l'autre partie, composée de Bavarois, avec leur prince Arnoul, depuis empereur, sur la rive orientale. Arrivée à Andernach, son armée se sépare. Les Bavarois avec Arnoul, et les Francs commandés par Henri [b], marchent en avant pour surprendre l'ennemi hors de ses retranchements; mais des traîtres l'avaient averti : quelques Francs furent

---

[a] Les Annales de Metz, an 884, disent nettement que les grands de France l'appelèrent à régner sur eux, vinrent à sa rencontre à Gondreville, et lui prêtèrent serment comme étant ses sujets. Les Annales de Saint-Waast, an 885, disent à peu près la même chose. Peut-être ne fut-il pas sacré roi de France; mais ses diplômes prouvent qu'il se regardait comme souverain en Gaule, c'est-à-dire la France occidentale

[b] Probablement le même qui périt dans le siège de Paris.

tués et le reste de l'avant-garde se replia en arrière sur le corps principal. Alors Charles prit un autre chemin, et, arrivé devant le fort d'Ascloha, assiégea les deux rois normands, Sigefred et Godefred, et les princes Half et Wurm, ou Gurmond, le même qui avait été battu à Saucour. Après douze jours de siége, le 21 juillet, une pluie de grosses pierres épouvanta les deux armées déjà épuisées par la fatigue et la chaleur, et l'on en vint à un accord (*Annal. Fuld.*); mais, s'il faut en croire le premier continuateur de ces mêmes annales, les assiégés étaient réduits à l'extrémité. Charles pouvait facilement les chasser d'Ascloha et même les détruire, lorsque Liutward, évêque de Verceil, et le comte Wichert, gagnés par les Normands, engagèrent l'empereur à composer avec eux. Godefred se présenta à lui avec l'intention de recevoir le baptême. Des otages furent donnés de part et d'autre. Les Normands, pour montrer leur bonne foi, élevèrent un bouclier, selon leur coutume, et ouvrirent les portes de leur camp; les nôtres y entrèrent, les uns pour faire le commerce, les autres par curiosité. Les Normands alors descendent le bouclier de paix, ferment les portes, et tuent ou enchaînent tous ceux qui étaient dans le camp. L'empereur, s'inquiétant peu de cet affront, servit de parrain à Godefred; lui donna dans le Kinneim, en Frise, tous les fiefs qu'avait possédés Rorich, comme vassal des rois ses prédécesseurs; lui accorda en mariage Gisla, fille de Lothaire II, et lui paya un tribut, ainsi qu'à Gurmond et Sigefred\* : c'était une somme de 2,412 livres d'or et d'argent, dont il dépouilla les églises pour enrichir les ennemis de la religion et de l'empire. Il y ajouta la permission de ravager les états de Carloman, roi de la France occidentale; en outre, il fit égorger ou aveugler quiconque avait tué quelque Normand cherchant à attaquer le camp des chrétiens. L'armée, attristée d'avoir un tel chef, se retira. Les Normands envoyèrent dans leur patrie deux cents vaisseaux chargés de butin et de captifs, et se renfermèrent dans leur fort, attendant une autre occasion de recommencer leurs ravages.

D'après les articles du traité, elle ne pouvait tarder beaucoup; d'ailleurs sur un autre point la guerre n'avait pas discontinué. La seconde troupe des Normands, à laquelle se joignirent plusieurs des précédents, quitta Condé, où elle s'était cantonnée, et, s'avançant toujours vers le cœur de la France, ravagea les environs de Laon; puis se dirigea vers Reims, avec l'intention, après avoir pris cette ville, de revenir par Soissons et Noyon achever le siége de Laon. A leur approche, annoncée par l'incendie des villages voisins, le vénérable Hincmar se réfugia à Épernai, où il mourut bientôt, après un épiscopat de trente-sept ans; brisé de douleur sans doute, en voyant s'abîmer dans les ruines ce beau

---

\* Ce Sigefred, que nous allons voir chef des Normands dans le siége de Paris, se fit aussi chrétien dans cette occasion, selon les Annales de Fulde et de Saint-Waast.

royaume qui, grâce à ses instructions\*, devait refleurir sous l'administration de Carloman comme au temps de Charlemagne. Mais les circonstances et les personnes étaient bien changées. Le royaume de Carloman n'était plus qu'une province du vaste empire de son aïeul; et ses sujets, insolents vassaux, avaient oublié la bravoure qui avait rendu leurs pères la terreur de l'Europe; aussi, malgré tout son courage, il ne put qu'ajourner de quelques instants la ruine de sa patrie et de sa famille [b].

Les barbares ne purent entrer dans Reims, que protégeaient la main de Dieu et les mérites de tous les saints qui l'avaient habité. (*Annal. Bertin.*) Carloman, privé d'une partie de ses forces par l'absence de l'abbé Hugues, qui répétait sur Charles le Gros la Lotharingie française, n'avait pu prévenir ces derniers ravages. Il attaqua un de leurs partis près de l'Aisne, en tua près de mille et leur enleva leur butin; mais le corps principal de l'armée ennemie campa à Avaux, près de Reims, et de là se retira sans perte par où il était venu. Les Normands sortent une seconde fois de Condé; ravagent par le fer et le feu tout le royaume

[a] Hincmar, peu de temps auparavant, avait adressé aux grands du royaume, pour l'instruction du jeune Carloman, un traité de l'ordre du palais de Charlemagne, d'après Adelard. Il est dans le tome IX des Historiens français, p. 263 et suiv.

[b] En effet, selon l'auteur de l'Histoire des Français, la dynastie de Charlemagne cesse de régner à partir de la déposition de Charles le Gros : le siècle qui suit n'est qu'une longue anarchie.

jusqu'à l'Oise; abattent les murs des villes; détruisent de fond en comble les monastères et les églises; font mourir par l'épée ou par la famine les serviteurs de Dieu, ou les vendent au-delà des mers, et massacrent tous les habitants cultivateurs. Personne ne leur résistait.

Hugues l'abbé, ayant réuni une armée, vint enfin se joindre au roi, et dans la forêt de Vicogne, ils poursuivirent et dispersèrent un parti de Normands qui revenaient du pillage, mais ne leur tuèrent que peu de monde.

Ces succès de Carloman furent une bien faible compensation pour tant de maux; mais ils vengèrent l'honneur des Francs, compromis par la lâcheté de Charles, et donnèrent à d'autres l'exemple de la résistance.

883. Les Normands, après avoir incendié le monastère de Saint-Quentin et l'église de la Sainte-Vierge dans Arras, rentrèrent dans leurs quartiers; puis, quittant de nouveau Condé au printemps, ils gagnèrent la côte, et passèrent tout l'été à ravager la Flandre. Carloman se tenait dans le Ponthieu avec une armée pour protéger son royaume; à la fin d'octobre, les Normands marchèrent contre lui avec toutes leurs forces, tandis que leur flotte remontait la Somme : alors le roi décampa et repassa l'Oise, derrière laquelle il se tint en observation. Les Normands établirent leurs quartiers d'hiver à Amiens, et ravagèrent tout le pays le long de l'Oise jusqu'à la Seine, brûlant les monastères et les églises.

Cependant un parti de Normands, peut-être de ceux qui s'étaient cantonnés dans Ascloha, remonte le Rhin, pille et brûle plusieurs endroits récemment réparés. L'archevêque de Mayence, Liutbert, marcha contre eux avec une petite troupe, les battit et leur enleva leur butin. Cette même année ou la suivante, le comte Henri les battit complétement près du monastère de Prum. On semblait respirer : on se mit à rebâtir Cologne.

884. Mais en occident les ravages continuèrent plus affreux que jamais. Dans toutes les places, dans toutes les routes, en tous lieux, on ne voyait que des cadavres de clercs, de laïcs, nobles et vilains; des femmes, des jeunes gens, des enfants à la mamelle étaient étendus morts; et l'affliction de ceux qui survivaient était au comble en voyant le peuple chrétien menacé de périr jusqu'au dernier homme. (*Annal. Vedast.*) Comme le roi était jeune, les princes de l'état se rassemblèrent à Compiègne, et décidèrent qu'on enverrait aux barbares Sigefred, leur compatriote, devenu chrétien et fidèle du roi, pour obtenir leur départ au prix d'une somme d'argent. Après de longs pourparlers, des allées et des venues multipliées, les Normands convinrent de se retirer, moyennant 12,000 livres d'argent. Des otages furent donnés de part et d'autre, et les peuples au delà de l'Oise (au delà pour l'auteur, qui écrivait dans le monastère de Saint-Waast à Arras, en deçà pour Paris) jouirent de quelque tranquillité, pendant

l'acquittement de la somme, de la Purification à octobre. Lorsque les Normands l'eurent reçue, ils brûlèrent leur camp et se retirèrent à Boulogne, suivis de loin par le roi et l'armée française, qui suspectait leur bonne foi; car dans le même temps les Normands de la Meuse recommençaient leurs dévastations au delà de l'Escaut. De Boulogne, les uns passèrent la mer; d'autres rentrèrent en Lotharingie, allèrent se rejoindre aux Normands de la Meuse et du Rhin, et s'établirent à Louvain. Carloman mourut peu après, le 6 décembre, blessé à la chasse par un sanglier, ou plutôt par un de ses gardes, qu'il ne voulut pas compromettre en révélant son imprudence. Il avait environ dix-huit ans.

885. A la nouvelle de sa mort, les Normands reprennent les armes. On leur rappelle leurs serments : ils n'ont traité qu'avec Carloman, disent-ils; son successeur doit payer la même somme, s'il veut avoir la paix. (*Annal. Metenses.*) Cependant on ne les voit point prendre l'offensive : peut-être l'annaliste de Metz, ou Réginon qu'il a copié, a-t-il voulu justifier Charles le Gros de la reprise des hostilités. Quoi qu'il en soit, les Français effrayés se donnèrent à l'empereur. A peine eut-il reçu leurs serments qu'il ordonna à deux armées des royaumes de Lothaire et de Carloman de marcher contre les Normands de Louvain; mais elles ne firent rien d'utile, et les ennemis ajoutèrent même l'insulte à l'humiliation d'une attaque infructueuse : « Pourquoi

« venir à nous? leur crièrent-ils : cela n'était pas néces-
« saire; nous savons qui vous êtes. Vous voulez donc
« que nous retournions chez vous? eh bien, nous le
« ferons. » (*Annal. Vedast.*) Ces paroles semblent bien
dire que Charles le Gros fut ici l'agresseur.

Charles se vengea de cet échec par une noire perfidie. Godefred, mécontent des comtés qui lui avaient
été cédés en 882, demandait trois villes sur le Rhin,
Coblentz, Andernach, Sentzich. Sous prétexte de dé-
battre cette question avec lui-même, le comte Henri
l'attira à Hérispich, où le Rhin se sépare du Wahal,
et le tua en trahison, assisté du comte Evehrard, qui,
simulant une dispute avec le roi normand, lui porta
le premier coup : les hommes de Henri l'achevèrent.
Hugues, fils de Lothaire II, accusé de complicité
avec Godefred, eut les yeux crevés par ordre de l'empereur.

Alors ne respirant que la vengeance, tous les Normands se réunissent à Rouen le 25 juillet et s'y fortifient. Les hommes de la Neustrie et de la Bourgogne
se rassemblèrent pour les combattre; mais Ragnold,
duc du Maine*, fut tué avec quelques soldats, et l'armée se dispersa sans avoir rien fait.

---

* *Dux totius Franciæ,* dit Guillaume de Jumièges, l. II, ch. x. Il veut
dire peut-être que Rainold avait le duché nommé depuis *duché de France*;
mais à cette époque il ne portait pas ce nom : il se serait appelé plutôt
*duché de Neustrie.* (Voyez la note 16 sur ce mot.) D'ailleurs Hugues
l'abbé semble avoir possédé ce duché de 866 à 886. (Voyez la note 15.)

Les Normands recommencent leurs pillages et leurs incendies : les Francs essaient de leur résister, non plus en bataille rangée, mais par des forteresses qui leur interceptent la navigation des fleuves. Ils établissent un château à Pontoise et en donnent la garde à Aletram, tandis que l'évêque Gozlin fortifie Paris.

En novembre, le fort de Pontoise fut pris et brûlé, et Aletram et sa troupe se retirèrent sur Beauvais avec leurs armes et leurs chevaux ; de là, les Normands marchèrent sur Paris, sous la conduite de plusieurs rois, dont le principal était Sigefred[*].

Ainsi les Normands qui assiégèrent Paris étaient ceux qui vinrent fondre sur le nord de la Gaule en 879, et qui, divisés en deux bandes, ravagèrent simultanément ou tour à tour, d'une part la Flandre, les pays de la Somme et de l'Oise jusqu'à la Seine, et de l'autre, le Bas-Rhin, la Basse-Meuse, le Brabant, et tout le nord de la Lotharingie ; ceux qui avaient reçu des établissements en Frise avec Godefred et Sigefred, et ceux qui plus récemment s'étaient cantonnés à Louvain. Quant aux anciens Normands de la Loire, on peut croire, par un vers d'Abbon, I, 598, qu'ils s'étaient réunis, au moins en partie, à leurs compatriotes ; mais Hastings n'était plus avec eux. Allié de Charles le Gros, il avait combattu avec Ragnold contre les Nor-

---

[*] La suite du récit de l'historien, jusqu'à la levée du siége, est en tête du poëme ; et pour les détails du siége, il faut lire le poëme lui-même et consulter la table chronologique

mands réunis à Rouen. Après la défaite, Thibaut, autre Normand établi dans ces contrées, lui fit craindre de la part de l'empereur le sort de Godefred, et en obtint ainsi la ville de Chartres. Hastings quitta la France, mais non pas pour toujours. (*Willelmi Gemetic.*, II, 10, 11. Voyez an 890.) Les nouveaux Normands de la Seine, établis à Rouen depuis 876, prirent vraisemblablement part à l'expédition. Cependant ni Abbon, ni les chroniques contemporaines ne font mention de Rollon, leur chef, auquel Guillaume de Jumièges attribue la conduite du siège de Paris*. Son autorité ne peut balancer celle des auteurs plus anciens et témoins de l'événement.

Ce fut donc une ligue générale de tous les Normands établis en Gaule, non pour s'emparer de Paris précisément, mais pour envahir et ruiner, jusqu'aux provinces les plus reculées, un royaume objet de leur haine et de leur convoitise. Paris étant, par sa position et par les moyens de défense qu'y avaient ajoutés Charles le Chauve et Gozlin, un des principaux obstacles à leur marche, ils durent pour le détruire réunir toutes leurs forces, mettre en œuvre toutes leurs ressources, épuiser les efforts de la persévérance la plus opiniâtre.

Mais cette ville, que trois fois ils avaient envahie et pillée sans peine, leur opposa alors une résistance aussi

---

* Il est possible que Guillaume de Jumièges parle d'un événement postérieur de vingt ans environ à celui qui nous occupe.

imprévue qu'insurmontable. Voyons quels étaient ses moyens pour arrêter pendant une année entière une armée de barbares plus nombreuse que dans la plupart des précédentes expéditions.

Quelle qu'ait pu être l'étendue de Paris sous les rois de la première race, elle était, à l'époque où nous sommes, bien déchue de sa grandeur passée. Ce n'était plus cette ville romaine fière de posséder sur sa colline méridionale un palais impérial, un camp, un cirque et de riches églises, monuments des Romains ou des premiers rois leurs successeurs, ni cette ville franke projetant au nord un vaste faubourg qui devint bientôt la ville, laissant à l'île d'où elle était sortie le nom spécial de *Cité* (11). Cette ancienne capitale de la Neustrie, délaissée depuis plus d'un siècle par les rois et les empereurs austrasiens, ses vainqueurs, négligée même par les princes de cette race souverains de la France occidentale; insultée, envahie, ravagée par les barbares, trois fois en moins de quarante ans, avait vu sa population dispersée, ses murs détruits en partie, et ses accroissements au nord et au sud réduits à de simples faubourgs. Vers la fin du ix° siècle Paris n'était plus, comme au temps des vieux Gaulois, qu'une île au milieu de la Seine. (ABBON, I, 15 et note 12). Ses ponts avaient été emportés par le fleuve ou détruits par les Normands; et la Cité, privée de fortifications, n'offrait aucun obstacle aux visites de ses ennemis. Après l'invasion de 861, Charles le Chauve, comme nous l'avons vu (note 9), ordonna par un diplôme la construction d'un grand pont pour défendre la ville contre les incursions des Normands (12). Ce pont devait être muni de forts à ses extrémités\*. Malgré les ordres du roi, les travaux ne furent pas vigoureusement poussés; la tour du Nord n'était pas achevée lorsque les Normands se présentèrent. (ABBON, I, 78, et *Annal. Vedast.*)

Enfin en 885, lors de la réunion des Normands à Rouen, nous avons vu que l'évêque Gozlin fortifia Paris. Ces fortifications se composaient d'un mur garni de tourelles qui entourait l'île de la Cité, mais qui laissait en dehors assez de place aux assiégeants pour débarquer dans l'île, surtout quand les eaux étaient basses. (ABBON, I, 398; II, 56, 187, 233.)

Ces moyens matériels de résistance eussent été peu de chose sans la grandeur d'âme des chefs chargés de défendre la ville.

A leur tête, il faut placer l'évêque Gozlin (13), qui, par son rang et sa naissance, avait, à ce qu'il paraît, le plus d'autorité dans la ville. C'est lui qui la fait fortifier; c'est à lui que s'adresse Sigefred; c'est lui qui envoie presser les secours du comte Henri (*Annal.*

---

\* Adon, dans sa chronique (t. VII, p. 55), dit que Charles le Chauve, pour arrêter les Normands, fit construire sur la Seine un pont, *miræ firmitatis*, avec des tours ou châtels aux deux extrémités. Il ne dit pas en quel endroit; mais on peut croire qu'il s'agit du même, puisque les Normands remontent la Seine jusqu'à Paris, et sont arrêtés d'abord par ce pont, sous lequel ils demandent un passage

*Vedast.*); c'est avec lui que traite le roi barbare quand il marchande son départ (*ibid.*); enfin sa mort est un signal de joie pour les Normands, de désespoir pour les Parisiens. Prêtre guerrier, comme tant d'autres à cette époque, il usa de ce privilége, que tolérait le malheur des temps, pour défendre son pays. En 880, préposé par le roi Louis III à la garde du royaume, tandis que ce prince, aidé de son frère Carloman, allait assiéger Boson dans Vienne, il avait formé une entreprise contre les Normands : mal secondé par les troupes cantonnées au delà de l'Escaut, il s'était retiré avec perte, mais non avec honte, quoi qu'en dise l'annaliste de Saint-Waast, qui ne juge que par le succès. On peut lui reprocher, il est vrai, l'opposition acharnée qu'il manifesta contre l'avénement au trône de deux jeunes princes dignes d'un meilleur sort, Louis III et Carloman; mais Louis de Germanie, auquel il s'adressait, était comme eux de la famille de Charlemagne, et la succession au trône n'était pas fixée irrévocablement dans chaque branche par droit de primogéniture : d'ailleurs la naissance des deux princes semblait entachée d'illégitimité; enfin leur grande jeunesse devait effrayer un homme vieilli dans les affaires et dans les armes, qui voyait le royaume en proie à tous les maux de l'invasion et de l'anarchie, s'il n'était défendu par une main ferme et expérimentée. Du reste, s'il a failli en cette occasion par excès de prudence, et peut-être par quelque vue d'intérêt personnel, le dernier acte de sa vie, la défense de Paris, l'a absous aux yeux de la postérité, et lui a mérité les éloges même de certains écrivains trop disposés à tout blâmer dans un prêtre. (VOLTAIRE, *Essai sur les Mœurs*, etc., ch. xxv.)

Après lui, on ne doit pas oublier son neveu, cet abbé martial, *martius, mavortius abba* (ABB., II, 166, 436), Ebles, à qui il avait résigné, en 884, l'abbaye de Saint-Germain, et qui fut en outre abbé de Saint-Denis, de Saint-Hilaire de Poitiers, et chancelier du royaume sous le roi Eudes. (DUPLESSIS, an 884.) Abbon nous le présente comme triplement célèbre par sa valeur guerrière, sa force de corps incomparable et sa supériorité dans les études des écoles. (II, 436.) Il était propre à tout : seulement on pouvait lui reprocher trop d'ambition et d'amour pour les plaisirs. Il fut le seul appui des Parisiens après la mort de Gozlin et pendant l'absence du comte, qui était allé stimuler l'indolence de l'empereur. Dans la guerre du roi Eudes contre l'Aquitaine révoltée en faveur de Charles le Simple, en 892, il prit parti pour ce dernier, et fut tué d'un coup de pierre au siége de Brillac, en Poitou. (*Annal. Metenses et Vedastini.*) Ces deux sauveurs d'une ville à laquelle dès lors se rattachaient les destinées de la nouvelle France devaient se tenir unis, tant qu'il restait des barbares à combattre, au lieu de consumer dans des guerres civiles leurs talents, leurs forces et leur vie!

Mais de tous les guerriers voués exclusivement au

culte des armes par leur goût et par leur naissance, le plus célèbre sans contredit, celui dont le nom est resté le plus populaire, comme emportant avec soi l'idée du sauveur de Paris et de la France entière, est ce même comte Eudes qui, peu après, obtint à ce titre la couronne au préjudice des descendants de Charlemagne. On sait qu'il était fils du fameux Robert le Fort, tué en 866 en combattant contre les Normands, et vanté par des historiens qui ne pouvaient encore prévoir l'élévation de sa postérité*. Dans ces derniers temps, entre autres systèmes pour reculer l'origine de cette famille, on a voulu la rattacher à celle de Charles Martel par son frère Childebrand. (*Art de vérifier les dates, Rois de France.*) Qu'importent pour son illustration deux ou trois noms d'ancêtres obscurs, deux ou trois degrés de plus dans sa généalogie, lorsqu'on ne peut lui contester mille ans d'existence ! Cependant il paraît probable que par des alliances elle était alors unie d'assez près à la maison régnante et à celles de Gozlin, de Richard le Justicier, de Conrad comte de Paris, et de Hugues son frère, duc de France (14). Ainsi les grandes dignités, sans être encore irrévocablement héréditaires, semblaient déjà être le patrimoine de certaines familles.

Eudes était probablement très-jeune à la mort de son père. L'histoire, d'ailleurs fort incomplète pour

---

* Les Annales de Fulde, entre autres, qui le comparent à Machabée, se terminent à 882, et ont été écrites sous la domination et l'influence des rois de Germanie.

ces temps-là, ne parle pas de lui avant le siége de Paris. Il était alors comte de cette ville, successeur de Conrad, mort vers l'an 881 (DUPLESSIS). Hugues l'abbé (15) étant mort pendant le siége en 886, non à Paris, mais à Orléans, son duché fut conféré à Eudes par l'empereur. (*Annal. Vedast.* et *Metens.*) C'est ce même duché, appelé plus tard duché de France, que son frère et ses neveux possédèrent après lui. Paris et Orléans en furent les principales villes; mais il était auparavant compris entre la Seine et la Loire, pays alors appelé *Neustrie* (16), par opposition à la *France* proprement dite, qui était au nord de la Seine; aussi le poëte, en parlant de l'avénement d'Eudes à la couronne, remarque que la France s'en réjouit quoiqu'il fût Neustrien. (II, 447.)

Son règne ne fut qu'une lutte pénible, et en apparence sans beaucoup de succès, contre les Normands. Cependant cette résistance opiniâtre qu'ils trouvaient depuis plusieurs années arrêtait leurs progrès et leur faisait enfin désirer un état plus paisible; et lorsqu'en 911 Charles le Simple leur céda les parties occidentales de la Neustrie, il ne fit que leur confirmer la possession de leurs cantonnements près de la Seine et de la Loire, où les avaient souvent refoulés et contenus les armes de ses prédécesseurs.

Mais, nous le répétons, la défense de Paris est le plus beau titre de gloire du roi Eudes; il est vrai qu'il fut bien secondé par les seigneurs qui combattaient sous ses ordres. Sans compter son frère Robert, le poëte en a nommé plusieurs que nous ne connaîtrions pas sans lui : Frédéric, Régnier, Utton, Eriland (I, 245), Segebert et Segevert (II, 194), les douze guerriers de la tour Méridionale (I, 525), et le vaillant Gerbold, qui avec cinq compagnons soutint quelque temps l'attaque d'une armée entière. (II, 252.) Qui ne se sentirait fier de trouver un de ces noms parmi ses ancêtres? Quel descendant d'un de ces guerriers ne se croirait obligé, par l'exemple du chef de sa race, à tout sacrifier pour sa patrie; surtout si ce héros antique, placé au premier rang par le choix de ses compagnons d'armes, ne s'est distingué des autres que par plus d'activité, de bravoure et de gloire; et si lui-même, après dix siècles, revêtu de la même dignité, a juré de vivre et de mourir, s'il le faut, pour ses concitoyens? N'est-ce pas là la véritable noblesse comme la plus légitime royauté?

Quoique l'objet de cette introduction ait été de faire connaître l'état des Normands, leurs forces, leurs conquêtes au moment du siége de Paris, cependant il n'est peut-être pas inutile de jeter un coup d'œil sur les événements qui suivirent, et qui amenèrent enfin le fameux traité de Saint-Clair sur l'Epte entre Charles le Simple et Rollon.

Malgré le courage des Parisiens, ils auraient succombé enfin, et leur ville aurait été peut-être ensevelie sous ses ruines, si les barbares, déterminés par l'argent de l'empereur, n'eussent consenti à employer plus utilement leur temps et leurs armes contre une de ses provinces soupçonnée de rébellion, la Bourgogne. Sens racheté du pillage, Meaux brûlé par ces ennemis, furieux d'une longue résistance (888), prouvent quelles étaient encore leurs forces. Ils rentrent alors de la Marne dans la Seine, qu'ils remontent jusqu'au Loing, et reviennent de nouveau assiéger Paris, 889 (*Ann. Metens. Abb.*, II, 467, etc.), mais sans succès; de là ils remontèrent encore la Marne, incendièrent Troyes, et portèrent leurs ravages jusqu'à Toul et Verdun. (*Ann. Metens.*) C'est vraisemblablement pendant cette excursion que dix-neuf mille d'entre eux furent rencontrés par Eudes près de Montfaucon, en Argonne (près de l'Aisne, disent les *Annales de Saint-Waast*), et détruits entièrement. (*Ann.*, II, 491 et suiv.) D'autres alors, descendant la Seine, se présentèrent une troisième fois devant Paris, et, ne pouvant prendre la ville ni forcer le passage du fleuve, tirèrent à bras leurs barques sur le rivage jusqu'au-dessous de la ville (17), et se rendirent par l'Océan dans le Cotentin, où ils s'emparèrent de Saint-Lô. (*Annal. Vedast. et Metens.*, an 889, 890.) Abbon ne parle pas de ce troisième siège.

En 890 ou 891, Hastings, revenu en France (v. an 885), s'établit sur la Somme, tandis qu'un autre parti de Normands prenait ses quartiers d'hiver sur l'Oise, à Noyon. Eudes, avec peu de monde, ne pouvait que les observer : Arnoul, roi de Germanie, n'était pas plus heureux. Ceux de Noyon allèrent ravager le Brabant : au retour, attaqués par Eudes, ils abandonnèrent leur butin, et regagnèrent leurs cantonnements par des chemins impraticables; ensuite ils allèrent s'emparer de Louvain; mais Arnoul les battit complétement : deux de leurs rois y périrent, Godefred et Sigefred. Ce dernier n'est pas celui qui avait assiégé Paris : il avait été tué dans la Frise en 887. (*Annal. Vedast.*) Arnoul après avoir repris Louvain se retira; mais les Normands, réunissant leurs débris, s'en emparèrent de nouveau.

891. Cependant Hastings, ayant tenté vainement un coup sur Arras, alla s'établir à Amiens. Eudes voulut l'y forcer, mais sans succès, par la négligence des comtes chargés de garder le Vermandois. (*Ann. Vedast. Metens. Fuld.*, *secunda continuatio.*)

892. Les Normands de Louvain, voyant tout le territoire dévasté, abandonnent la France, et vont passer l'automne au delà de la mer.

Pendant quatre ans l'histoire se tait sur les ravages des Normands; ils recommencèrent lorsque, l'activité du roi s'étant ralentie, ils se promettaient plus de sécurité pour leurs incursions. (Abb., II, 583 et suiv.)

896. Sous la conduite d'Hunédée, ils entrent dans la Seine avec cinq barques, tandis que le roi était occupé ailleurs, et ravagent impunément tout le pays;

ensuite, leur nombre s'accroissant, ils entrent dans l'Oise, et s'établissent à Choisy près de l'Aisne, non loin de Compiègne, sans trouver de résistance. (*Ann. Vedast.*)

897. Ils se répandent de là jusqu'à la Meuse. Eudes marche contre eux. Craignant d'être entourés par son armée, ils retournent dans la Seine, et y passent tout l'été, en dévastant librement le pays d'alentour. Ils étaient d'ailleurs soutenus par Charles le Simple, qui, pour se faire un appui contre Eudes, servit de parrain à Hunédée. En vain Foulques, archevêque de Reims, avait voulu le détourner de cette alliance monstrueuse; plus tard, en 923, il rechercha encore la protection de Ragenold, chef des Normands de la Loire, contre Robert et Rodolphe; et pour se rétablir sur son trône, il livra le royaume à toutes les calamités d'une invasion de barbares. (FRODOARD, *Chron.* et *Hist. Remens.*, l. IV, ch. v.) Eudes, pour sauver la France de leurs ravages, transigea avec eux, et leur permit de s'établir sur la Loire en quartiers d'hiver. Ce fut son dernier acte comme roi et tuteur des peuples qui s'étaient donnés à lui.

898. Pendant le printemps qui suivit sa mort, ces mêmes Normands ravagèrent une partie de l'Aquitaine et de la Neustrie (toujours l'*entre Seine et Loire*), et en massacrèrent les habitants. Ceux de la Seine firent une incursion dans le Vimeux : Charles marcha à leur rencontre et fut battu. De là, ils pénétrèrent en Bour-

gogne pour y prendre leurs quartiers d'hiver; mais le duc Richard les défit complétement et les força de retourner à leurs cantonnements de la Seine. (*Ann. Vedast.*)

899. Les Normands de Louvain (Voyez an 892) rentrèrent en France comme pour s'établir sur l'Oise, et de là poussèrent jusqu'à la Meuse; mais Zuentibold, duc de Lotharingie, les mit en fuite.

900. Cependant le roi Charles, voyant les ravages des Normands recommencer avec plus de fureur, délibéra avec Robert frère d'Eudes, Richard duc de Bourgogne et Herbert de Vermandois, sur le parti qu'il devait prendre à l'égard de ces ennemis opiniâtres. Est-ce alors qu'il fut décidé de leur abandonner une partie de la Neustrie? Il est probable qu'on hésita longtemps; mais on ne sait rien des dix années suivantes, car ici s'arrêtent les chroniques contemporaines, et ce n'est qu'à l'année 911 ou 912 que l'on rapporte communément le traité qui devait faire cesser les ravages des barbares.

911. Rollon, chef des Normands établis à Rouen depuis 876, assiégea la ville de Chartres; mais vaincu par Richard de Bourgogne et le duc Robert (*Chron. S. Benigni Divionens.*, t. VIII, p. 241), il devint furieux de ce revers, et mit tout le pays à feu et à sang. Les habitants éperdus conjurèrent le roi de faire cesser leurs misères; alors Charles proposa à Rollon, avec sa fille Gisèle en mariage, la cession des pays qu'il

occupait depuis si longtemps. Rollon accepta : la défaite éprouvée devant Chartres l'avait disposé à un accord. (*Chron. Sithiense*, t. IX, p. 76.) Le traité fut conclu à Saint-Clair sur l'Epte. Par cet acte solennel furent cédés à Rollon les pays entre l'Epte, l'Aure et l'Océan, de chaque côté de la Seine, c'est-à-dire les diocèses de Rouen, de Lisieux et d'Évreux¹. En 924, Hugues, depuis duc de France, y ajouta le Bessin et le Maine (FRODOARD) : il est probable qu'en même temps furent cédés le diocèse de Seez et le Perche. En 933, Guillaume Longue-Épée obtint du roi Rodolphe les comtés d'Avranches et de Coutances, autrement dits *la terre des Bretons*, parce que Charles le Chauve les avait donnés autrefois à Salomon et Pasquiten. (*D. Bouq.*, VIII, 189 et not.) Ainsi fut complétée la délimitation de la Normandie telle qu'elle a subsisté jusqu'à nos jours (18). Quant au Maine, soumis temporairement aux ducs de Normandie, il releva toujours des ducs de France (c'est Hugues le Grand qui l'avait cédé aux Normands et non le roi), et dès 955, il eut une suite de comtes particuliers jusqu'à ce qu'il tomba dans la maison d'Anjou Plantagenet.

¹ Bayeux et Évreux, selon Guillaume de Jumièges, avaient été pris par Rollon ou par son armée en 885, au commencement du siége de Paris; mais peut-être s'agit-il, dans cet historien, d'un autre siége. (V. note p. 35.) D'après quelques expressions de Frodoard, soit dans son histoire, soit dans sa chronique, an 923, on pourrait croire que les Normands n'eurent d'abord que le diocèse de Rouen ; mais quand leur auraient été cédés ceux d'Évreux et de Lisieux ?

Cet établissement fixe des Normands en France ne fut pas le seul, quoique le seul, en quelque sorte, légalement reconnu. Les Normands de la Loire conservèrent Nantes et une partie de la Bretagne au moins jusqu'en 937, et se firent encore plus d'une fois redouter par leurs déprédations ; d'autres Normands étaient établis, mais non en corps de peuple, dans l'Anjou, la Touraine et le pays Chartrain. Thibaut, père du Tricheur, comte de Blois et de Chartres, qui retint Louis d'Outremer en prison, était Normand, et même frère de Rollon, s'il faut en croire certains auteurs (*Art de vérifier les dates, Comtes de Blois et Chartres*); de plus, il était allié à Robert le Fort, dont il épousa la fille Richilde. (Voyez la note 14.) Ses descendants devinrent comtes de Champagne ; et sa postérité, par une femme, Alix, troisième épouse de Louis le Jeune, monta sur le trône de France.

D'un autre côté, on sait comment les Normands de Rollon, devenus propriétaires légitimes des terres qu'ils avaient envahies, furent civilisés tout à coup par le christianisme et par les lois du grand homme qu'ils reconnaissaient pour chef. Ils ne se fondirent pas, comme leurs compatriotes épars dans les provinces entre Seine et Loire, avec les populations françaises ; mais ils en adoptèrent facilement les mœurs et le langage. (*Ademar Cabannens.*, t. VIII, p. 235.) Jusqu'au moment où les ducs de Normandie, devenus rois d'Angleterre, prirent d'autres intérêts que ceux de leur patrie adoptive, ils furent, ainsi que leur peuple, véritablement Français; et, par une bizarrerie de la fortune, ce fut un duc de Normandie, Richard, petit-fils de Rollon, qui contribua le plus à donner le trône au descendant de ces ducs de France, dont les premiers titres à l'estime publique et à la royauté avaient été des victoires remportées sur ses ancêtres.

# TRADUCTION

D'UN PASSAGE DES ANNALES DE SAINT-WAAST[1], OU EST DÉCRIT LE SIÉGE DE PARIS PAR LES NORMANDS.

An 885. L'évêque Gozlin met Paris en état de défense.

En novembre, les Normands entrent dans l'Oise, *prennent et détruisent Pontoise défendu par Aletramne*[2]. Fiers de cette victoire, ils se présentent devant Paris; aussitôt ils attaquent la tour[3] avec violence, et comme elle n'était pas encore parfaitement fortifiée, ils pensent la prendre sans peine; mais les chrétiens la défendent vigoureusement. Le combat dura du matin jusqu'au soir, et ne fut interrompu que par la nuit. Alors les Normands se retirèrent dans leurs vaisseaux; mais l'évêque Gozlin et le comte Eudes travaillèrent toute la nuit avec leurs hommes, consolidèrent la tour et la mirent en état de défense. Le lendemain, les Normands accourent vers la tour, l'attaquent de nouveau et engagent un combat terrible qui dura jusqu'au coucher du soleil. Mais les Danois, ayant perdu un grand nombre des leurs, retournèrent dans leurs vaisseaux; ensuite ils établissent leur camp vis-à-vis

---

[1] Ces annales vont de 873 à 900 inclusivement. Elles ont été données pour la première fois par D. Bouquet, t. VIII, p. 84, des Historiens de France, mais seulement depuis 877. M. Pertz les a données d'après lui dans le premier volume des *Monumenta Germaniæ*, et redonnées, t. II, p. 196, corrigées et augmentées, d'après un manuscrit vu par l'éditeur, à Bruxelles, en 1826.

[2] Les mots en italique indiquent seulement un fait plus détaillé dans le texte.

[3] La tour du grand pont au nord, comme on le voit par le texte d'Abbon.

de la Cité et en forment le blocus, construisent des machines, emploient le feu pour miner les murs, et mettent en œuvre toutes les ressources de leur esprit pour prendre la ville; mais les chrétiens, par leur résistance virile, maintinrent toujours leur supériorité.

An 886[1]. Le 8 des ides de février (6 février) les habitants de la ville éprouvèrent un grand désastre, car une forte inondation rompit le petit pont. A cette nouvelle, l'évêque choisit, la nuit même, des hommes nobles et courageux d'entre ses fidèles pour aller garder la tour et protéger la réparation du pont qui devait être terminée le matin; mais les Normands en furent instruits, et se levant avant l'aurore, ils accoururent en foule à la tour, l'investirent pour qu'elle ne reçût pas de secours et l'attaquèrent avec violence. Ceux qui étaient dans la tour opposent une résistance opiniâtre: un cri de tout le peuple s'élève jusqu'au ciel. L'évêque, de dessus les murs de la ville, avec tous les habitants en pleurs, désespéré de ne pouvoir les secourir, les recommandait à Jésus-Christ; c'est tout ce qu'il pouvait faire pour eux. Mais les Normands attaquent avec impétuosité la porte de la tour et y mettent le feu. Ceux qui étaient dans l'intérieur, accablés par leurs blessures et par l'incendie, sont pris, mis à mort de différentes manières, avec insulte pour le nom chrétien, et précipités dans le fleuve; ensuite les Normands détruisent la tour, et ne cessent de livrer à la ville de terribles combats.

L'évêque, accablé de ce désastre, remit des lettres au comte Herkenger, avec ordre de se rendre au plus tôt en Germanie, et de supplier Henri, duc d'Austrasie[2], de venir le secourir, lui et

---

[1] Par erreur, dans ces annales, tout ce qui appartient à l'année 886 vient à la suite de 885, sans un nouveau chiffre pour indiquer le changement d'année. L'an 887 est intitulé 886, et ainsi des autres jusqu'à la fin des annales.

[2] C'est-à-dire, selon l'Art de vérifier les dates, t. XIII, p. 381, duc de Lotharingie. Abbon, II, 3, dit qu'il venait de Saxe. Il est appelé comte

le peuple chrétien. Herkenger s'acquitta promptement de sa mission, et détermina Henri à venir à Paris avec une armée : mais ce seigneur se retira sans avoir rien fait. Gozlin, cherchant tous les moyens de sauver son peuple, fit amitié avec Sigefrid, roi des Danois, afin que par là la ville fût délivrée du siége. Tandis que l'affaire se traitait, l'évêque, tombé dangereusement malade, mourut et fut enterré dans la ville même. Sa mort fut bientôt sue des Normands, qui du dehors l'annoncèrent aux habitants avant que ceux-ci en eussent été instruits. Alors le peuple, désolé du siége et de la mort de son père, tomba dans un abattement que rien ne pouvait guérir. Eudes, l'illustre comte, les fortifiait par ses exhortations. Cependant chaque jour les Normands ne cessent de livrer des combats à la ville : des deux côtés plusieurs sont tués, et un plus grand nombre affaiblis par des blessures. Les vivres même commencèrent à diminuer dans la ville.

Dans ces jours-là Hugues, le vénérable abbé, mourut, et fut enseveli au monastère de Saint-Germain d'Auxerre[1]. Eudes, voyant le peuple abattu, sortit secrètement de Paris, pour demander aux grands seigneurs du royaume de le secourir et de faire connaître à l'empereur que la ville allait périr si elle n'était secourue. De retour, il trouva le peuple excessivement affligé de son absence : cependant ce ne fut pas sans mériter l'admiration qu'il y rentra. Les Normands, instruits d'avance de son retour, accoururent devant la porte de la tour pour lui en disputer l'entrée ; mais lui pousse son cheval, frappe ses adversaires à droite, à gauche, entre dans la ville, et rend la joie à ce peuple attristé

dans le premier continuateur des Annales de Fulde (*Hister. Franc.*, t. VIII, p. 46) ; *duc* dans les Annales de Metz (*ibid.*, p. 66).

[1] Il mourut à Orléans, et fut enterré à Auxerre, dans le monastère de Saint-Germain, dont il était abbé. Il avait un duché qui fut donné à Eudes, comte de Paris : c'est le duché de France. (*Annal. Meteus. ad ann.* 886, t. VIII, p 66 e, 67 a.) Voyez la note 15 de l'introduction.

Cependant aucun mortel ne saurait énumérer quels périls ils supportèrent, et combien de milliers d'hommes périrent des deux côtés dans les différents combats qui furent livrés : car l'ennemi frappait les murs sans relâche avec toutes sortes d'armes, de machines et de béliers; mais les Parisiens, poussant tous ensemble avec instance des cris vers le Seigneur, furent toujours sauvés : or huit mois se passèrent en combats de tout genre avant que l'empereur vînt à leur secours.

Vers le temps de l'automne l'empereur, venant à Carisiac[1] avec une grande armée, envoya d'avance à Paris Henri, duc des Austrasiens; ce dernier, étant arrivé auprès de Paris avec une armée, voltigea inconsidérément avec peu de monde autour du camp des Danois, soit pour saisir les moyens de l'attaquer, soit pour reconnaître le lieu où il devait camper lui-même. Mais voilà que son cheval s'abattit tout à coup parmi des fosses creusées par les Normands et le jeta par terre; aussitôt des Danois en petit nombre s'élancèrent d'une embuscade et le tuèrent : ce qui causa aux chrétiens autant d'effroi que de douleur, et une grande joie aux Normands. Après qu'ils l'eurent dépouillé de ses armes, un comte français, Regnier, survint et leur enleva son corps, non sans recevoir plusieurs blessures. Cette nouvelle portée à l'empereur lui causa un vif chagrin; cependant, après avoir tenu conseil, il vint à Paris avec une puissante armée; mais, comme son général avait péri, il ne fit rien d'utile.

Dans ces jours-là, le 15 des calendes d'octobre (17 septembre), la ville de Beauvais fut brûlée en partie. L'empereur étant arrivé avec ses troupes jusqu'au camp des Normands, qui occupaient

[1] *Carisiacum*, maison royale très-célèbre sous les deux premières races. Quelques auteurs, Labbe entre autres, voulaient que ce fût *Cressy sur Serre*, en Thiérache; Adrien de Valois était pour *Quierzy sur l'Oise*, diocèse de Soissons; et Mabillon, ou D Germain (*de re diplomatic.*, l. IV, 3o), a prouvé cette dernière opinion.

les deux rives du fleuve, leur en fit abandonner une et placer leur camp sur l'autre qui leur restait seule: ensuite il envoya une garde dans la ville et fit passer le fleuve à ses soldats; puis, comme l'hiver approchait, des envoyés furent expédiés réciproquement d'un camp à l'autre pour que l'empereur fît la paix avec les Danois: et on s'arrêta à un parti vraiment misérable; car on leur permit à la fois et le rachat de la ville, et le libre passage en Bourgogne pour ravager ce pays pendant l'hiver[1]. Après avoir donné pour évêque à la ville Anschéric, et accordé au comte Eudes la terre de son père Robert[2], l'empereur leva le camp et se retira en hâte par où il était venu. Les Normands en quittant Paris remontent la Seine avec toute leur armée, leurs bagages, leurs vaisseaux; entrent dans l'Yonne, et assiégent la ville de Sens: mais Éverard, archevêque de cette ville, traita avec eux des moyens de la racheter, et obtint ce qu'il désirait

Ici finit, à proprement parler, le grand siège de Paris qui avait duré un an. D'autres faits, indiqués seulement par Abbon, et détaillés par ces annales ou par d'autres, seront rapportés dans les notes historiques à la suite du poëme.

[1] Parce que les habitants de cette contrée ne voulaient plus lui obéir (Ann. Metens.)

[2] C'est cette même terre dont avait été investi l'abbé Hugues après la mort de Robert le Fort. (Voyez p. 52, not. 1.)

Hugues et Eudes étaient parents. (Voyez les notes 13 et 14 de l'Introduction.)

# ABBON.

# ABBONIS,

MONACHI SANCTI GERMANI A PRATIS, PARISIENSIS,

DE

# LUTECIA PARISIORUM

A NORMANNIS OBSESSA,

## LIBRI DUO.

---

### SCIDULA[1] SINGULARIS[2]
*epistola*
*humilis*
CERNUI ABBONIS DILECTO FRATRI GOZLINO.

*formorum*
Cunctorum Dei plasmatum extimus et conlevita[3]
*puro*  *s. dilectionem*  *trans-*
indignus Abbo, sincerae omnemque terrigenam[4] su-
*cendentis*
perantis igne dilectionis, amplexando fratri Gozlino,
quidquid in Christo utriusque vitæ manet[5] jucundi-
*valde*
tatis. Tuæ admodum mihimet acceptissimæ germani-

---

[1] *Scidula*, diminutif de *scida*, basse latinité, pour *scheda*, feuillet. Un écrit quelconque, une lettre. (D.)

[2] *Singularis*. Cette lettre s'adresse au seul Gozlin : le poème est pour tout le monde (D.) On pourrait encore expliquer : *lettre unique*, par opposition au poème, qui est en trois livres. Sur ce mot est une glose en partie couverte par une note de Pithou. On y voit les lettres *mon*. C'est

# DEUX LIVRES

## SUR

# LE SIÉGE DE PARIS

### PAR LES NORMANDS,

## PAR ABBON,

MOINE DE SAINT-GERMAIN DES PRÉS, A PARIS.

---

## ÉPITRE PARTICULIÈRE

D'ABBON LE PROSTERNÉ A SON FRÈRE CHÉRI GOZLIN.

Le dernier des êtres façonnés par Dieu, Abbon, diacre indigne, à son frère Gozlin, qu'il embrasse de tout le feu d'une amitié sincère et supérieure aux affections terrestres, souhaite tout le bonheur en Jésus-Christ, qui nous attend soit dans cette vie, soit dans l'autre. Toi qui m'es attaché par

---

peut-être une abréviation pour *monachi*, se rapportant à *Abbonis*. Ducange (*Glossaire*) donne ce sens à *singularis*.

² *Conlevita. Levita*, un diacre, *Gloss.* de Ducange. *Conlevita* indique que Gozlin était diacre comme Abbon.

⁴ *Terrigenam*. La glose donne *dilectionem*, pour *scilicet* ou *subaudi*. Cette forme reviendra souvent.

⁵ *Jucunditatis*. Le manuscrit porte *jocunditatis*

talis affectio sibimet dudùm destinari crebrò poposcit, ut bellorum Parisiacæ polis, præcellentissimi quoque principis ab examine regni hucusque Odonis, nostro genitum labore codicellum didicit, tàm contigui studiosa ingenioli, quàm fraterni insuper non immemor flagri. Eamdem itaque ob gratiam faustissimè noveris, germane[1], tibi hancce dirigi pagellam, cùm tàm rara ne unquàm penès me frustretur petitio, tum[2] solamine omnium apud lectorem amicissimi, ut carâ fine tenui vice illam mittentis fungatur; quin etiam à deviis prudenti dexterâ relevetur. Nunquam enim otio reficiendi ob scholarum pluralitatem, cujus commoditati ubique locorum vacaverim[4]. Verùm qui primùm fuerit prolata, constat adhuc sequens pagina membranis[3] semel tantùm mutatis, pòst quoque, ceu quopiam Phœbo, tuo sagaci lustretur arbitrio.

---

[1] Germane, et plus haut, germanitatis, contigui, expliqué par propinqui, fraterni, peuvent faire croire que Gozlin était en effet frère d'Abbon. (D

[2] Tum solamine, etc. Construction : tum, quod erit solamen amicissimi omnium tibi, ut apud lectorem fungatur fine tenùs grata vice mittentis illud

[3] Deviis. La glose porte mendatus, faute évidente, pour mendatis ou mendis.

[4] Vacaverim pour vacari, comme plus bas : conglomeraverim pour

les liens si doux de la parenté, tu m'as demandé souvent avec instance le livre des guerres de Paris, et du plus excellent prince qui ait paru depuis l'origine de la monarchie, Eudes, notre roi, aussitôt que tu as connu cet enfantement de mon travail; et par intérêt pour un faible talent qui te touche de près, et par affection comme frère. Apprends donc avec plaisir que j'ai les mêmes motifs pour t'envoyer ces pages légères; car jamais une demande aussi précieuse n'échouera auprès de moi; ensuite, entre les mains de leur lecteur qui les parcourra jusqu'au bout, elles tiendront la place de l'ami qui les lui envoie, et ce sera pour lui une consolation; enfin une main prudente saura en relever les fautes; car le grand nombre de mes études ne m'a pas laissé le temps de corriger mon ouvrage, fruit de mes loisirs en quelque lieu que je me trouvasse. Les pages suivantes te le montrent tel qu'il est sorti de ma plume : il n'y a de changé que le parchemin. C'est à toi maintenant de le parcourir en souverain arbitre, comme un autre Apollon.

---

*congregavi,* etc. Le manuscrit porte en marge de la phrase précédente : *res ea* pour *reagma,* figure qui consiste dans la liaison de plusieurs membres d'une période régis par le même mot. Voyez II, 456, où la figure est plus sensible qu'ici.

¹ *Membrania.* Pithou avait mis *membres,* ce qui était inexplicable

Denique hujus eliminatâ directionis causâ, æquum autumatur depromi geminas etiam opusculi inchoationis [1]. Quarum si quidem prima fuerit causa exercitationis: tunc etenim adhùc literatoriæ tirunculus disciplinæ Maronis proscindebam eclogas [2] : altera verò mansuri aliarum tutoribus urbium exempli. Cæterùm tàm tuæ, quàm reliquorum quidem lectorum almæ caritati, non istud metricè complecti [3] volumen quòd vates taxer, notum fore molior. Nullatenùs quippe hic quæ penès summos reperiuntur figmenta poetas. Atqui Faunos feras ve nusquàm tripudio carminis in ludum more Sileni conglomeraverim, neu rigidas motare cacumina quercus coegerim; tùm verò sylvæ, avesque, mœnia quoque nunquàm nostris sunt comitata vestigiis, præ dulcedine cantionis: nec quovis modulamine Orco aliis ve Manibus animas tartareâ cripuerim cali-

---

[1] *Inchoationis.* Les éditions précédentes portent *inchoationes*. La glose, sous-entendant *causas* à *geminas,* motive la leçon *inchoationis* qui est dans le manuscrit. (D.) Croirait-on que D. Rivet (*Hist. littér. de la France,* t. VI, p. 192) entende *geminas, prima, altera,* du sujet des deux livres du poème, et non pas des motifs qui ont porté le poète à écrire?

[2] *Eclogas.* Manuscrit, *æglogas*

# ÉPITRE DÉDICATOIRE.

Enfin, après avoir énoncé les motifs de cet envoi, il me semble juste d'exposer les deux causes qui m'ont fait entreprendre cet opuscule. La première était de m'exercer; car alors, apprenti en littérature, je lisais pour la première fois les églogues de Virgile; la seconde, de laisser un exemple durable aux défenseurs des autres villes. Du reste, je désire bien vivement que ta charité bienveillante et celle des autres lecteurs sachent que ce n'est pas pour être réputé poëte que j'ai composé cet ouvrage en vers; car on ne retrouve ici aucune des fictions en usage chez presque tous les grands auteurs. Par exemple, je n'ai pas, à l'exemple de Silène, réuni autour de moi les Faunes et les bêtes sauvages, charmés de mes accents, et se jouant à mes pieds; je n'ai pas amolli la dureté des chênes et forcé leurs cimes de s'agiter en cadence : les forêts, les oiseaux, les pierres, ne marchent pas à ma suite, attirés par

---

[1] *Complecti* est pris passivement comme le sont souvent plusieurs verbes déponents dans notre auteur. La construction est : *cupio notum esse tuæ caritati, istud volumen complecti metricè,* i. e. *contineri metro, ideò quòd,* i. e. *ut nominer poeta. Quòd,* dans cet auteur, est pris souvent pour *ut,* liv. I, v. 51, 52. *Non quòd patiatur, sed quòd salvetur,* etc.

[2] *Atqui Faunos ferasque,* etc. :

Tùm verò in numerum Faunosque ferasque videres
Ludere, tùm rigidas motare cacumina quercus.

(Virg., Ecl. vi. v. 27.)

gine ritu Orphei[1]. Planè etiamsi quandò assuerit velle, nusquàm tamen his actibus favit[2] posse. Ergò nec positor quidem nuncupor, nec figmenta hìc habentur; sed[3] nostræ facultatis adsint præsidia.

Porrò triadi nostros credidi biblos visu[4] et auditu modò decussatos. Quorum duo quidem tàm præliis Parisiacæ urbis, Odonis quoque regis, quàm profectò almi ac herois præsertim mei Germani, ejusdem sedis olim egregii præsulis, effulgent miraculis, aliàs[5] tamen olim quibuslibet inauditis. Qui autem supplet trinitatem tertius, horumce ignarus constat. Nam cleronomos[6], tametsi angustum maneat[7] situm, decentissimè ornat:

---

[1] *Ritu Orphei.* On voit qu'il avait lu aussi ses *Géorgiques*; il en imite quelquefois les tournures et les expressions.

[2] *Favit posse*, le pouvoir n'a pas favorisé, *his actibus*, mes actes, mes efforts. La même expression se retrouve dans le poëme, I, 196, *posse favebat eis*.

[3] *Sed nostræ facultatis.* On pourrait encore traduire : « Puissé-je avoir « fait tout ce qui m'était possible! »

[4] *Visu et auditu* me semble être pour *ornatos iis demùm quæ vidi et audivi*. Le traducteur précédent a mis : « Divisés, tant à la vue qu'à l'o-« reille, en mesure régulière. »

[5] *Aliàs tamen.* Ces miracles sont très-connus des moines de l'abbaye et des Parisiens qui en ont été les témoins; mais inconnus ailleurs à tout le monde.

la douceur de mes chants. Émule d'Orphée, je n'ai point par mes accords arraché des âmes aux ténèbres du tartare et aux divinités infernales; et même quand je l'aurais voulu, le succès n'eût pas répondu à mes efforts. Aussi je ne me donne pas pour poëte, et l'on ne voit point ici de fictions; mais j'ai fait ce qui m'était possible. Puissent mes ressources ne m'avoir pas abandonné !

J'ai consacré au nombre trois ces livres, ornés seulement de ce que j'ai vu et entendu. Les deux premiers célèbrent les combats de Paris et du roi Eudes, et en même temps les miracles, inouïs jusqu'à ce jour, de mon bienfaisant seigneur et maître, Germain, autrefois évêque de la même ville. Quant au troisième, qui complète ma tri-

---

* *Cleronomos. Cleronomia* græcè, latinè *hæreditas*; indè *cleronomus*, id est hæres *Di* (pour *Dei* ou *Domini*). Note du manuscrit de la même écriture que la glose.

¹ *Maneat. Maneo te et tibi*, note du manuscrit; c'est-à-dire que *maneo* se construit avec le datif ou l'accusatif. Duplessis a ponctué ainsi : *dum cl. t. u. manrat, sitam decent.*, etc. ; et il explique *angustum* par *écrit en vers*. Il m'a été impossible de construire sa phrase; d'ailleurs le texte donne un point en haut après *sitam* : on peut donc croire qu'il doit y avoir là un repos. Le sujet de *maneat* est *tertius hic liber. Ornat decentissimè cleronomos* : ce troisième livre est une parure pour les clercs. En voici le titre : *Ingreditur tertius, clericorum scilicet decus.* Tout le reste de la phrase s'applique à ce troisième livre seulement, dont les expressions extraordinaires sont expliquées par une glose presque perpétuelle. Il faut avouer que cette phrase ressemble un peu au galimatias de ce livre, qu'il appelle *allégorie*.

tùm scholasticis ambientibus glosas suis in commentis [*et* / *compositionibus*] obnixè complacet; allegoria verò aliquantisper, [*valdà* / *aliquantulùm*] cui ejus indago libuerit, renitet : cùm per semet quoniàm [*s. allegoriæ inquisitio placuerit* / *et*] mutis inhæret verbis, propriâ manu linguas superjeci. [*obscuris* / *glosas*]

Pedes autem in omnibus opusculi versibus adeò [*s. hujus* / *in tantùm*] delegerim, quò perrarissimos forte ignorantiâ, potiùs [*ut* / *valdè* / *s. versus*] ve oblivione liquerim claudos[1] : qui tamen periergia [*s. versus* / *solertià*] quæso industriâque legentis debitæ virtuti restituantur. Penthemimeris[2] nempè, seu cum cata triton trochæon ephthemimeris, ratâ[3] similitudine per omnia [*acceptâ* / *exemplo aliorum metrorum*]

---

[1] *Claudos*, manuscrit *clodos*. Tels sont les vers 6, 18 du premier livre, et d'autres, où la quantité n'est pas observée.

[2] *Penthemimeris*, etc. On pourrait se demander pourquoi ces mots techniques n'ont pas de glose. Dira-t-on que pour des moines scholastiques ces mots étaient si clairs qu'ils n'avaient pas besoin d'explication? mais plus bas, *cæsure*, *diæresis*, etc. sont expliqués. On pourrait en tirer cette induction, ainsi que de quelques autres endroits, que la glose n'est pas entièrement d'Abbon, et qu'ici son commentateur ne l'a pas entendu. *Penthemimeris* et *ephthemimeris* sont des adjectifs se rapportant à *cæsure*. (Voyez Port-Royal, *Méthode latine*, 12ᵉ édition, p. 751.) Abbon veut dire que ses césures sont à la cinquième demi-mesure, c'est-à-dire après le deuxième pied, ou à la septième, c'est-à-dire après le troisième pied; et dans ce cas, le troisième pied est formé d'un trochée rejeté comme césure : ce que le poëte appelle κατὰ τείτον τροχαῖον, et Despautère *trochaica tertia* (édition Paris, in-fol., 1537, p. 365).

Tels sont les deux premiers vers du poëme: *Dic alacris salvata Deo...*

nité, il est étranger à ce sujet : car il doit servir de parure aux clercs, quoique approprié à la simplicité de leur condition : il plaira aussi aux habitués des écoles, qui cherchent des termes exquis pour leurs compositions; de plus, on y voit briller de temps en temps l'allégorie, pour ceux qui aiment à en pénétrer le sens; mais comme souvent elle est attachée à des expressions obscures par elles-mêmes, j'ai ajouté de ma main, au-dessus des lignes, des gloses qui les expliquent.

Du reste, j'ai choisi les pieds, dans tous les vers de cet opuscule, de manière qu'un très-petit nombre seulement, soit par ignorance, soit plutôt par oubli, sont restés boiteux. Je prie donc l'attention et l'habileté du lecteur de leur rendre la qualité qui leur manque. Les césures sont au troisième pied, ou au quatrième avec un trochée au troisième, par un système suivi dans tout l'ou-

---

*sic dadam vocitata gyris.* Ils ont la césure au quatrième pied. Le troisième vers a la césure au troisième pied : *Isid Danaum lator*, etc. Quant à la césure qui suit le premier pied, le poëte ici n'en parle pas : elle ne constitue pas, selon lui, la coupe du vers.

³ *Ratâ similitudine.* Nous suivons ici le texte, comme plus clair que la glose. « Par une ressemblance entre elles, *ratâ*, raisonnée, systématique. » En effet, presque tous les vers du poëme ont une césure au troisième pied : ou au quatrième, avec une césure trochaïque au troisième.

     *divisione*
currunt cæsuræ, quanquam bucolicè¹ per tomen² per
            *syllaba*
pauca. Communibus præterea bannitæ³ modis cum
 *discisione*  *conjunctione*  *frequenter* *sui*
diæresi⁴ et episynaleiphâ⁵ non densè usus extiti. Igi-
      *subministravit*
tur l rgiente divino munere suggessit hæccine mihi
facultas.

  *s. expediam*
  Quid plura? catalecticus⁶ cunctus existit versus,
*et*   *certè*    *utilia ap*   *inserta*
tùm multa prorsùs alia lectori seria parebunt indita.
       *propter*    *s. ob*
Nec tamen putetur hoc ob aliud factum nisi materiam
vel à tuâ, dulcissime frater, prudentiâ hauriendam;

 ¹ *Bucolicè.* Selon Maurus Servius Honoratus, cité par Despautère, p. 586, le vers bucolique est ainsi conçu : *Rustica sylvestri resonat bene fistula cantu.* Premier, quatrième, cinquième pieds dactyles, non suivis de césure. Or, Abbon a peu de vers semblables. I, 15. *Insula te gaudet, flurius sua fert tibi gyro.* D. On a remarqué que Théocrite affecte particulièrement cette forme de vers.
 ² *Tomen* semble être ici pour la coupe, la forme du vers. Le manuscrit porte *ptomen* pour *per tomen*.
 ³ *Bannitæ.* Il faut sous-entendre *syllabæ*. Le copiste aura oublié le signe *s*. Construisez ainsi : *non usus sum frequenter syllabæ* (pour *syllabâ*), *cum diæresi et epis*, i. e., accompagnée de diérèse.... *bannitæ,* laquelle forme de syllabe ainsi changée est bannie, *communibus modis,* des poésies communes, ordinaires : c'est-à-dire, bannie ordinairement de la poésie.
 ⁴ *Diæresi.* La diérèse sépare une syllabe en deux, comme *quosdamque süadent,* I, 103, au lieu de *suâdent.*
 ⁵ *Episynaleipha.* L'épisynalèphe ou synérèse unit deux syllabes en une : *splendoribus astrëis,* II, 331, pour *astrëis.* Le manuscrit a *epissinaliffa.*
 ⁶ *Catalecticus.* Le vers catalectique est celui qui s'arrête (καταλήγει)

vrage : très-peu de vers sont coupés selon la forme bucolique ; en outre, j'ai rarement fait usage dans l'emploi des syllabes de la diérèse et de l'épisynalèphe, bannies généralement de la poésie. Voici donc, grâce à Dieu, ce qu'a pu produire mon faible talent.

Que dirai-je de plus? tous les vers sont catalectiques ; en outre, le lecteur trouvera plusieurs choses utiles répandues dans le corps de l'ouvrage. Qu'on ne croie pas qu'en ceci j'aie eu d'autre motif que d'offrir un sujet à tes lumières, frère chéri, ou à celles de toute autre personne

---

avant sa fin naturelle, qui est incomplet. Celui auquel il ne manque rien s'appelle *acatalectique*. Or, les vers d'Abbon sont acatalectiques, considérés comme vers hexamètres, tels que les ont employés Virgile, Ovide, etc.; mais comme vers dactyliques, c'est-à-dire composés dans l'origine de six dactyles, tels que celui-ci : *Sidera pallida diffugiunt face territa luminis* (Despaut., p. 586), ils sont catalectiques, parce qu'il manque une syllabe à la fin. (D.)

' *Materiam*. Nous avions mis d'abord : « En ceci je n'ai eu d'autre motif « que de m'éclairer de tes lumières ou de celles des personnes, etc., » ce qui est le sens adopté par le précédent traducteur ; mais il nous a semblé que cette phrase ne tenait à rien. Il faudrait que l'auteur eût parlé, dans les lignes précédentes, de l'envoi de son livre, et il n'en est plus question, depuis ces mots de la préface : *denique eliminati directionis causâ*. Dans tout le reste il expose ses motifs pour la composition de son poëme, la nature de son travail, etc. *Hoc factum*, dans cette phrase-ci, se rapporte donc au travail de la composition. Ainsi sa pensée est que dans cet ouvrage il a voulu seulement offrir à de plus habiles que lui des matériaux à mettre en œuvre.

seu cujuspiam alterius diserti, quùm ad manus venerit, metrici. Dactylici quidem versiculi trimetri præpositi causam enucleant sui; sed minimè exauditi. Verùm quod haud apud magistrum, saltem mereantur nancisci penès germanum!

 Gaudia, quot radii Phœbo [1], tibi sint et honores
 . Cum fine, in finem clàm quoque fine, Deo.

  Explicit epistola.

---

[1] *Phœbo.* Manuscrit *Febo.*

habile dans l'art des vers, si ce livre vient à tomber entre ses mains. Des vers dactyliques trimètres placés en tête de l'ouvrage exposent son intention ; mais on ne les a pas écoutés. La faveur qu'ils n'ont pas obtenue de mon maître, puisse-t-elle ne pas leur être refusée par un frère !

Que des sujets de joie et des honneurs t'arrivent aussi nombreux que les rayons du soleil ; qu'en Dieu soit leur fin, et qu'ils durent jusqu'à une fin qui n'ait pas de fin.

Ici se termine l'épitre.

# VERSICULI DACTYLICI[1]

## AD MAGISTRUM.

        *magister*
O pedagoge[2] sacer meritis,
       *fulgens*
Aimoïne[3], piis radians,
     *cælesti*    *honore*
Digne que sidereo decore,
*valdè postulat  clientulus  deosculans*
Perrogitat mathites liniens
*s. cum.*
Ore pedes digitos que tuos
    *humilis*          *sedulè*
Cernuus[4] Abbo tuus jugiter;
 *accipe*  *i. e. versus*     *dat*
Sume botros tibi quos tua fert
*i. e. tuus discipulus  immaturos  i. e. maturescant, i. e. corrigantur ipsi*
Vitis adhuc virides: rubeant[5]   *versus s. racemi.*
*correctione    emendationibus*
Imbre tuo radiis que tuis.
    *i. e. jugiter  seminas, i. e., doces, colis, corrigis*
Continuò seris[6] atque fodis
                 *ipsam vineam, id est ipsum*
Tu, celebrande, putas et eam;  *discipulum*
     *conaris  i. e. ornetur, emendetur*
Nuncque cupis[7] niteat pluviis

Alterius, jubare alterius:
    *s. viti  i. e. discipulo*
Dulce cui tribuas rogo mel;

---

[1] *Dactylici*. Ces vers dactyliques sont trimètres hypercatalectiques, c'est-à-dire qu'ils ont une syllabe de plus que les trois pieds. (*Port Royal*, p. 755.)

[2] *Pedagoge* doit être écrit ainsi pour que la première syllabe soit brève.

# PETITS VERS DACTYLIQUES
## A MON MAITRE.

O maître sacré par tes mérites! Aimoin, qui rayonnes de tant de piété, et qui es digne de la gloire céleste, un disciple implore ta protection, en baisant continuellement tes pieds et tes doigts : c'est Abbon, le prosterné. Accepte ces raisins encore verts de ta vigne; mais tes rayons et ta rosée féconde leur donneront la maturité. Toujours, maître vénérable, tu la plantes, tu creuses à l'entour, tu la tailles; et maintenant tu veux qu'elle brille par la pluie et les

---

¹ *Aimoine.* Cet Aimoin, comme nous l'avons dit dans la préface, ne doit pas être confondu avec Aimoin l'historien, qui fut moine de Fleuri, sous l'abbé Abbon, au commencement du XI° siècle. Ce mot ici doit former cinq syllabes.

⁴ *Cernuus.* Voyez le titre de l'épître dédicatoire : c'est en quelque sorte un surnom qu'il avait pris par modestie.

⁵ * *Rubeant.* L'étoile qui précède ce mot correspond à *racemi*, sous-entendu, qui en est le sujet. On emploiera cette marque quand un mot de la glose ne pourra être placé immédiatement au-dessus du mot auquel il sert d'interprétation. D. La glose dans le manuscrit est quelquefois sur deux lignes.

⁶ *Continuò seris.* Note marginale du manuscrit : *Sæpe discipulus ferebat magistro corrigendos versus, quos per incuriam negligebat : id à se promebat dicens :* Continuò, etc.

⁷ *Nuncque cupis.* C'est-à-dire, tu veux maintenant que tes disciple

    <sub>i. e. quia</sub>  <sub>tua</sub>   <sub>urbs</sub>   <sub>racemus</sub>  <sub>est</sub>
Nam tibi palmes et uva manet.
   <sub>genuit</sub>
Floruit has mihi Parisius,
     <sub>civitas</sub>   <sub>colenda</sub>   <sub>multum</sub>
Nobilis urbs veneranda nimis,
  <sub>prælia</sub>  <sub>obsecrans</sub>    <sub>s. me</sub>
Bella precans sua ferre tibi,
   <sub>cognita</sub>  <sub>s. urbis</sub>
Agnita[1] cujus ut orbe vago
  <sub>repleat</sub>   <sub>aela</sub>  <sub>victoria</sub>
Sepiat æthera palma volans;
   <sub>gloria</sub>
Doxaque[2] regnet ubique micans
       <sub>de</sub>
Ore tuo gradiente super.

en viennent à se passer de leur maître. Mais si la vigne est le disciple, si la pluie et le soleil représentent l'influence et les conseils du maître, comment *pluviis alterius, jubare alterius,* signifiant l'expérience du disciple devenu maître, peuvent-ils mûrir à leur tour cette vigne qui est encore le même disciple ? On n'entreprendra pas de justifier ni cette métaphore prolongée outre mesure, ni l'incohérence de ses détails.

[1] *Agnita.* Construisez : *ut victoria hujus urbis cognita, repleat æthera volans in orbe vago,* i. e. *immenso.*

rayons d'un autre : accorde-lui cependant la douceur de ton miel, car ce cep et ces raisins t'appartiennent encore. La noble ville de Paris a fait germer ces fleurs entre mes mains, lorsqu'elle m'a demandé de te présenter le récit de ses combats, afin que sa victoire, comme dans tout l'univers, remplisse le ciel de sa renommée, et que, célébrée par ta bouche, sa gloire règne partout et brille comme un astre dans le ciel.

¹ *Doxa que...* Construisez : *et doxa*, i. e. *gloria, ore tuo gradiente*, ta bouche marchant devant elle pour l'annoncer, la produisant, la célébrant, *regnet ubique*, règne partout, *micans desuper*, brillant comme du haut du ciel.

On voit par les derniers mots de la préface qu'Aimoin n'avait pas accueilli la dédicace du poëme, ou avait refusé de le revoir pour le corriger; et en effet, il aurait eu trop à faire. (D.)

# DES GUERRES
DE LA VILLE DE PARIS.

# INCIPIT LIBER PRIMUS
## BELLORUM PARISIACÆ URBIS.

       *hilaris*     *s. quia*     *Parisius*
Dic alacris, salvata Deo Lutecia[1] summo,
 *aliquando*  *s. fueras*
Sic dudum vocitata, geris modò nomen ab urbe
       *Græcorum*
Isiâ, Danaûm latæ mediâ regionis,
*s. urbs i. e. statione micat*     *honorabiliori*
Quæ portu fulget cunctis venerabiliori.
*s. urbem i. e. græca cupiditas frequentat*  *valdè cupida*  *opum*
Hanc argiva sitis celebrat peravara gazarum,
    *i. e. medium græcum, medium latinum* *figura*
Quod nothum species metaplasmi modò nomen,
 *socia*     *Parisius*  *componit*  *decenter*
O collega, tibi, Lutecia[2], pingit honestè,
               *vocaris tu*  *à*  *mundo*
Nomine Parisiusque novo taxaris ab orbe,
       *justè*  *i. e. est*  *similis*
Isia quasi *par:* meritò pollet tibi consors.
*i. e. quia* *s. in*     *requiescens*     *et*
Nam medio sequanæ recubans, culti quoque regni
*accusaticus singularis pro genitivo plurali i. e. extollis te sublimia*  *psallendo*
Francigenum, temet statuis per celsa, canendo:
    *urbs sicut*    *nitens*         *civitates*
Sum polis ut regina micans omnes super urbes;
    *s. de portu*  *fulges*  *s. portibus*
Quæ statione nites cunctis venerabiliori.

[1] Sur l'orthographe de *Lutecia;* sur l'étymologie de *Parisius*, et la ville d'*Isia,* voyez les notes historiques.

[2] Construisez ainsi toute la phrase : *O Lutecia, collega illius urbis*

# LIVRE PREMIER

## DES GUERRES DE LA VILLE DE PARIS.

Dicte-moi des chants d'allégresse, toi, sauvée par le Dieu tout-puissant, ô Lutèce : ainsi on t'appelait jadis ; mais depuis, tu as pris ton nom d'Isia, cette ville située au milieu du vaste pays des Grecs, distinguée entre toutes par son port magnifique, et que fréquente l'Argien toujours avide de richesses. Ce nom de double origine, modifié par une sensible altération, te convient parfaitement, à toi sa rivale, ô Lutèce ; et le monde, par une dénomination nouvelle que justifie la ressemblance, t'appelle *Paris*, comme s'il disait *pareille à Isia*. En effet, placée au milieu de la Seine et du riche royaume des Français, tu t'élèves toi-même au rang le plus sublime, en chantant : « Je suis une cité qui brille comme une reine entre toutes les autres, » et tu te distingues aussi par une position admirable.

---

*species metaplasmi*, la figure appelée métaplasme, c'est-à-dire l'altération d'un mot par syncope, aphérèse, etc. *Pingit tibi honestè*, i. e. attribuit convenienter; *hoc nomen notkum*, i. e. græco-latinum, scilicet Parisius : *et taxaris ab orbe nomine novo, Parisius : illa urbs etenim, Isia, est tibi similis*.

        <small>quicumque [con] desiderat gazas                   adorat</small>
       Quisque cupiscit opes Francorum, te veneratur:
        <small>i. e. de te              affert</small>
15.  Insula te gaudet, fluvius[1] sua fert tibi gyro
        <small>conjuncto    moenia   blandientia   adverbium</small>
       Brachia complexo muros mulcentia circùm;
        <small>i. e. tua          littora      aquæ</small>
       Dextra tui pontes habitant tentoria lymphæ[2]
        <small>s. tua   s. pontes   s. pontium     defenstrices</small>
       Læva que claudentes: horum hinc indè tutrices
       <small>de istâ parte      turres    ultra</small>
       Cis urbem speculare phalas, citrà quoque flumen.
        <small>i. e. propterea quia tam digna es civitas    Nortmannorum donum</small>
20.  Dic igitur, præpulchra polis, quod Danea munus
       <small>litavit       filia Dei inferni vel Erebi  sobolem pro cunctâ progenie potuit</small>
       Libavit tibi met soboles, Plutonis amica,
       <small>i. e. quando episcopus        suavissimus     dominus</small>
       Tempore quo præsul Domini, et dulcissimus heros
                                    <small>nutriebat</small>
       Gozlinus temet pastorque benignus alebat.
      <small>res urbis i. e. dixit  s. civitas   dicere         nonne</small>
       Hæc, inquit, miror: narrare potest aliquis ne?
        <small>ipso             die   i. e. propterea quia vidisti</small>
25.  Nonne tuis idem vidisti oculis? refer ergo.
       <small>vox poetæ ego quidem   præceptis   obediam   voluntariè</small>
       Vidi equidem, jussis que tuis parebo libenter.
       <small>ista      certè   obtulerunt   munera  crudeles</small>
       Hæc tibi nempè litaverunt libamina sævi,
       <small>excelsas     extra   minores</small>
       Septies aerias centum præter juniores
       <small>multò      ductores qui numeraret ipsas naviculas</small>
       Quamplures numero naves numerante carentes:
       <small>est    adverbium   nominare</small>
30.  (Exstat eas moris vulgo barcas resonare)
       <small>quibus in tantum repletus      profundus</small>
       Queis adeò fartus sequanæ gurges fuit altus.

    V. 15. *Fluvius.* Construisez: *fluvius fert circùm tibi, gyro complexo,* i. e., *in se revoluto, sua brachia mulcent. muros.*

    V. 17. Construisez: *lymphæ habitant pontes claudentes tua tentoria, i. e. littora, seu moenia, dextra, lævaque.* L'auteur emploie souvent *tui* au génitif pour l'adjectif possessif.

Il te recherche, quiconque ambitionne les trésors de la France. Une ile se réjouit de te posséder. Le fleuve, de ses deux bras arrondis, embrasse et caresse tes murs, et ses eaux habitent sous des ponts qui, à droite et à gauche, ferment tes remparts. A leurs deux extrémités, tu vois des tours protectrices, soit du côté de la ville, soit au delà du fleuve.

Dis-moi donc, ô belle ville, quel présent vint t'offrir le peuple Danois, ami de Pluton, dans le temps où un prélat, un aimable héros, Gozlin, te nourrissait comme un bon pasteur? — Je m'étonne, dit-elle ; personne ne peut-il raconter ces faits? ne les as-tu pas vus toi-même de tes propres yeux? Raconte-les donc. — Oui, je les ai vus, et j'obéirai volontiers à tes ordres.

Les présents qui te furent apportés par ces cruels étaient sept cents vaisseaux qui s'élevaient dans les airs, sans compter une foule innombrable de bâtiments plus légers : vulgairement, on les nomme *bar-*

---

V. 18. *Tutrices*, gl. defenstrices. *Defenstrix* semble une abréviation de *defensatrix*, employé souvent dans la basse latinité. (Voyez Ducange, Glossaire.) Cependant *defenstrix* est donné par Priscien comme ayant été employé par Cicéron dans son *Timée*. (Voyez, édition de M. Leclerc, *Timée*, ch. ix.)

V. 19. *Specularе* pour *specularis*.

V. 21. *Plutonis amica. Nortmanni qui et Dani, soboles Plutonia*, note du manuscrit. C'est-à-dire race dévouée aux enfers. (Voyez I, 555, une expression du même genre.)

V. 22. *Heros*, gl. dominus. Voyez sur ce mot la note au vers 189, l. I.

V. 30. *Exstat moris* pour *est moris* ou *mos est*. — *Resonare*. Les édi-

<small>i. e. dimidium</small>　　　　　　　　<small>dum fugeret</small>
Usque duas modicumque super leugas fugiendo,

Ut mirareris fluvius cui se daret antro;
<small>arbor　　　　cooperuerat</small>
Nil parens, abies quoniam velaverat illum,
　　　　　　　　　　　　　　　　　　<small>ex istis enim arboribus</small>
　　　　　　　　<small>humidæ</small>　　　<small>erant naves compositæ</small>
35. Ac quercus, ulmique simul, madidæ sed et alni.
　　　　　　　　　　　<small>die</small>
　　Urbem quo tetigere quidem titane secundo
<small>eximii　　　　venit</small>
Egregii Sigefredus adit pastoris ad aulam,
<small>suis　　　　　imperabat</small>
Solo rex verbo sociis tamen imperitabat;
<small>capite inclinato　　　　　incipit dicere</small>
Vertice flexo ad pontificem sic inchoat ore:

40. « O Gozline, tibi gregibusque tuis miserere,
<small>i. e. ut non　　consentias</small>
« Ne pereas, nostris faveas dictis rogitamus.
<small>concede　　solummodo　　　　valeamus</small>
« Indulge siquidem tantùm transire queamus
　　　　<small>lædemus　　　nullo modo</small>
« Hanc urbem; tangemus eam nunquam, sed honores
　　　　　　<small>pro consabimur</small>
« Conservare tuos conemur, Odonis et omnes. »
<small>s. Odo　　colebatur　　quia post consulatum imperium suscepit.</small>
45. (Hic consul venerabatur, rex atque futurus,
<small>s. ipsius　defensor　　　　　nutritor</small>
Urbis erat tutor, regni venturus et altor).
　　　　　　　　<small>fidelissima s. verba</small>
Hæc contrà Domini præsul fidissima jecit:

tions précédentes, excepté celle de Pertz, ont *nominare*, qui n'est que dans la glose. — *Barcas* doit se rapporter aux grands bateaux : les plus petits s'appellent *durcones*, comme on le voit par la glose (D.). Mais ne pourrait-on pas dire que *barra* est le nom générique des grands comme des petits; de là, un *barc* ou *bac*, et une *barque*; bateaux de formes et de dimensions différentes. Pour *durcones*, voyez v. 123.

V. 34. *Parens* pour *apparens*. (D.)

V. 36. *Le second jour*, etc., c'est le 26 novembre. Pour la preuve de

ques. Les profonds abîmes de la Seine en étaient encombrés, au point que, jusqu'à deux lieues et demie au-dessous, on se demandait avec étonnement dans quels antres s'était retiré le fleuve : on ne le voyait plus, tout caché qu'il était par les sapins, les chênes, les ormes et les aulnes imbibés de ses eaux.

885. Le second jour qu'ils eurent atteint la ville, Sigefred se rend à la cour de l'illustre prélat. Roi seulement de nom, il commandait à ses égaux. S'inclinant devant le pontife, il lui parle ainsi : « O Gozlin, aie « pitié de toi et de ton troupeau; si tu ne veux périr, « nous te prions d'écouter favorablement nos de- « mandes. Permets-nous de passer au delà de cette « ville; nous n'y toucherons point, mais nous nous « efforcerons de vous conserver tous vos honneurs, « à toi et à Eudes. » Alors celui-ci était comte; plus tard il sera roi : tuteur de la ville, il deviendra le soutien du royaume.

Le prélat fidèle lui répond : « Cette ville nous a été

cette date et de toutes les autres, voyez la table chronologique à la fin de l'ouvrage.

V. 38. *Solo rex verbo... nam carebat regno, ideo solo verbo rex erat.* (Note du manuscrit.)

V. 43. *Honores.* Les titres, les offices, les fiefs dont ils auraient pu être dépouillés par Charles le Gros, comme traîtres, s'ils eussent ouvert le passage aux Normands.

V. 45. *Consul* se prend souvent pour *comes.* (DUCANGE, *Glossar.* Voce *Consul,* deuxième signification.) — *Venerabatur* est pris au passif: il en est de même de plusieurs déponents dans ce poëme, par ex.: I, 77. — La glose, v. 52, explique un passif par un déponent.

                *commendata*               *rege*
« Urbs mandata fuit Carolo nobis Basileo,
                     *fermé*       *mundus*
« Imperio cujus regitur totus propè cosmus

50. « Post Dominum, regem dominatoremque potentûm;
    *depopulationem*
« Excidium per eam regnum non quòd patiatur,
        *tueatur*                     *tranquillum*
« Sed quòd salvetur per eam, sedeatque serenum:
    *adverbium dubitandi*  *commodata*
« Ut nobis si fortè tibi commissa fuissent
    *ædificia*
« Mænia, quodque peregisses justum tibi narras,
         *adverse*
55. « Quid fore sancires? » Sigemfredus, « caput, infit,
                          *posteà*          *s. sancirem*
« Ensis honore meum, canibus demùm quoque dignum.
      *pro nisi*      *nostris dictis*  *con*
« Toxica, ni tamen his precibus cedas, tibi tela
         *apponent*
« Nostra ministrabunt castella die veniente,
  *s. die*    *s. ministrabunt*               *singulis*
« Decedente famis pestem, hoc peragentque quotannis. »
  *i. e. verbo dixit*       *recessit*   *s. suos*  *collegit*
60 Hæc ait, atque dehinc abiit, sociosque coegit.

V. 48. *Basileo*. Ce n'est pas, je crois, comme synonyme de *rege* qu'Abbon a employé ce mot, mais comme exprimant la dignité impériale. On sait que βασιλεύς, chez les Grecs qui ont écrit l'histoire romaine, surtout depuis Constantin, signifie l'empereur. Abbon a dû donner le même nom à l'empereur d'Occident.

V. 51. *Non quòd*, pour *non ut*. — *Patiatur*, manuscrit *pariatur*.

V. 53. Construisez : *si fortè mænia fuissent commissa tibi, ut hæc nobis, et si peregisses quod narras tibi justum*, i. e. *quod dicis tibi, quod arbitraris justum* (comme en grec φράζομαι). *Quid sancires tibi futurum esse?* Construction extraordinaire sans doute, mais qui n'est pas rare dans cet auteur. Voyez, I, 584, *quorum præ terrore*, etc. Dans l'interprétation de cette phrase, nous différons totalement de Duplessis et du précédent traducteur.

«confiée par Charles, notre empereur, qui régit sous
«ses lois presque tout le monde; après Dieu, toute-
«fois, le roi et le dominateur des maîtres de la terre.
«Ce n'est pas pour qu'elle serve à la ruine de son
«royaume, mais au contraire pour qu'elle le sauve
«et le maintienne en paix. Si des remparts eussent
«été confiés à ta garde, comme ceux-ci à la nôtre;
«si tu eusses rempli ce que tu aurais cru ton devoir,
«que devrais-tu espérer? — Ma tête alors, répond
«Sigefred, aurait mérité l'honneur du glaive, et puis
«la dent des chiens. Si cependant tu ne cèdes à mes
«prières, nos forts, au lever du jour, t'enverront des
«traits empoisonnés; à son coucher, le fléau de la
«famine; et ils recommenceront tous les ans.»

Il dit, se retire, et rassemble ses compagnons.

V. 54. *Quodque.* Ce vers, dans le manuscrit, a été récrit sur une place effacée.

V. 57. *Cedas*, glose, *concedas;* mais elle ne donne que la première syllabe du composé.

V. 57, 58. *Toxica.* Construisez: *nostra castella,* les forts, les remparts de notre camp ou nos machines, *ministrabunt tibi tela toxica :* ce dernier mot est adjectif (Glossar. DUCANGE); des traits empoisonnés, *die veniente,* i. e. *mane.* Et *die decedente, pestem famis,* etc. Le traducteur précédent l'entend du commencement du printemps et de la fin de l'automne, où cessent les opérations de la guerre. Il est plus simple de l'expliquer par le matin et le soir. On combattra toute la journée: le soir, les murs seront bloqués et ne laisseront point entrer de vivres dans la ville: et les attaques se renouvelleront tous les ans.

V. 59. *Quotannis.* La glose l'explique par *singulis annis.* Il lui suffit de mettre *singulis* au-dessus de *quot.*

<small>initium     accepit     prælium</small>
Sic caput aurorâ rapuit perdente duellum ;
<small>certè     de navibus ad turrim     festinantes</small>
Nempè ruunt omnes ratibus, turri properantes
<small>s. turrim percutiunt     fortiter</small>
Quàm feriunt fundis acriter, complentque sagittis.
<small>fremit     pavescunt     moventur, titubant</small>
Urbs resonat, cives trepidant, pontesque vacillant ;
<small>simul currunt     auxilium     augmentant</small>
65. Concurrunt omnes, turrique juvamen adaugent.
<small>i. e. in hâc speculâ     coruscabant</small>
Hìc comites Odo, fraterque suus radiabant
<small>s. cum illis</small>
Rothertus, pariterque comes Ragenarius ; illic
<small>s. radiabat</small>
Pontificisque nepos Ebolus, fortissimus abba.
<small>s. est    s. cum    vulneratus in capite</small>
Hìc modicùm præsul jaculo palpatus acuto,
<small>s. cum</small>
70. Hìc ejus juvenis miles simili Fredericus          [anaphora]
<small>percussus     occubuit</small>
Est ictus gladio ; miles periit, seniorque
<small>dùm medicaretur</small>
Convaluit, sese medicante Dei medicinâ.
<small>....... s. christianis finem vitæ    s. Dani    sævos</small>
Hìc vitæ multis extrema dedère ; sed acres
<small>s. quas in cutem inter     recedunt</small>
Pluribus infligunt plagas, tandemque recedunt,
<small>mortuos</small>
75. Exanimes Danos secum multos referentes.
<small>vertebat</small>
Jàm occidui medium vergebat ad ultima Thule

V. 61. Construisez : *sic duellum cepit caput*, vel *initium, aurorâ perdente*, i. e. *perrunte* ; ou bien : *sic Sigefridus cepit duellum, aurorâ perdente caput*, comme l'explique Duplessis.

V. 65. *Adaugent*, glose, *augmentant*. On verra d'autres exemples de mots latins expliqués par des mots presque français, comme, I, 275, *taros*, expliqué par *ivos*, et, II, 87, *mergitibus* par *garbis*. Voyez la préface.

V. 69 *Anaphora*, reprise de mot. *Hìc*, et vers 70, *hìc ejus juvenis*

Ainsi commença la guerre, lorsque l'aurore s'évanouissait devant le jour. Alors tous s'élancent de leurs radeaux, s'approchent de la tour, la frappent à coups de fronde et la couvrent de flèches. Un grand bruit s'élève dans toute la ville : les citoyens s'agitent, les ponts tremblent ; tous accourent pour soutenir la défense de la tour. Ici rayonnaient les comtes Eudes et Robert son frère, et avec eux le comte Ragenaire ; là le neveu du pontife, Ebles, le valeureux abbé. En ce moment, l'évêque fut légèrement blessé d'un javelot aigu ; un de ses jeunes soldats, Frédéric, est frappé du même glaive : le jeune homme périt ; le vieillard revint à la santé, guéri par Dieu, qui fut son médecin. Là, plusieurs des nôtres trouvèrent leur dernier jour ; mais ils laissent des blessures cruelles à un plus grand nombre d'ennemis, et se retirent enfin, rapportant avec eux les corps de plusieurs Danois abattus.

Déjà Apollon, suivi de l'Olympe, inclinait vers les

V. 73. *Me ritæ.* La glose au-dessus de ces mots est devenue illisible : les lettres en sont effacées par le temps. Dans toute cette page du manuscrit, du vers 58 au vers 75, la glose est peu lisible.

V. 76. Construisez : *jàm Apollo sequatus ab omni olympo,* c'est-à-dire, le soleil avec tout le ciel, *vergebat ad ultima occidui,* inclinait vers l'Occident, *medium* (pris absolument) étant au milieu, *Thule* (au génitif), de Thule, *quoque,* et, *climatis australis,* des climats méridionaux : periphrase insignifiante que notre auteur croyait poétique, puisque le soleil se couche toujours à un point du ciel plus ou moins éloigné du nord et du sud. Duplessis construit autrement, mais n'explique pas tous les

    *partis*       *sol*       *i. e. à toto cœlo*
Climatis australis quoque Apollo secutus olympo;

Nil prorsùs species turris renitens erat adhùc

Perfectæ, fundamentis tantùm benè structis,

80. Ac modicùm ductis sursùm factisque fenestris

Gaudebat; belli sed eâdem nocte peracti
          *parietibus*
Altiùs hæc circumductis crevit tabulatis;
*s. turris*   *dimidia*
Lignea sescuplæ siquidem super additur arci.

 Sol igitur Danique simul turrim resalutant,
    *fidelibus*
85. Prælia devotis jaciunt immania valdè;
 *dardi*   *ex utrâque parte*
Pila volant hinc indè, caditque per aera sanguis;
        *laceratæ*
Commiscentur eis fundæ, laceræque balistæ;

Nil terras interque polos aliud volitabat.
        *perforata*
At turris nocturna gemit dardis terebrata,

90. Nox fuit ejus enim genitrix, cecini quoque suprà.
          *cornua*
Urbs pavitat, cives strepitant, et classica clamant

*mots : jàm sol climatis australis, sequutus ab olympo medium occidui, vergebat ad ultimam Thulem.* Que veut dire alors *medium occidui* et *quoque*? sans compter qu'en novembre, le soleil ne paraît pas se coucher du côté du nord. *Thule* dans le manuscrit est écrit *Tile*.

 V. 82. *Tabulatis*, un ensemble de planches adaptées l'une à l'autre, soit horizontalement, soit verticalement, *circumductis*, formant tout le tour de la forteresse.

 V. 83. *Lignea* fait supposer que la première partie de la tour était en pierre. *Sescuplæ*, la tour dans la nuit devint une fois et demie ce qu'elle était la veille, c'est à dire que si elle était de trente pieds, elle en eut

extrémités de l'occident, entre Thulé et le climat
austral; et la tour ne présentait pas encore l'aspect
d'un ouvrage fini : seulement, appuyée sur des fondements solides, elle voyait avec joie s'élever au-
dessus un premier rang de meurtrières ; mais dans
une seule nuit, lorsque le combat eut cessé, elle
s'accrut en hauteur d'un étage complet, et un fort en
bois s'éleva sur la tour, qu'il grandissait de moitié.

Les Normands la saluent de nouveau avec le soleil,
et envoient aux fidèles de terribles combats. Les
flèches volent de part et d'autre, et font pleuvoir le
sang; avec elles se confondent les frondes et les balistes brisées : on ne voyait autre chose entre la terre
et le ciel. Cependant, percée de dards, gémit la tour
nocturne; car la nuit fut sa mère, comme je l'ai
chanté.

La ville est dans l'effroi, les citoyens en alarmes ·

---

quarante-cinq le lendemain, ou, en d'autres termes, elle s'accrut d'une
moitié en sus, *dimidiàr*, ou enfin, elle s'augmenta du tiers de toute sa
hauteur définitive. Duplessis a fait là-dessus une note assez confuse;
mais il l'a rectifiée dans ses corrections à la fin du volume.

V. 85. *Devotis*, les fidèles, les chrétiens.

V. 87. *Balistæ*, machines à lancer des pierres, d'où le mot *arbalète*,
à la différence de la *catapulte*, qui lançait des javelots; mais souvent,
et dans notre poëte surtout, ces deux mots sont pris l'un pour l'autre;
en outre, le nom de la machine est pris quelquefois pour le projectile
lui-même, comme ici.

V. 90. Ce vers explique *nocturna*, et peut donner une idée suffisante
du goût de l'auteur. *Genitrix*, manuscrit *genetrix*.

V. 91. *Urbs paritat*, forme de phrase semblable à celle du vers 64.

Absque morà tremulæ cunctos succurrere turri;

Christicolæ pugnant, belloque resistere curant.

Belligeros inter cunctos gemini radiabant
<small>s. erat      Ebolus</small>
95. Plus aliis fortes, alter comes, alter et abba,
<small>s. erat</small>
Alter Odo victor, bellis invictus ab ullis,

Confortando fatigatis vires revocabat;
<small>occidens</small>
Lustrabat jugiter speculam, perimens inimicos.
<small>et     ferris</small>
Qui verò cupiunt murum succidere musclis,
<small>s. Normannis</small>
100. Addit eis oleum, ceramque picemque ministrans,

Mixta simul, liquefacta foco, ferventia valdè;
<small>s. talia de    à    crines</small>
Quæ Danis cervice comas uruntque trahuntque.
<small>s. illa ferventia</small>
Occidunt autem quosdam, quosdamque suadent    [epiicuru
<small>fluminis</small>
Amnis adire vada. Hoc unà nostri resonabant:
<small>undique noti</small>
105. « Ambusti Sequanæ ad pelagos concurrite, vobis
<small>crines pro magis ornatus</small>
« Quò reparent alias reddendo jubas mage comptas. »
<small>percussit</small>
Fortis Odo innumeros tutudit, sed quis fuit alter?

L'auteur, en général, ne les varie pas beaucoup. Dans des situations qui lui paraissaient toujours les mêmes, il ne saisissait que les ressemblances : de là le vague de son expression. Il aurait fallu plus de goût, plus d'habitude de réfléchir, pour observer les différences qui les caractérisaient, et reproduire ces nuances par la variété de son style.

V. 99. *Musclis* pour *musculis*. Musculus : *quo muros perfodiunt : hinc quasi musculus dicitur*, dit une note marginale, mais d'une écriture moins ancienne que la glose. C'est une machine de guerre sous laquelle se mettaient à couvert ceux qui sapaient une muraille. (Voyez

la trompette les appelle tous sans délai au secours de la tour ébranlée. Les chrétiens combattent avec effort, et n'ont de souci que de résister par la force des armes.

Parmi tous les guerriers, deux brillaient, plus forts que les autres : l'un est le comte; l'autre l'abbé. L'un est cet Eudes, toujours vainqueur, toujours invincible : par ses exhortations, il ranime les forces des combattants fatigués, et veille continuellement sur la tour, en abattant une foule d'ennemis. A ceux qui veulent miner le mur en le sapant, il distribue des flots d'huile, de cire, de poix, mêlés et fondus ensemble par un feu très-ardent, qui brûlent, enlèvent la chevelure des Normands, en tuent quelques-uns, en forcent d'autres à se précipiter dans le fleuve. En même temps, les nôtres leur criaient : « Allez rafraî- « chir vos brûlures dans la Seine; ses eaux répareront « votre chevelure et vous la rendront plus lisse. »

Ainsi, Eudes frappait un grand nombre d'ennemis;

---

en l'explication dans César, *de Bello civili*, l. II, cap. 10, et une dissertation spéciale, avec la figure gravée, dans l'édition de MM. Achaintre et Lemaire, t. II, p. 334, 343.) Ici la glose l'expliquant par *ferris*, il doit signifier non la machine, mais l'instrument avec quoi on sapait. (D.)

V. 103. *Epizeuxis*, à la marge : nom d'une figure qui consiste à répéter un mot deux fois de suite sans autre mot entre les deux : *quosdam, quosdamque*, etc.

V. 107. *Quis fuit alter*, imitation ou copie de la fin du vers de Virgile, Ecl. III, 40; mais ici cette interrogation ne signifie rien : il a déjà dit que c'était l'abbé, vers 95.

            s. Udonem
Alter Ebolus huic socius fuit æquiperansque;
s. Normannos
Septenos unà potuit terebrare sagittà,
    deridens  s. vivos
110. Quos ludens, alios jussit præbere coquinæ.
  s. duobus  s. in pugnà    s. illos  i. e. tertius s. fuit
Hisce prior medius ve fuit, circùm ve nec ullus.
     despectâ morte
Fortiter ast alii spretà nece belligerabant:
  sed   gutta   una   ignes, calores s. comparata
Verùm stilla quid est simplex ad caumata mille?
Hò græcum  fideles     sustinebat, confortabat
P geminum fidos rarò quamvis vegetabat,
 my  crudeles  deindè  mille quadraginta mille  est
115 M que truces posthac chile (seranta chile id exstat)
  s. Normanni pro adsunt      continuum turpes
Hice recenter eunt vicibus turrim; juge fœdi
 multiplicant
Ingeminant bellum: clamor fremitusque fit altus,

Ingentesque replent voces hinc indè ruentes
       scuta
Æthera: saxa fremunt parmas quatientia pictas;
          perforata
120. Scuta gemunt, galeæ strident, trajecta sagittis.
ad hunc locum, i. e. ad turrim *de     circumeunt
Huc *prædà redeunt equites, certamina stipant,
  uni s. Normanni       ex cibis
Incolumes adeunt speculam, saturique ciborum;
      naves
Anteque durcones multi repetunt morientes

  V. 110. *Jussit præbere coquinæ.* Ils étaient tout embrochés; il n'y avait qu'à les faire rôtir: plaisanterie indigne de l'auteur et du poëme. (D.) Qu'importe? elle nous apprend, ainsi que les vers 105 et 106, que la gaieté des Français au milieu des combats a toujours été la même.

  V. 114. P. græcum si fuerit geminatum, CC significat; quia simplex, C. tot autem Christiani erant rarò. M similiter græcum, XL significat; chile, mille: tot enim erant Normanni, i. e. XL millia. (Note marginale du manuscrit) *Seranta* pour saranta, grec moderne, pour

mais l'autre, qui était-il? L'autre était Ebles, son
compagnon et son égal : d'une seule flèche, il put
percer sept hommes à la fois, et il ordonnait en riant
à leurs compagnons de les porter à la cuisine. Aucun
ne les surpassa, aucun ne se plaça entre les deux,
aucun n'en approcha. D'autres, cependant, combattaient vaillamment en méprisant la mort; mais que
peut une goutte d'eau, pour éteindre mille brûlures?
Rarement le nombre de deux cents soutenait les fidèles, et les barbares comptaient mille fois la lettre
M, c'est-à-dire quarante mille. Aussi des troupes fraî-
ches viennent successivement attaquer la tour, et la
guerre, de leur part, est continuelle. Des deux côtés
s'élèvent des cris, des frémissements et des voix sonores qui remplissent l'air; les pierres retentissent sur
les boucliers ornés de peintures; les écus gémissent,
et les flèches, en sifflant, traversent les casques.

Des cavaliers, qui revenaient du fourrage, se joignent aux combattants et attaquent la forteresse, frais

τεσσαράκοντα: c'est-à-dire 200 d'une part et 40,000 de l'autre. L'auteur
a voulu dire probablement qu'il n'y avait pas plus de deux cents chrétiens, et encore pas toujours, *quamvis raro*, pour défendre la forteresse,
et qu'elle était assiégée par quarante mille barbares. Nous avons cru que
le devoir de traducteur nous imposait l'obligation de reproduire aussi
littéralement que possible cette singulière périphrase.

V. 116. *Ferdi*, les Normands, comme plus haut, 27, *sœvi*, vers 115,
*truces*, et ailleurs *nequam*, *sœvi*, *atri*, etc.

V. 120. *Trajecta* peut se rapporter à *scuta* et *galeæ*.

V. 123. *Durcones* semble ici pour le mot générique pour *naves*. (Voyez
vers 29.)

Quàm lapides jaciant, illamque gravent lapidando.
    *animam*
125. Dulce quibus flamen Danæ spirantibus aiunt

Quæque suo lacerans crines lachrymansque marito :
        *fili*
« Unde venis; fornace fugis? scio, nate diabli,  [*syncope*

« Hanc nullus poterit vestri superare triumphus,
*pro nonne*     *panem*  *carnes*  *vinum*  *obtuli*
« Non tibi nunc Cererem, vel apros, Bacchumque litavi?
      *reiteras*
130. « Tamque citò quare repedes ad tegmina stratûs?
    *cupis*   *pro apponi*
« Hæc iterùm gestis ne tibi poni? redeunt ne,
  *glutto*
« Helluo, sic alii? similem mereantur honorem. »
    *propter parvam* *quantitatem* *turris* *curvus, pandus*
(Clibanus ob humile quantum speculæ sinuatus
      *dedit*
Sæva per ora duit quamvis ignobile nomen.)
*fundamenta*  *cupiunt s. turris*
135. Ima dehinc ardent ejus discindere scisci :
  *magnum*   *apertum*     *s. apparuit*
En immane foramen, hians, majus quoque dictu.
  *intrinsecùs*      *vocati*
Apparent penitùs Proceres jam nomine citi,
*galeatos*
Cristatosque vident cunctos, quibus atque videntur,

V. 125. *Dulce flamen*. C'est le *dulces animas* de Virgile, Georg. III, 495. (Voyez plus bas, 639.)

V. 127. *Fornace*, turrim vocabant furnum. (Note du manuscrit.) Ce mot est expliqué par *clibanus*, un four, vers 133, 134. — *Diabli*, par syncope, comme il est écrit à la marge du manuscrit pour *Diaboli*.

V. 128. *Nullus triumphus vestri* pour *nullus vester triumphus*.

V. 133. *Clibanus*. Construisez : clibanus sinuatus, ob humile quantum, seu quantitatem, i. e. ob humilitatem suam, *dedit speculæ*; i. e. turri, nomen suum quamvis ignobile, per sæva ora; i. e. per ora illarum barbararum.

et rassasiés de nourriture. Mais plusieurs regagnent mourants leurs bateaux, avant d'avoir pu lancer leurs frondes, avant d'avoir grevé de leurs pierres la tour ennemie. Au moment où ils exhalent le dernier souffle, les Danoises, pleurant et s'arrachant les cheveux, s'adressent ainsi, chacune à son mari : « D'où viens-tu? « te sauves-tu d'un four? Je le vois, fils du diable, « vous ne pourrez jamais en triompher. Quoi! ne t'ai- « je point donné du pain, du vin et de la chair de « sanglier? et tu reviens si tôt à ton gîte! Veux-tu donc « qu'on te serve un autre repas? Glouton; les autres « reviennent-ils ainsi? ils seraient traités aussi honora- « blement. » (Ainsi, dans la bouche de ces femmes barbares, un four à voûte surbaissée prête son nom ignoble à la tour.)

Cependant elle s'entr'ouvre, et l'ennemi cherche à en détruire les fondements; bientôt la brèche présente une ouverture immense, au-dessus de toute expression. De l'intérieur, tous les seigneurs déjà nommés apparaissent à l'ennemi, il les voit couverts

---

V. 135. *Scisci.* Duplessis propose *scissi*, se rapportant à *clibani*, sous-entendu. Normanni *ardent discindere fundamenta ejus clibani, seu turris, jam scissi,* aperti.

V. 136. La fin de ce vers dans le manuscrit est écrite sur une place effacée depuis *hians.*

V. 137. *Apparent.* Ce sont les Français.

V. 138. *Vident,* selon nous, a pour sujet les Normands; et Normanni *rident eos cristatos, et videntur ab illis: et conspiciunt omnes singulos; non tamen introeunt; nam pavor vetat...*

     <small>per singulos viros</small>
  Conspiciuntque viritim omnes non introeuntes;
    <small>pavor</small>        <small>præsumpsit</small>
140. Horror enim vetuit quod non audacia sumsit.
     <small>rota</small>
  Orbita mox à turre teres jaculatur in illos :
<small>i. e. eos Normannos repellens</small>    <small>inferno</small>
Bisternis arcens animas direxit averno,

  Perque pedes tracti numerum complent morientûm.
   <small>deindè</small>  <small>portis</small>   <small>igneum</small>  <small>s. qui est</small>
  Tum foribus posuere larem, Vulcania cura,
   <small>occidere</small>   <small>sperantes</small>
145. Hinc multare viros rentes, et perdere turrim.
   <small>focus</small>
  Fit rogus horribilis, fumusque teterrimus indè
         <small>subintrat</small>
  Nubila militibus miscet, succedit et umbris
           <small>longâ</small>
  Scilicet arx piceis horâ veluti diuturnâ.

  Nam tulit hæc minimè sufferre diù sibi notos,

150. Sed nostri Dominus miserescens vertere jussit
   <small>partem</small>
  In sortem cæcam populi nebulam generantis;
   <small>s. bellum</small>     <small>studuit</small>
  Fortiùs ille furens Mavors regnare sategit.
  <small>dans signa</small>         <small>i. e. Parisio</small>
  Signifer en geminus concurrit ab urbe benignâ,

  V. 139. La glose sur *viritim* est maintenant effacée par une rature qui semble ancienne.

  V. 142. *Bisternis*. Les six premières éditions donnent *bis ternas*. Le manuscrit a *bisternis*, dont on peut faire un seul mot et une espèce d'adverbe. (D.)

  V. 143. *Perque pedes tracti*, ce sont leurs compagnons eux-mêmes qui les retirent des rangs.

  V. 147. *Succedit*. *Arx succedit umbris piceis*, entre dedans, disparaît au milieu de....
    <small>*Tectis juvenes succedite nostris*. (Virg., Æn., I, 631.) (D.)</small>

de leurs aigrettes, et lui-même est exposé à leurs regards ; il les compte, mais il n'entre pas ; car la crainte le retient, et son audace est glacée.

Bientôt du haut de la tour une roue énorme est précipitée sur les assaillants : elle écrase six Normands, dont elle envoie les âmes aux enfers ; et ceux-ci, traînés par les pieds, vont augmenter le nombre des morts. Alors ils ont recours à Vulcain : ils placent du feu auprès des portes, espérant perdre les guerriers avec la tour. Un affreux bûcher s'allume ; une noire fumée enveloppe de nuages les soldats ; et le fort disparaît, caché pendant une grande heure sous d'épaisses ténèbres. Le Seigneur ne put voir plus longtemps ses fidèles en péril ; mais, touché de compassion, il ordonna que ce nuage obscur se portât contre le peuple qui l'avait produit ; et, Dieu des combats, il voulut que la guerre continuât avec toutes ses fureurs.

Voici que deux porte-enseignes accourent de la

---

V. 148-165. La glose de toute cette page est en général peu lisible.

V. 149. *Tulit. Dominus non tulit homines notos sibi sufferre hæc diù.*

V. 150, 151. *Sed, miserescens nostri, jussit nebulam cæcam vertere,* dans le sens neutre, pour *verti ; in sortem,* i. e. *partem populi generantis,* i. e. qui generaverat illam nebulam.

V. 152. *Ille verò Mavors* (scilicet Deus) *voluit bellum furens regnare fortiùs.* (D.)

V. 153. La glose sur *signifer* ne laisse voir que ces lettres : *ans sign.* On peut croire que c'est pour *dans signa* ou *signum.* Duplessis n'en a mis aucune.

Lancea bina gerens speculam conscendit, amictum *[turrim]*

155. Auribus immodicis croceum, formido Danorum; *[pavor Normannorum]*

Tunc centena quium pepulit cum sanguine vitam *[pro quorum ejecit]*

Centeno catapulta nimis de corpore pernix; *[sagitta velox]*

Hospitiumque comas ducti lintresque revisunt. *[s. per]*

Lemnius hic moritur claudus magno superante

160. Neptuno; humectant latices incendia fusi. *[aquas]*

Pestiferæ gentis miles percussus acerbo *[crudeli]*

Rotbertus felix jaculo spiravit ibidem;

Atque Deo pauci vulgo perière juvante. *[s. ex]*

Erubuère tamen posthàc veluti lupus audax *[deinde]*

165. Nil rapiens prædæ, repetitque quidem nemus altum, *[silvam profundum]*

Subtilemque nimis secum retulère fugellam,

Tercentum exanimos flentes Charone receptos. *[Deo inferni]*

V. 154 et 155. Construisez : *signifer geminus, formido Danorum, conscendit speculam, gerens lancea bina,* plur. neutr., pour *lanceas binas, et amictum croceum cum auribus immodicis.* Duplessis pense que c'est peut-être de cette forme de coiffure à longues oreilles que nos porte-enseignes ont été appelés *cornettes,* et qu'au lieu de *croceum,* il faudrait peut-être lire *cloceum. Amictum* exprimerait seulement un vêtement de tête en forme de cloche. ( Voyez DUCANGE, *Glossaire,* au mot *clocea,* où il parle en effet de vêtements de cette sorte.)

V. 156. Construisez : *de quorum Normannorum centeno corpore centena catapulta,* i. e. *sagitta* (voyez la note au vers 87) *nimis pernix pepulit vitam cum sanguine.*

bonne ville et montent sur la tour. Leurs deux lances, leur manteau de safran surmonté d'énormes oreilles, sont l'effroi des Danois. A l'instant cent javelots rapides frappent cent corps ennemis, et en chassent la vie avec le sang; et ceux-ci, traînés par les cheveux, vont revoir ainsi leur camp et leurs barques. Alors le dieu boiteux de Lemnos cède au grand Neptune, et des eaux épanchées à grands flots humectent toutes les parties incendiées.

Frappé d'un trait cruel par cette race empestée, le chevalier Robert, toujours heureux, rend le dernier soupir; mais peu de guerriers du peuple périrent, grâce à la protection divine. Couvert de honte, tel qu'un loup audacieux qui, n'ayant pu saisir sa proie, regagne les profondeurs des forêts, l'ennemi se retire, n'emportant avec lui que l'avantage d'une fuite secrète, et pleurant trois cents soldats reçus dans la barque de Caron. La nuit suivante travaille à réparer

V. 158. *Comas ducti...*, ils sont entraînés par leurs compagnons, comme au vers 143.

V. 162. *Rotbertus.* Ce Robert n'est pas, comme le pense D. Bouillart (*Histoire de Saint-Germain-des-Prés*, p. 51), Robert le Fort, père d'Eudes, mort en 866; ni Robert frère d'Eudes, déclaré roi, et tué en 923. Celui-ci est inconnu. (D.) — *Felix.* «Cet homme-là a toujours été plus heureux que moi,» disait Villars du maréchal de Berwick, tué d'un coup de canon devant Philippsbourg.

V. 166. *Fugellam* ou *fugelam*, synonyme de *fuga*, se trouve dans les auteurs du premier âge de la langue latine. (*Cato apud Priscian.*, l. III, ab optimis artibus fugit quàm nunc maximà *fugelà* (FACCIOLATI, *Lexic.* eâ formâ quâ *tutela, corruptela*, etc.)

     *sequens*
Nox comitans turris studuit vulnus medicari.  [*metaphora*
       *hæc*
Hæc duo bella sui residens in limite currûs
       *frigidus*
170 Ante november adest gelidus supplere, decembri
  *diebus*   *finem*    *daret*
Solibus is caudam ternis quàm cederet anni.
      *rubeo*
  Sole suos fulvo radios fundente sub æthre,
*in parte*   *circumeunt* *s. gentiles* *jacentes*
Sorte Dionysii lustrant equidem recubantes
 *sancti*
Macharii sequanæ ripas, et castra beatum
     *rotundum*    *polis*
175 Germanum circà teretem componere vallis
       *aggere*
Commixto lapidum cumulo glebisque laborant.
       *silvas*
Pòst montes et agros, saltus camposque patentes
   *s. Normanni*    *furi*
Ac villas equites peragrant, peditesque cruenti.

Infantes, pueros, juvenes, canamque senectam,
       *occidunt*
180 Atque patres natosque necant, nec non genitrices;
*mulieris*
Conjugis ante oculos cædem tribuêre marito;
*mariti*    *occisio*
Conjugis ante oculos strages gustat mulierem,
      *s. gustat mors*
Ante patrum faciem soboles, nec non genitricum;

  Efficitur servus liber, liber quoque servus,  [*epizeuxis*

V. 169. *Hæc duo bella*, etc. Construisez : *november gelidus, residens in limite sui currûs adest supplere*, vient terminer, *hæc duo bella*, ces deux assauts, *ternis solibus*, trois jours, *antequàm is mensis*, c'est-à-dire novembre, *cederet decembri caudam*, i. e. *finem anni*. Trois jours avant le 1ᵉʳ décembre, nous reportent au 28 novembre pour le jour du second assaut, et au 27 pour le premier. (Voyez la table chronologique.) Reles blessures de la tour. Ainsi, ces deux combats furent terminés trois jours avant que le froid novembre, au terme de sa course, eût cédé à décembre la fin de l'année.

Tandis que le soleil répand ses rayons sous un ciel rougeâtre, les Normands parcourent les rives de la Seine que protége le bienheureux Denys, et travaillent à se construire autour de Saint-Germain-le-Rond un camp fermé de palissades et d'un rempart de pierres et de terre confondues pêle-mêle; ensuite, à pied, à cheval, ces hommes sanguinaires parcourent les monts et les champs, les bois et les plaines découvertes; envahissent les villages et tuent les enfants, même du berceau, les jeunes gens, la vieillesse blanchie, les pères, les fils, et même les mères. Ils massacrent le mari sous les yeux de l'épouse; la mort saisit la femme sous les yeux du mari, les enfants sous les yeux de leurs pères et de leurs mères.

L'esclave est rendu libre; l'homme libre, esclave;

---

marquez en outre que le poëte commence l'année à janvier, ou du moins à Noël. (D.)

V. 170. *Decembri*, ainsi porte le manuscrit. Les six premières éditions ont *december*; ce qui rend la phrase inexplicable. (D.)

V. 173, 175. Sur les églises de Saint-Denis et de Saint-Germain-le-Rond. (Voyez les notes historiques à la fin du poëme.)

V. 181, 182. Ces deux vers sont ainsi disposés dans le manuscrit. Les six premières éditions les donnent dans l'ordre inverse : peu importe pour le sens. (D.) Dans le manuscrit, le premier de ces deux vers est en renvoi au bas de la page : de là l'erreur.

V. 184. *Epizeuxis*. (Voyez vers 103.)

185. Vernaque ſit dominus, contrà dominus quoque verna: *famulus*

Vinitor, agricolæque simul cum vitibus omnes,

Ac tellure, ferunt crudeles mortis habenas.

Francia jàm dominisque dolet famulisque relicta;

Heroe gaudebat nullo, lachrymisque rigatur: *domino*

190. Nulla domus stabilis vivo regitur dominante. *pro domino*

Ah! tellus opulenta gazis nudatur opimis; *dives divitiis multis*

Sanguivomis, laceris, atris, edacibus, æquo *nigris consummantibus æquali*

Vulneribus, prædis, necibus, flammis, laniatu, *plagis devoratione*

Prosternunt, spoliant, perimunt, urunt, populantur *devastant*

195. Dira cohors, funesta phalanx, cœtusque severus. *crudelis scelerata multitudo crudelis*

Posse favebat eis actutùm velle, quòd ipsum *mox*

Omnia se visum gestabant ante cruentum.

Valles diffugiunt humiles, tumidi priùs Alpes, *pauperes valdè fugiunt superbi homines montes*

Arma simul diamant lucos cum corde fugaci; *armati valdè amant silvas*

200. Nemo patet, fugiunt omnes, heu! nemo resistit. *s. illis*

Sic decus à regni pro posse tulère venusti;

V. 189. *Heroe. Heros*, en basse latinité, signifie souvent un seigneur. *dominus*, comme l'explique la glose; un baron. (DUCANGE, *Glossaire*.) En considérant ce mot comme une qualification emphatique donnée aux seigneurs les plus distingués, nous pourrions le traduire par héros, comme nous l'avons fait, vers 22.

V. 192 et suiv. Ces trois vers sont dans le genre de ces vers si connus:

le valet devient maître; le maître, valet; le vigneron, le laboureur, avec les vignes et la terre, subissent le joug cruel de la mort.

Privée des maîtres et des serviteurs, la France s'afflige, elle est dans les larmes; car elle a perdu ses seigneurs, qui faisaient sa joie : aucune maison n'a plus de maître vivant pour la régir. Hélas! cette terre si riche est dépouillée de ses trésors : blessures sanglantes, pillages destructeurs, meurtres affreux, flammes dévorantes, tout est mis en usage avec une égale fureur; tout est abattu, pillé, tué, brûlé, ravagé, par ce peuple cruel, cette phalange de mort, cette multitude impitoyable; et ils pouvaient tout ce qu'ils voulaient : car ils portaient devant eux l'effroi, rien que par leur aspect. Ces Alpes, si orgueilleuses naguère, s'abaissent en humbles vallées; les armes ne cherchent plus que les bois pour fuir plus sûrement; personne ne se présente; personne, hélas, ne résiste; tous ont pris la fuite. Ainsi, autant qu'ils l'ont pu, les barbares ont enlevé l'ornement de ce

---

*Hæc domus odit, amat,* etc. Il faut construire ensemble : *prosternunt vulneribus sanguivomis, spoliant prædis laceris,* etc.

V. 196. *Posse favebat eis.* Comme dans la préface, *favit posse,* p. 62, construisez : *posse omnia favebat eis velle, nam gestabant ante se ipsum visum cruentum.* Ils pouvaient tout, car ils portaient devant eux leur aspect sanguinaire.

V. 198. *Valles... alpes.* La glose explique suffisamment la métaphore de ce vers.

V. 201. *Agni,* etc., tel est le manuscrit : c'est probablement une

            ornamentum      navibus
Sic celebris specimen cymbis portant regionis.
          exercitus s. Normannorum.
Terribiles inter acies tamen adstitit acta
     de
Parisius ridens media imperterrita tale.
                         s. opus
205.   Ergo bis octonis faciunt, mirabile visu,
                  mensura    conjuncta   trinitati
Monstra rotis ignara modi, compacta triadi,
    quercûs                   unumquodque
Roboris ingentis, super ariete quodque cubante,
             s. ariete
Domate sublimi cooperto. Nam capiebant
      s. illius arietis               s. arietis
Claustra sinûs, arcana uteri, penetralia ventris,
210.  Sexaginta viros, ut adest rumor, galeatos.

Unius obtinuêre modum formæ satis amplæ;
                         i. e. dum ternum peragerelur
Completis autem geminis, ternum peragendo,
    per artem à turri   allidere     ballista
Mittitur arte phalâ vexare phalarica binos
  magistros                          verbere
Artifices, nervis jaculata uno quoque plectro;
215.  Sic nobis lethum primi meruêre paratum:

erreur du poëte, pour *regno*, ou une réminiscence de la préposition grecque ἀπό.

    V. 204. *Tale* probablement pour *tela*; mais tel est le manuscrit. (D.)

    V. 205 et suiv. Nous ne voyons pas là, comme Duplessis, une seule machine à trois étages; il nous semble que le texte indique plusieurs machines, *monstra*, au moins trois réunies ensemble, *compacta triadi*, ayant chacune un bélier, mais un toit commun. *Quercûs ingentis*, c'est la matière dont la machine est formée, de grosses poutres en chêne, soit horizontalement, soit verticalement. Soixante hommes étaient renfermés ou pouvaient tenir dans l'intérieur des trois réunies; mais elles ne furent pas même entièrement achevées. Cette machine devait battre la tour.

beau royaume ; et ils transportent sur leurs bateaux la parure d'une illustre région. Cependant, malgré ces terribles armées, Paris se tint debout, tranquille, inébranlable, au milieu des traits qu'on lui lançait de toutes parts.

886. Alors ils construisent des machines monstrueuses, sans mesure, portées sur seize roues, vraie merveille de l'art : elles étaient trois, réunies en une masse compacte, et formées de grandes pièces de chêne. Sur chacune était un bélier couvert par un toit qui dominait tout l'édifice, et les cavités profondes de leurs flancs ténébreux contenaient, à ce qu'on dit, soixante hommes armés. La première fut construite dans une assez vaste dimension ; déjà deux étaient complètes, et l'on achevait la troisième, lorsque de la tour est lancée avec autant d'adresse que de vigueur une baliste qui, d'un même choc, frappe les deux artistes inventeurs de la machine. Ainsi, les

V. 206. *Ariete*, manuscrit *argete*, écrit probablement comme on le prononçait.

V. 209. Ce vers exprime de trois manières différentes la même idée : c'est la richesse des poëtes de ce temps-là. *Archana*, manuscrit.

V. 211. *Obtinuére* a pour sujet les Normands. Ils eurent la mesure assez ample d'une d'entre elles, c'est-à-dire une fut terminée, et elle était assez vaste.

V. 212. *Perayendo*, passivement. (Virg., Æn., II, 6), quis talia fando, i. e. dùm talia narrantur.

V. 214. *Nervis*, ce sont les cordes de la baliste.

V. 215. *Lethum*, manuscrit *letum*, i. e. meruére lethum quod nobis parabant.

     *unitate percussionis*        *i. e. duplices Normannorum.*
Moxque monade necata obiit sævissima dias.

 Mille struunt etiam celsis tentoria rebus,
  *coriis*
Tergoribus collo demtis tergoque juvencûm :
    *tres*    *contegere s. tentoria*
Bis binos tressis ve viros clypeare valebant;
  *i. e. tentoria*   *coriates*
220 Quæ pluteos calamus vocitat crates ve latinus.

 Nox nullam recipit requiem, nullumque soporem,
        *fabricant*
Veloces acuunt, reparant, cuduntque sagittas,

Expediunt clypeos, veteresque novi efficiuntur.

 Cùmque senis Phœbi fulgor jàm scandit in almas
225 Quadrigas agilis, noctemque repellit opacam,

Atque suos oriens oculos demittit in urbem,

  *i. e. Normanni*
En proles Satanæ subitò castris furibundæ
 *egrediuntur*
Erumpunt, trepidis nimiùm telis oneratæ :

Ad turrim properant; tenues ut apes sua regna
  *plenis*    *herba sunt*
230 Distentis adeunt humeris casiâque thymoque,

Arboreisque simul vel amœni floribus agri,
 *non aliter*
Haud secus infelix populus contendit ad arcem
       *arcubus*
Pressis fornicibus humeris ferroque tremente :  [*metaphora*

 V. 217. *Celsis rebus*, avec de hauts matériaux, de longs morceaux de bois.

 V. 219. *Tressis* signifie proprement trois as. Ici, il est pour tres. On peut l'entendre de trois hommes ou de six, en sous-entendant *bis* devant ce mot comme devant *binos*.

premiers de tous, ils reçurent la mort qu'ils nous avaient préparée; et un seul coup abattit ce couple si terrible.

Ils dressent aussi sur de longues perches mille tentes couvertes de peaux enlevées au col et aux flancs des taureaux, et capables de protéger trois ou quatre guerriers. Une plume latine les appelle des *claies* et des *mantelets*. La nuit n'admet ni repos ni sommeil : ils aiguisent, réparent, forgent des flèches rapides, préparent les boucliers et rajeunissent les armes vieillies par l'usage.

Et lorsque le vieux Phœbus remonte tout brillant sur ses agiles coursiers, chasse les ténèbres de la nuit, et envoie en se levant ses regards sur la ville, les fils de Satan s'élancent tout à coup hors de leur camp, chargés de traits qu'ils agitent avec fureur; ils marchent vers la tour; et, de même que l'abeille légère regagne son royaume, les ailes chargées de thym, de romarin et de fleurs, soit d'un bois, soit d'une belle campagne, de même ce peuple malheureux marche à grands pas contre le fort, le dos pressé par des arcs courbés en voûte et par des flèches qui

---

V. 220. *Plateas... Platri sunt crates corio crudo intectæ quæ hosti objiciuntur.* Note marginale du manuscrit. — *Coriatas*, en glose au-dessus de *crates*, semble avoir été un mot vulgaire pour exprimer des claies couvertes de cuir, comme des cuirasses.

V. 233. *Metaphora.* La métaphore est dans *fornicibus*, des voûtes, pour des arcs voûtés.

Ensibus arva tegunt, Sequanam clypeis, et in urbem

235. Plumbea mille volant fusa densissimè mala,

Atque serunt pontes validis speculas catapultis;

Mars hinc indè furit surgens, regnatque superbus:

Totius ecclesiæ convexa boando metalla *curva*

Flebilibus vacuas supplent clamoribus auras;

240. Arx nutat, cives trepidant, ingensque tubarum

Vox resonat, cunctosque pavor cum turribus intrat.

Hic proceres multi, fortesque viri renitebant:

Antistes Gozlinus erat primas super omnes;

Huic erat Ebolusque nepos, mavortius abba,

245. Hic Rotbertus, Odo, Ragenarius, Utto, Erilangus:

Hi comites cuncti; sed nobilior fuit Odo, *v. erant*

Qui totidem Danos perimit quot spicula mittit. *sagittas*

Dimicat infelix populus, pugnatque benignus:

Tres armavit atrox cuneos, quibus obtulit arci

V. 234. On voit par ce vers et les détails suivants que les Normands attaquent la tour et le pont par terre et par eau.

V. 235. *Plumbea mala*. Ces balles sont lancées avec la fronde probablement. Remarquons ce projectile.

V. 236. *Pontes*, telle est la leçon du manuscrit. Duplessis et les éditeurs précédents ont adopté *pontis*, comme présentant seul un sens raisonnable, d'autant que, vers 250, *ponti* est au singulier. On traduirait alors : criblent de traits les tourelles du pont. Cependant *pontes* peut se défendre; il est régime de *serunt* ainsi que *speculas*. Comme nous avons

tremblent sur leurs épaules.; ils couvrent la plaine de leurs épées, la Seine de leurs boucliers; des balles de plomb volent par milliers dans la ville, et les décharges des catapultes criblent de traits et les ponts et les tours. De part et d'autre, Mars s'agite furieux et règne en vainqueur superbe. De chaque église, l'airain concave mugit et remplit les airs de sons lugubres. La citadelle tremble, les citoyens s'agitent, les trompettes font entendre leur voix terrible, et l'effroi pénètre tous les habitants et les défenseurs des tours. Là brillaient plusieurs grands et généreux guerriers; mais le pontife Gozlin s'élevait par-dessus tous. Près de lui était son neveu Ebles, abbé favori de Mars; là étaient aussi Robert, Eudes, Ragenaire, Utton, Erilang; tous étaient des comtes; mais le plus noble était Eudes, qui abat autant de Danois qu'il lance de javelots.

Le peuple réprouvé lutte avec efforts; le peuple chéri de Dieu se défend avec vigueur. Le barbare

---

adopté cette leçon dans le texte, nous devions traduire en conséquence; mais l'autre sens nous plaît davantage.

V. 238. *Metalla*, i. e. *campanæ*.

V. 239. *Supplent*, i. e. r. *plent*.

V. 240. *Arx*, c'est la tour principale, qui a reçu toutes les attaques; mais en outre, *turribus*, vers 241, *speculas*, vers 236, *phalas*, vers 19, et plus bas, vers 504 et suiv., l'épisode de la tour des douze guerriers nous prouvent qu'il y avait plusieurs tours, soit hors des ponts, soit en deçà.

V. 248. *Pugnat*, manuscrit *pungnat*.

V. 249. *Quibus* pour *e quibus major m obtulit*, *opposuit*, *arx et ge-*

250. Majorem, picto ponti geminosque parone,
        *cum     s. obtulit    cuneos    navigio*
        *terris                     pontem*
Hanc sat opinati superare, hunc si potuissent.

Hæc bellum patitur, multò majora sed ille;   [anaphora]

Hæc depicta gemit vario sub vulnere rubra;

Ille virûm luget vires obitusque fluentes.

255. Sanguine nulla via urbis adest intacta virorum;

Prospiciens turrisque nihil sub se nisi picta

Scuta videt, tellus ab eis obtecta latebat.

Indè super cernens lapides conspexit acerbos,
                             *dardos*
Ac diras ut apes densè tranare cateias;

Inter sese aliud turrimque nihil metit æther.

260. Vox immensa, metus major, strepitusque fit altus:

Hi bellant, isti pugnant resonantibus armis;
                        *valdè*
Prælia Normanni exacuunt crudelia sanè.
                    *filius*
Nullus habet terras totidem qui vivere natus

Indutos gladiis pedites spectaret in unum,

265. *minos alios cum picto parone*, i. e. in pictis navigiis insidentes, opposuit *ponti*. La glose *cum* avec *picto* empêche qu'on ne rapporte cet adjectif à *ponti*, comme plusieurs ont cru devoir le faire.

V. 259. *Cateia*, espèce de javelot propre aux Germains et aux Gaulois:

      Teutonico ritu soliti torquere cateias.
                    (Virg., Æn., VII, 741.)

V. 259, 260. Après le vers 259, *ac diras ut apes....*, on lit ce vers dans le manuscrit:

      Juppiter aspiciens dardos perspexit acutos.

avait trois corps d'armée, dont il oppose le plus
nombreux à la citadelle, et les deux autres, dans leurs
bateaux ornés de peinture, devaient attaquer le pont,
croyant, s'ils pouvaient le renverser, qu'ils seraient
facilement les maîtres de la tour. Elle soutient de
rudes combats; mais le pont souffre plus encore :
l'une gémit, rougie du sang qui s'échappe de plus
d'une blessure; l'autre pleure une foule de guerriers
qui perdent et leurs forces et la vie. Point de voie
pour pénétrer dans la ville, qui ne soit souillée de
sang. La tour ne voit à ses pieds, loin devant elle,
que des boucliers peints, sous lesquels disparaissait
la terre, et au-dessus, que des pierres cruelles et
des dards formidables traverser l'air aussi serrés qu'un
essaim d'abeilles. Il n'était rien autre chose à recueillir entre le ciel et la tour. Les cris, les allarmes,
le bruit redoublent : des deux côtés la guerre et le
fracas des armes; car les Normands, ingénieux dans
leur fureur, livrent des combats terribles. Aucun des
fils de la terre qui doivent vivre encore ne saurait
voir tant de fantassins armés de glaives réunis en un

mais il est effacé par une ligne de points placée au-dessous. Nous en
avons parlé dans la préface. Abbon, s'il est auteur du manuscrit, a pu
par mégarde écrire ici un vers étranger, ou même composer ce vers pour
occuper une place dans ce passage, puis l'effacer comme inutile.

V. 259. *Cateias*, glose *dardos*. Voyez l'observation du vers 65.

V. 264. Construisez : *nullus natus terræ, qui habet* *err.*, i. e. *cui adhuc
vivendum est, spectaret totidem*, i. e. *tot pedites, indutos gladiis*, con-
junctos *in unum*.

Et tantâ miraretur testudine pictâ : *(scutis)*

Hâc sibi confecere polum vitam nutrientem,

Quem nullum superare caput cupiebat eorum. *(transcendere — s. Normannorum)*

Ast infrâ capiunt tetræ necis arma frequenter; *(s. scuta)*

270. Mille dabant pugnam pariter stantes in agone; *(certamine)*

Mille, simul turrim quoniam contingere cuncti

Haud unâ poterant, turmis certare studebant.

Arx speculans nudis quoniam chelis inimicus *(brachiis)*

Ingeminat populus certamen, et ore patenti

275. Erectas taxos arcus convertit in uncos, *(ivos — curvos, i. e. arcus non tensos tetendit) [metonymia]*

Unius hinc jaculum transmittitur os in apertum, *(s. Normannorum)*

Quem subitô conans alius clypeare migrantem, *(contegere)*

Nempè cibum gustat primus quem repserat ore. *(traserat)*

Adveniens autem numerum qui clauderet almum, *(i. e. trinitatem)*

280. Hos nitens geminos auferre latenter, et ipse

Perculsus pharetrâ turri veniam quoque poscit. *[metonymia]*

Sub clypeis illos alii conduntque trahuntque;

Unde furore nimis pingues bellum renovarunt.

Scuta cient planctus saxis ferientibus ipsa,

---

V. 266. *Miraretur* semble pris passivement, et serait étonné de.

V. 270. *Pugnam*, manuscrit *pangnam*.

V. 273. *Arx speculans*, nominatif absolu. Ceux de la tour voyant que... un d'entre eux jette un trait, etc. (D.)

seul corps, ni admirer une aussi vaste tortue de
boucliers : ils s'en sont fait un ciel pour protéger leur
vie, et personne n'oserait élever la tête au-dessus ;
mais au-dessous, ils agitent les armes qui doivent
donner la mort. Ainsi, mille guerriers combattaient
en troupe serrée : mille autres, car tous ne pouvaient
frapper la tour à la fois, commencent à voltiger autour d'elle en escadrons légers. La citadelle voit ce
peuple ennemi redoubler ses attaques, les bras nus,
le visage découvert, et arrondir en arcs ses ifs entièrement droits ; à l'instant un javelot est lancé dans la
bouche ouverte d'un des assaillants ; un autre veut le
couvrir pour protéger sa retraite, et il goûte du même
mets que le premier. Un troisième, pour compléter
le nombre divin, s'approche et veut en cachette les
retirer des rangs ; mais lui-même, frappé d'une flèche,
tombe, et prosterné semble demander pardon à la
tour. D'autres les entraînent cachés sous leurs boucliers ; et gonflés d'une nouvelle fureur, ils recommencent leurs combats. Les écus gémissent sous les

V. 275. *Taxos, iros. des ifs.* Voyez la note sur le vers 66. Leurs arcs
étaient de bois d'if, comme devaient être ceux d'un peuple venu du
Nord.

V. 278. *Nempè cibum gustat*, plaisanteries de mauvais goût, qui n'ont
pas, comme celles des vers 105, 110, l'avantage de nous faire connaître
l'esprit et la gaieté des Français. Ici le poëte a voulu rire pour son propre
compte.

V. 281. *Pharrtrd*, manuscrit *farrtrd*, et plus haut, 213, *fala... fa-
larica*

285. Sanguineasque vomunt voces galeæ subeuntes
Æthera; crudeli lorica mucrone foratur.
Respiciensque suas, et quos fundaverat artus,
Omnipotens fabricas modicùm Danis superari,
Exhibuit nostris animos viresque valentes,
290. Impertitus eis sensus equidem tremebundos.
Tùm pereunt miseri, pluresque vehuntur ad altos
                                         naves
Ponentes animas torquentibus arma phaselos.
Jàm Titan celeres missos præmittere curat
                         requiem
Oceano pompare toros, otium quibus abdat;
295. Torvaque plebs quæ jàm cecini tentoria turri
Texta tulit silvis flenti cæsisque juvencis,
quibus tentoriis
Queis noctem quidam bello, quidamque sopore
                                composuere
Præteriere, quibus circumtrivere meatus
i. e. sagittas         i. e. ad vibrandas
Pennivolas acies vibrari felle madentes
                                       custodientibus
300. Militibus noctu eximiam cernentibus arcem.
Mane quidem flagrante novant certamina plenis

V. 285. Construisez : *et galeæ subeuntes æthera, qui s'élèvent, qui s'agitent dans l'air, vomunt voces sanguineas.*

V. 291. *Pluresque*... Construisez : *plures Normanni ponentes animas vehuntur ad altos phaselos à sociis torquentibus arma.* (D.)

V. 293. Construisez : *jàm Titan*, i. e. sol curat præmittere missos celeres, i. e. equos, pompare, i. e. ornare, ad ornandum toros, quibus, ut in iis abdat otium, i. e. se quiescentem.

pierres qui les frappent, des casques qui s'agitent dans l'air s'échappent des cris de sang; la cuirasse est percée par la pointe d'un fer acéré. Le Tout-Puissant, voyant son peuple et les hommes qu'il s'est plu à façonner lui-même, presque vaincus par les Danois, ranime le courage et les forces de nos guerriers, et envoie aux autres un sentiment d'effroi : alors les Normands tombent en foule, et, tournant leurs armes vers leurs vaisseaux, y portent leurs compagnons expirants.

Déjà Titan envoie ses rapides messagers vers l'Océan, pour y préparer un lit destiné à son repos : le peuple sauvage retire de la tour qui pleurait ses désastres les tentes dont j'ai parlé, formées de pièces de bois et de taureaux égorgés : ils y passent la nuit, quelques-uns occupés à la guerre, quelques autres livrés au sommeil. Ils y percent des ouvertures pour lancer au travers leurs flèches empoisonnées contre les guerriers qui gardent la tour pendant la nuit.

Au matin, les armes des barbares renouvellent les

---

V. 294. *Toros*, manuscrit *thoros*.

V. 295. *Quæ jam cecini.* (Voyez vers 217.)

V. 296. *Texta tulit...* Abstulit à turre crates textas silvis, i. e. lignis et cæsis juvencis.

V. 298. *Meatus...* Per quos vibrarentur sagittæ adversus custodientes arcem.

V. 301. Construisez : *arma trucum, barbarorum, norant certamina terris plenis*, la terre étant pleine, couverte, *testudine fixa gyrum*, i. e. in gyrum, d'une tortue établie en cercle au pied de la tour.

8

        scutis in
Arma trucum terris fixâ testudine gyro.
          pro bant
Certabant plures alii fossata studere
      turrim     pro replebant
Quæ circà resident illam, sulcosque replere.

305. Hinc glebas specubus, frondesque dabant nemorosas,

Atque suo segetes etiam fœtu viduatas,

Prata simul, virgulta quoque, et vites sinè gemmis;

Hincque senes tauros, pulchrasque boves, vitulosque;

Postremùmque necant elegos, heu! quos retinebant

310. Captivos; sulcisque cavis hæc cuncta ferebant:
         movent
Idque die totà stantes agitant in agone.

  Hocce pius cernens præsul clarà lachrymando

Voce vocat Domini salvatorisque parentem:

« Alma Redemptoris genitrix, mundique salutis,

315. « Stella maris fulgens, cunctis præclarior astris,

« Cede tuas precibus clemens aures rogitantis.

« Si tibi me libeat missas unquam celebrare,

« Impius atque ferox, sævus, crudelis, et atrox,

« Captivos perimens, laqueo necis irretiatur. »
  ab   subito
320. Arce repente volans telum deferre sategit

---

V. 303. *Certabant studere*, tautologie, pour *studebant*; mais *replere* du vers suivant est motivé par *certabant*, ils travaillaient à remplir.

V. 305. *Nemorosas*. Duplessis donne pour glose : *um*, c'est-à-dire *nemo-*

combats; et la terre est couverte de leur tortue qui s'agite en cercle au pied de la citadelle : mais d'autres en plus grand nombre s'efforcent de combler les fos sés et les tranchées qui l'entourent. Ils jettent dans cet abîme, de la terre, des branches d'arbres; les moissons dépouillées de leurs fruits, et l'herbe des prés; les jeunes arbrisseaux et les vignes encore privées de bourgeons; puis ils entassent de vieux taureaux, de belles génisses et de jeunes veaux : enfin ils massacrent les malheureux qu'ils retenaient captifs, et les précipitent dans ces profondes cavités : et pendant tout le jour, tel fut leur travail, tel fut leur combat.

A cette vue, le saint prélat ne peut retenir ses larmes, et il invoque à haute voix la mère du Dieu sauveur : « Mère du rédempteur et du salut du monde: «étoile de la mer, qui brilles par-dessus tous les «astres, prête une oreille attentive à nos humbles «prières : s'il te plaît que je célèbre encore la sainte «messe, fais que cet impie, ce barbare, ce cruel sans «pitié qui massacre ses captifs, soit lui-même enve- «loppé dans les filets de la mort. »

A l'instant, un trait volant du haut de la tour apporte

*rum*; mais je doute qu'il y en ait une. On ne voit dans le manuscrit que quelques traits à peine sensibles, représentant à peu près une *m*, mais assez loin du mot *nemorosas*, tandis que, d'après le système suivi dans ce manuscrit, la glose devrait se trouver sur *rosas*, c'est-à-dire la partie du mot qu'elle remplace et qu'elle explique.

V. 309. *Elegos*, c'est-à-dire *miseros*. La glose l'explique ainsi, l. II, v. 91.

Antistes Gozlinus huic quod flendo precatur, *Normannæ*

Qui vinctos vinctus mortis dimisit habenis,

Atque miser sociis tendit clypeumque pedemque:

Os solvit, virtute ruit, sulcosque replevit

325. Mensurans terram, spirans animam male natam,

Captivos juxtà tritos gladio nimis ejus. *a. à œ*

    Urbs in honore micat celsæ sacrata Mariæ,

Auxilio cujus fruimur vitâ modò tuti.

Hinc indicibiles illi, si fortè valemus,

330. Reddamus grates, placidas reboemus et odas; *laudes*

Vox excelsa tonet, laudesque sonet, quia dignum:

  « Pulchra parens salve Domini, regina polorum;

« Nostra nites altrix, orbis constas dominatrix,

« Quæ sævis manibus Danûm, gladioque minace,

335. « Solvere Luteciæ plebem dignata fuisti;

« Luteciæque satis poteras conferre salutem,

« Quæ lubrico salvatorem cosmo genuisti. *mundo*

« Cælicoli cœtus, Virtutes, ac Dominatus,

« Primatusque, Potestatesque, Thronique polorum, *principatus*

---

V. 322. Construisez: *qui vinctus habenis mortis, dimisit vinctos, les captifs qu'il massacrait.*

V. 324. *Virtute ruit* semble signifier: il tombe avec force, violemment.

à un ennemi le sort que lui souhaitait Gozlin en pleurant. Enchaîné par la mort, il abandonne ses victimes enchaînées : il tend à ses compagnons son bouclier et ses pieds palpitants. Sa bouche s'entr'ouvre, il tombe avec violence; et, mesurant la terre, il exhale son âme criminelle et va remplir les fossés à côté des captifs égorgés en foule par son glaive.

Notre ville est consacrée à la puissante Marie; et si nous jouissons encore de la vie, nous le devons à son secours. Rendons-lui donc, autant qu'il est en notre pouvoir, des actions de grâces ineffables; chantons en son honneur des hymnes de paix : que notre voix fasse partout retentir ses louanges, car elle en est bien digne.

« Salut, belle Marie, mère du Seigneur, reine des
« cieux : tu es notre nourrice, aussi bien que la domi-
« natrice du monde, toi qui as daigné arracher le
« peuple de Lutèce aux mains cruelles des Danois et
« à leurs épées menaçantes; et tu pouvais bien, en effet,
« sauver Lutèce, puisque tu as enfanté un sauveur au
« monde en péril. Les chœurs célestes, les Vertus, les
« Dominations, les Principautés, les Puissances, les

---

V. 326. *Tritos*. L'auteur semble donner à ce mot, comme à *circum-latere*, v. 298, le sens de *percer*, comme venant du grec τρητός. — *Nimis*, en trop grand nombre, en foule.

V. 335, 336. Dans ces deux vers, l'orthographe du manuscrit est *Lutece*, comme au premier vers : ce qui est conforme à notre opinion sur la manière d'écrire ce mot. (Voyez la préface.)

340. « O genitrix sobolis summi regis celebranda, *tibi*

« Te gaudent, recolunt, laudant, venerantur, adorant,

« O felix, uteri thalamo quæ claudere mater

« Quem cœli nequeunt, tellus, vastum mare, quisti. *magnum* *potuisti*

« Atque tuum delecta patrem nobis peperisti!

345. « Luna micans, solem multò plus te renitentem

« Fudisti terris, et eas quo plena manebas

« Irradiando, genus nostri lapsum reparasti;

« Ergo cui, Regina poli, componere quibo? *o* *s. te*

« Sanctior es cunctis, sexu felicior omni,

350. « Cultorum miserere tui jam, nata Potentis;

« Gloria, laus, et honor, radiansque decus tibi semper

« Sit, benedicta Dei mater sceptris in Iesu. »   [diæresis]

Phœbus abit, noctisque redit caligo serenæ,
Excubiisque nequam turris sepitur opimis. *Normannorum* *copiosis*

355. Aurorâ gyrante polos, gyrantur et arces;

Mortiferis siquidem telis quatientibus illas,

Arrietes conflant, unumque locant ab Eoo *movent* *ponunt*

In turrim; contemplatur septentrio celsa

V. 347. *Genus nostri* pour *nostrum*.
V. 352. *Iesu*, trois syllabes, par diérèse, au lieu de *Jésu*
V. 353 *Febus*, manuscrit

« Trônes.. ô mère toujours louable du Roi suprême,
« t'aiment, t'honorent, te louent, te vénèrent, et t'a-
« dorent. Heureuse mère, qui as pu renfermer dans ton
« sein celui que ne peuvent contenir les cieux, la terre,
« et le vaste océan ! Toi qui as été choisie pour nous
« enfanter ton père ! Lune brillante, tu as donné à la
« terre un soleil encore plus éclatant : et en éclairant
« de la plénitude de tes rayons les contrées où tu faisais
« ton séjour, tu as préparé le salut de notre race qui
« périssait. A qui donc puis-je te comparer, ô reine du
« ciel, plus sainte que tous les saints, plus heureuse
« mère que toutes les femmes? veille toujours désor-
« mais sur un pays qui t'honore, ô fille du Tout-Puis-
« sant ! gloire, louange, honneur et beauté rayonnante
« soit toujours à toi, ô mère de Dieu, bénie de tous en
« la puissance de Jésus ! »

Phébus se retire, une nuit sereine lui succède, et les
méchants enveloppent toujours la citadelle d'une garde
nombreuse. Lorsque l'aurore fait tourner les cieux, ils
tournent aussi autour des murs de la citadelle, et font
mouvoir des béliers dont les coups mortels doivent les
frapper de toute part. Ils en placent un du côté de

---

V. 355. *Arces.* Il s'agit toujours de la même tour, comme on le voit par les détails qui suivent. *Arces* est donc au pluriel poétiquement pour *arx* : ou ce sont les moyens de défense, fossés, murs, créneaux, etc., de la grosse tour.

V. 358. *Septentrio celsa. Sept.* est ici un féminin. *Celsa* indique les montagnes du nord : Montmartre et Belleville.

In portas alium; tenuit contrà latus ejus *(arietem)*

Oc-que-cidens ternum. Magno cum pondere nostri

360. Tigna parant, quorum chalybis dens summa peragrat,

Machina quo citiùs Danum quisset terebrari.

Conficiunt longis æquè lignis geminatis

Mangana quæ proprio vulgi libitu vocitantur,

Saxa quibus jaciunt ingentia, seu jaculando

365. Allidunt humiles scenas gentis truculentæ *(lubias)*

Sæpè quidem cerebrum cervice trahunt elegorum,

Vah! multosque terunt Danos, plures quoque peltas: *(scuta)*

Immunis clypeus fractu nullus fuit, ictus *(illæsus)* *(à)* *(percussio)*

Quem talis tetigit, non ullus morte misellus. *(clypeum)* *(s. fuit immunis)*

370. Ast infelices foveas supplere phalanges

Nequicquam tendunt; potuere replere nec ullam, *(certant)*

Nitebantur enim arietibus pessumdare turrim;

---

V. 360. *Oc-que-cidens*, coupure de mots assez ordinaire à notre auteur; plus bas, II, 54, *inque sulas penetrat*. La construction est : *latus ejus, et occidens tenuit, habuit contrà*, dirigé contre lui, *ternum*, le troisième bélier.

V. 361. Ces grosses pièces de bois étaient aiguisées par le bout et armées de pointes d'acier pour enfoncer les machines des assiégeants
(Fauchet, *Antiquit. franç.*, fol. 398, verso.) (D.)

V. 363. *Conficiunt*... Fauchet, Traité de la milice et armes de France, fol. 528, traduit ainsi ces deux vers :

l'orient contre la tour; les montagnes du septentrion en voient un autre dirigé contre les portes. Un troisième l'attaque par le flanc, vers la partie occidentale. Les nôtres préparent de lourdes poutres, dont l'extrémité revêtue d'une dent de fer devait percer plus facilement les machines des Danois. Ils forment aussi de deux longues pièces de bois accouplées des instruments que le peuple appelle mangonneaux, avec lesquels ils lancent d'énormes pierres : celles-ci en tombant écrasent les humbles galeries des barbares, ou font sauter la cervelle des malheureux qu'elles accablent; un grand nombre de guerriers Danois, un plus grand nombre d'écus sont brisés par leur choc. Ni les boucliers qu'elles frappent ne demeurent intacts, ni les hommes qu'elles atteignent n'évitent la mort. En vain leurs phalanges malheureuses veulent remplir les fossés; elles ne peuvent en combler aucun. Car ils voulaient dé-

> De deux tres* qu'ils taillent égaux
> Ils font aussi des mangonneaux,
> Ainsi que le peuple les nomme.
> Dont ils jettent pierres, etc. (D.)

366. *Scenas*, glose *lobias*. Ducange (*Gloss. latinit.*) dit que *lobiæ* sont des galeries, dans l'origine, couvertes d'arbres, de *laub*, teutonique, signifiant feuille. On voit le rapport de ce mot avec *scena*, σκηνή, pavillon de verdure, ombrage d'une forêt, tente. Ici, ce sont ou les tentes des Normands, les mantelets dont il a été question, vers 217; ou des galeries sous lesquelles ils se mettaient à couvert pour attaquer ou miner la tour.

* *Tres*, longues pièces de bois.

Quos quoniam nequeunt æquis deducere campis,
    feroces naves
375. Corripiunt ternas rabidi cymbas satis altas,
      s. eas   cupientes
Frondivagis equidem silvis gravidare flagrantes;

Postremùm Vulcanus eis imponitur ardens;

Flammivomas oriens dimittit eas pedetentim,
 funibus       juxta
Anquinisque trahebantur ripas secùs ipsæ

380. Ad pontem, seu conspicuam comburere turrim.

Silva vomit flammas, arent latices pelagique,

Terra gemit, virides herbæ moriuntur ab igni,
           con
Lemnius atque potens Neptuno stat pede trito,
  niger
Regna poli furvus penetrat, nubesque peragrat.

385. Hinc tellus et ager, lymphæ cœlique cremantur:

Urbs luget, speculæque timent, et mœnia deflent.

Heu! quam magna oculis manant lacrymosa beatis

Flumina! dant pulchri juvenes, sed et alba senectus,
        crines
Mœrentes gemitus; matresque jubas laniando

390. Terga dabant siccæ, crinesque per arva revolvunt.
s. feminæ pugnis
Hæ colaphis nudata suis jam pectora tundunt;

---

V. 374. *Equis campis*. Ils ne pouvaient faire manœuvrer leurs béliers sur un terrain uni et les approcher tout près de la tour, puisqu'ils n'avaient pu combler les fossés, vers 371; *forcas supplere nequicquam tendunt*. v. 375; *cymbas*, manuscrit *kimbas*.

V. 376. *Silvis*, comme en grec ὕλη, des matériaux.

truire la tour à coups de bélier ; mais, ne pouvant les faire manœuvrer sur un terrain uni, furieux ils saisissent trois barques assez grandes, les chargent de broussailles et de feuillages, et y mettent le feu, puis, lorsqu'elles vomissent des flammes, elles descendent lentement de la partie orientale du fleuve, traînées par des câbles le long des rives, pour incendier le pont, ou la tour qui attire au loin tous les regards. Des flammes s'échappent de cette forêt ; les abîmes du fleuve se dessèchent ; la terre gémit, et l'herbe verte meurt flétrie par le feu ; le dieu de Lemnos, vainqueur, foule aux pieds Neptune, s'élève en noir tourbillon dans les domaines du ciel, et parcourt les nues. La terre, les moissons, les eaux et le ciel en sont tout brûlés. La ville se lamente, les tours s'alarment, les murs retentissent de sanglots. Hélas ! que de torrents de pleurs s'échappent des yeux des chrétiens ! et la belle jeunesse, et la vieillesse blanchie par les ans, poussent des gémissements douloureux : les mères s'arrachent les cheveux, s'enfuient l'œil sec, et roulent leur chevelure dans la poussière, ou frappent à grands

V. 383. Construisez : *et Lemnius potens, pede trito,* au pied boiteux ; *stat Neptuno,* i. e. super Nept. ; ou bien : *stat pede trito* super Neptunum, i. e. pede terit Neptunum. (D.)

V. 385. *Lymphæ,* manuscrit *limfæ.*

V. 388. Ce vers dans le manuscrit a été récrit sur une place effacée.

V. 390. *Siccæ.* Les unes ont l'œil sec, tandis que d'autres *lachrymis madefactas genas secuere.* La frayeur ne produit pas dans toutes les mêmes effets.

At secuere genas aliæ lacrymis madefactas.

Tùm trepidant cives, cunctique vocant celebrandum

Germanum : « Miserere tuis, Germane, misellis. »

395. (Parisius præsul fuerat sanctissimus olim,

Illustrabat eam cujus venerabile corpus.)

Mœnia Germani nomen recinunt; et in omni

Exclamat miles speculà, primique virorum :

« O famulis, Germane, tuis succurrere disce. »

         *vocat*

400. Littora seu liquidi laticis pelagus ciet altum,

Sidereosque thronos, quibus emicat, ut jubar, almus,

Verberat innumerus echo comitante boatus;

Germanum respondet et urbs vocitantibus ipsum.

Concurrunt matres pariter juvenesque puellæ

405. Ad sancti tumulum suffragia poscere grata.

Infelix et ob hoc populus subiit nimis alta

Gaudia, subsannans cives, Dominique catervam.

Scuta dabant alapis reprobo risu saturatis,

 *sonoro*        *plena*

Argutoque tument horum distenta boatu

410. Guttura: et urbanis plangentibus aera magno

V. 399. *Disce*, mauvaise imitation du *miseris succurrere disco*. (*Æn.* I, 634.)

V. 400. Duplessis n'a rien compris à cette phrase. Construisez: *boatus innumerus quem echo comitatur, ciet littora fluminis, et altum pelagus laticis*

coups leur sein découvert; d'autres se déchirent le visage tout inondé de larmes.

Alors les citoyens tremblants invoquent tous l'illustre Germain : « ô Germain, aie pitié de tes enfants « malheureux! » (Ce très-saint personnage avait été autrefois évêque de Paris, et son corps vénérable était un des ornements de la ville.) Les murs répètent en chœur le nom de Germain, et chaque soldat sur les remparts, et les chefs des guerriers s'écrient tous : « ô « Germain, apprends à secourir tes serviteurs! » Les rivages et les profondeurs du fleuve s'émeuvent à ce bruit : même le trône étoilé, où brille le saint comme un astre lumineux, est ébranlé par ces cris innombrables que répètent les échos; et toute la ville répond par le nom de Germain à ceux qui l'appellent à grands cris. Les mères et les jeunes filles courent en foule au tombeau du saint implorer son puissant suffrage. Mais, à cette vue, le peuple infidèle éprouve les accès d'une joie immodérée; il raille nos citoyens et l'armée du Seigneur; entrechoque ses boucliers avec des ris insultants, et pousse à pleine gorge des cris aigus. Et tandis que les accents plaintifs de la ville remplissent l'air d'un grand bruit, leurs cris y pénètrent tout aussi

---

*liquidi*, i. e. aquas profundas: *et verberat thronos sidereos*, i. e. cœlum, in quibus, i. e. ubi, *almus Germanus emicat ut jubar*, i. e. astrum aliquod radians.

V. 408. *Scuta dabant alapis* pour *scutis dabant alapas*, en les heurtant les uns contre les autres. (D.)

V. 410. *Arm* est ici un pluriel neutre.

Implentur sonitu, clamore minus nihil amplo:

Vox auditur in excelsis et luctus in æthris.

At Deus omnipotens, omnis fabricæ reparator

Orbis, adest precibus sancti rogitatus; et ipse,

415. O Germane, venis humili succurrere plebi

Auxilio, lapidumque salire struem super altam *aggerem*

Flammivomas puppes, pontem ne læderet ulla,

Ipse coegisti : pontem sustentat is agger.

Continuò Domini populus descendit ad ignes,

420. Quos mergens in aquis, naves cepit sibi victor;

Hicque Dei sumsit felix gaudere caterva,

Undè priùs duxit gemitus magnosque dolores.

Sic nostris geritur bellumque, diesque recedit,

Noxque phalam gurdis mandat custodibus ipsam. *ineptis, stultis*

425. Sole suas nondum claras subeunte quadrigas,

Sub lucem revehunt crates sua ad oppida furtim;

Arrietes, carcamusas vulgò resonatos,

Dimisere duos; pallos vetuit removere; *timor*

Quos nostri capiunt gaudenter depeculantes;

430. Rexque Danos retulit Sigenfredus super omnes.

V. 411. *Sonitu*, le bruit des plaintes du côté des chrétiens; *clamor*

puissants ; et dans les hauteurs des cieux, retentissent également et leur voix et nos chants de douleur.

Mais le Dieu tout-puissant, sauveur de l'univers, nous protége, fléchi par les prières du saint; et toi-même, ô Germain, tu viens secourir ton peuple humilié; toi-même tu fais heurter les vaisseaux enflammés contre un massif de pierre, soutien du pont qu'ils devaient détruire. Aussitôt le peuple de Dieu descend auprès de ces feux ennemis, les plonge dans les eaux, s'empare des barques en vainqueur, et trouve sa joie dans ce qui tout à l'heure faisait sa douleur et ses larmes. Ainsi combat notre peuple : le jour enfin se retire, et la nuit livre la tour à la garde des barbares.

Avant que le soleil fût remonté sur son char brillant, aux premières lueurs du jour, les Normands reportent furtivement leurs claies dans leur camp, et abandonnent deux béliers, vulgairement nommés *carcamuses*, que la crainte les empêche d'emmener. Aussitôt les nôtres pleins d'allégresse, se saisissent de cette

---

les cris des Normands; *vox*, la voix des Normands; *luctus*, les cris de douleur des assiégés. — *Excelsis* se rapporte à *œthris*.

V. 421. *Gaudere*, pris substantivement, régime de *sumsit*.

V. 424. *Gurdi*, épithète insultante donnée aux Normands en général, comme au vers 531. Le siége n'est pas encore levé; il est naturel que la tour reste investie par les assiégeants pendant la nuit.

V. 426. *Oppida*, probablement pour *castra*. (D.) *Revehunt*, manuscrit *reveunt*.

V. 428. *Pallos* pour *pallor*, comme *honos* pour *honor*. (D.)

V. 430. Construisez : *et Sigenfredus rex super omnes, retulit Danos*, retira les Normands.

Quem turris metuit proprios sibi vellere ocellos : *(portas)*

Sicque juvante Deo dirus Mavors requievit.

Januarii suprema dies statuit triduana,     [ *episynaleipha*'

Hæc finire sequens studuit certamina mensis.

435. Tertia lux hujus fuerat belli recolendæ

Sancta Genitricis tunc Purificatio Christi,

Quæ nostræ tribuit plebi gaudere triumpho.

    Præterea conscendit equos avibus ociores
*(infelix)*
Infortuna cohors, repetens partes orientis,

440. Francia quas nondùm populatas tristis alebat.
*(casas)*
Cuncta priùs dimissa necans, magalia poscit

Quæ Rotberto aderant Pharetrato agnomine claro,

Cujus erat miles tantùm obsequio modò solus.

Una domus retinebat eos. Miles Seniori :
*(video)*
445. « Normannos contemplor, » ait, « cursim venientes. »

    V. 431. *Ocellos*. Malgré la glose, j'ai cru devoir conserver l'image du poëte. Ce sont des fenêtres, des meurtrières, plutôt que des portes. Les fenêtres rondes ou ovales s'appellent toujours en architecture *œil de bœuf*

    V. 433. *Januarii*, par épisynalèphe, pour *januarii*.

    V. 433. *Januarii*, etc., le dernier jour de janvier, *statuit*, établit, commença, et le mois suivant, *studuit finire*, s'empressa de finir, *hæc triduana certamina*, ces combats qui durèrent trois jours. *Tertia lux hujus belli*, le troisième jour des combats, *fuerat Sancta Purificatio*, avait été le jour de la Purification le 2 février. Rien de plus clair que ce calcul. On voit q'il ne faut comprendre dans les jours de combats, n

proie, et Sigefrid, ce roi suprême, retire ses Danois ; Sigefrid, par qui la tour craignait sans cesse de se voir arracher les yeux. Ainsi avec l'aide de Dieu s'apaisèrent ces cruels combats. Le dernier de janvier vit commencer cette guerre de trois jours, que le mois suivant devait terminer ; car le troisième jour de ces combats était la purification de la sainte mère du Christ, qui donna à notre peuple la joie du triomphe.

Alors ce peuple barbare monte sur ses coursiers plus rapides que l'oiseau, et se dirige vers les contrées orientales qui restaient seules à la triste France encore exemptes de ravages. Ils détruisent toutes les habitations dont les maîtres ont fui devant eux, et attaquent celle de l'illustre Robert surnommé le Porte-carquois. Un seul chevalier était avec lui pour le servir : une seule maison les renfermait tous deux. « Je vois, dit le « chevalier à son seigneur, je vois des Normands ac-

celui où les deux ingénieurs sont tués : ce qui a eu lieu le 30 janvier, si toutefois cela arriva la veille du premier combat ; ni le jour où nous sommes maintenant, le 3 février, qui est seulement le jour de la retraite des Normands. Nous nous éloignons ici entièrement des calculs et de l'interprétation de Duplessis. (Voyez en outre la table chronologique.)

V. 442. *Rotberto Pharetrato*. On lit en note dans le manuscrit, de la main de Pithou probablement, Robert Troussel, et le président Fauchet (*Antiq. franç.*, fol. 399, recto) le nomme de même. Pithou a imprimé cette même note à la marge, dans l'édition de 1588, mais il a mis *Troussi*. *Trousse*, en vieux français, signifie un carquois.

V. 443. Construisez : *Cujus obsequio erat miles tantummodò solus*, i. e. *unus*.

Rothertusque suum cupiens admittere scutum *recipere*

Nil vidit, populus quoniam suus abstulit illud.

Quem Danicos jussit cuneos idem speculari.

Ense forum nudo petiit tamen obvius illis. *cum*

450. È quibus occidit geminos; et tertius ipse

Incubuit morti, nullo sibi subveniente.

Undè nepos ejus nimiùm tristans Adalelmus

Consulis intererat populo, cui talia dixit: *comitis*

« Eia, viri fortes, clypeos sumatis et arma,

455. « Ulciscique meum raptim properemus avunclum. » *vindicare   velociter   pergamus*

Hæc inquit, villam petiit congressus acerbis; *a. verba dixit s. Adalelmus   pugnans*

Ilicet hos vicitque, trucidavitque nefandos; *mox Normannos   occidit   nec nominandos*

Normanno villam victor moriente replevit;

Nil reliqui prohibente fugâ retulere paroni. *navigio*

460. Hæc eadem Rotbertus erat nitens operari.

Pòst, æquor residens almi niveam secùs aulam *pratum   pulchram   juxtà*

Scandere Germani tentant crebriùs vocitati,

Ejus quâ speciem constat lucere sepulchri.

Hic jacuit suimet jugiter venerabile corpus,

V. 447-453. *Populus*, c'est la troupe de Robert, ses vassaux.

V. 449. *Forum*, selon Duplessis, est l'accusatif de *forus*. *Ense nudo forum*, l'épée nue quant aux foureau; mais on peut aussi l'entendre par

« courir à grands pas. » Robert veut prendre son bouclier ; mais il ne le voit plus, sa troupe l'avait emporté en allant par ses ordres à la découverte des Danois. Cependant il s'élance sur eux l'épée nue ; en perce deux, et lui-même succombe à la mort, le troisième ; car personne ne vint à son secours.

Son neveu Adalelme était alors avec la troupe du comte. Grandement attristé, il s'écrie : « Allons, braves « guerriers, prenez vos boucliers et vos armes, et « courons venger la mort de mon oncle. » Il dit, et marche sur le village ; attaque les infâmes brigands, les bat, les massacre, et remplit toute l'habitation de leurs corps expirants. Pressés de fuir, les autres ne reportèrent aucun butin à leurs vaisseaux. Voilà ce qu'avait voulu faire le comte Robert.

Ensuite ils envahissent la plaine où s'élève le brillant palais du bienheureux Germain si souvent rappelé dans mes vers : il est certain que là est son tombeau ; là son corps vénérable a toujours reposé ; et ce monastère était le plus noble de tous ceux que la vaste

---

une place, et il sera complément de *petüt*. Robert est dans sa maison ; à l'approche des Normands, il se rend sur la place pour marcher à leur rencontre.

V. 452. *Adalelmus* est nommé encore, II, 209.

V. 456. *Acerbis*, les Normands.

V. 461. Construisez : *posteà Normanni tentant scandere æquor residens (exstans) secus aulam niveam almi Germani crebriùs jam vocitati, nominati in meis versibus.* (D.)

V. 463. *Lucere*. Voyez la note sur les vers 82, 83, l. II.

465 Nobiliusque monasterium cunctis fuit illud

Neustria quæ refovere sinu discebat in amplo.
<small>i. e. à monasterio             portatus</small>
Hinc propriis fuerat famulis gestatus in urbem:
<small>s. sanctus</small>
Ipse Danos, quicumque dabant vestigia prato,
<small>custodientibus</small>
Militibus speculam cernentibus urbis, in ejus

470 Rure sitam, fugiente morâ tradit capiendos.
<small>sancti      ingrediens      destruere</small>
Ecclesiam cujus penetrans lacerare fenestras
<small>verberibus           i. e. ex deoratoribus</small>
Ictibus arboreis unus vitreas lanionum,
<small>conturbatur     crudelis</small>
Continuò amenti rabie confunditur atrox,
<small>furiorum     nigris     conjunctus     s. Germano</small>
Curribus Eumenidum piceis arctatus ab almo;

475 Morsque sequens miserum perdit, pietate remotâ.

Hisque fatigatus causis inferna petivit.
<small>provide           aliquando</small>
Mi Germane sacer, cura ne spiritus olim

Illa meus subeat, cujus miracula canto

Hæc et quo supplere queam faveas, precor, alme.
<small>prolata    spiritus    sanctus</small>
480 Summa patris summi natique, rogato, columba

Ore meo sedeat, mentem repleat, pie domne;

V. 469. *Speculam* C'est la tour du petit pont située sur la terre de Saint-Germain, et dont il sera longuement question plus bas, vers 505 et suiv.

V. 470. *Fugiente morâ* pour *sine morâ*, comme plus bas, II, 16. D

V. 471. *Penetrans lacerare. Ad lacerandum*, ou l'infinitif de narration, *incipit lacerare*. (D.)

Neustrie se plaisait à nourrir dans son sein. Mais alors ses propres serviteurs avaient transporté ses restes dans la ville. Pour lui, chaque fois que des Normands mettaient le pied sur le pré qui lui appartient, il les livrait sans retard aux guerriers qui gardaient la tour de la ville située sur son rivage. Un de ces ravisseurs pénètre dans l'église du saint, et à coups de branches d'arbre se met à briser les vitres des fenêtres : à l'instant, il est saisi d'un violent accès de rage, le bienheureux l'enchaîne au char ténébreux des Euménides. La mort le poursuit sans pitié, l'accable et l'entraîne aux enfers.

O Germain, ô mon maître sacré! fais que jamais le souffle qui m'anime ne descende dans ce séjour. O toi dont je chante les miracles, favorise-moi, je t'en prie, et donne-moi des forces pour les célébrer dignement. Pieux seigneur, obtiens par tes prières que la sainte colombe du père et du fils réside sur ma bouche, remplisse mon cœur, l'orne de belles actions et de

---

V. 174. *Pietal remold*, pour *absque pietate*; *pietas* doit souvent se traduire par *pitié*. (Voyez II, 100.)

V. 177 et suiv. Construisez : *mi Germane sacer, provide ne mens spiritus* (mea anima) *olim subeat illa*, i. e. *inferna*; *et alme, cujus canto miracula, precor ut farras mihi quo queam*, que tu m'accordes de pouvoir, *supplere hoc*, remplir cette tâche, c'est-à-dire, de chanter les miracles, ou de composer cet ouvrage.

V. 180. Construisez : *pie domne, rogato ut columba summa patris natique*, etc.

V. 181. *Domne*, par abrév<sup>on</sup>, pour *domine*. Terme de respect en par-

Actibus atque sacris virtutum floribus ornet,
    *s. columba*      *nigris*
Expulsis sestrice sacra vitiis procul atris.
    *subiens* *Normannus*
  Torriculi scandens alius sublime cacumen

485. Mutat iter per quod subiit, gressus quoque volvit
   *excelsa*
  Ardua præcelsi nimiùm per culmina templi,
        *culmina*
  Ossa cui fregere sacri fastigia tecti,
      *cogentibus*
  Germani meritis urgentibus. Hoc super urbis
  *mœnia*    *futurus*
  Pergama stans venturus Odo rex prodidit omni
 *circumdanti*
490. Stipanti semet plebi, digito manifestans :

  Ipse Danum semet retulit vidisse cadentem.
   *s. Normannus*
   Tertius adveniens oculos direxit in amplum
 *sepulchrum*
Mausoleum sancti, nolens quos liquit ibidem :
*s. mausoleum*
Quod subiens quartus, superis est demptus ab auris,

495. Obticuitque sub occiduâ mox sorte sopitus.
   *felix*        *patris*
  Fortunate, tui quintus, Germane, parentis
  *festinat*
Accelerat reserare torum; primo sed adempto,

Percutit hinc saxo proprium pectus, patientem

---

lant à un supérieur. C'est ce dom qui précédait le nom des moines dans certains ordres, comme celui de Saint-Benoît. *Domne* est encore l'expression en usage dans l'office du chœur à prime lorsque le lecteur s'adresse à l'officiant.

 V. 483. *Sestrice* se rapporte à *colamba*. C'est un substantif comme le feminin de *sessor*, qui est assis, qui réside. La construction de ce vers

la fleur de toutes les vertus ; et par sa protection sacrée en écarte toute la troupe des vices.

Un autre, en montant au sommet d'une tourelle, ne retrouve plus le chemin par où il s'est glissé ; il roule, et tombe sur le faîte élevé de l'édifice, et ses os se brisent contre le toit du saint temple, par la vertu toute-puissante de Germain. Des remparts de la ville, Eudes, ce roi futur, le montra du doigt à tout le peuple qui l'entourait ; et assura qu'il l'avait vu de ses yeux au moment de sa chute.

Un troisième approche, et porte les yeux sur le vaste mausolée du saint ; mais il les perd aussitôt. Un quatrième voulut y entrer, mais, enlevé à la lumière du jour, il s'endormit en silence du sommeil de la mort.

Un cinquième, heureux Germain, veut ouvrir le sepulcre de ton père ; mais lorsqu'il a ôté la première pierre, une force inconnue frappe sa poitrine, chasse son âme du séjour qu'elle habite, et l'envoie souper

est donc : *vitiis atris expulsis procul*, les vices étant chassés loin de moi, *sacrâ sestrice*, par cette sainte colombe, devenue résidente en moi ; c'est l'équivalent de *quæ utinam sedeat in me!* Il a dit, v. 481, *ore meo sedeat*. Les trois mots sont la meilleure explication de *sestrice*. (D.)

V. 484. *Torriculi* pour *turricelli* : une tourelle, un clocher.

V. 486. Le sens de ce vers et du suivant est que, du haut de la tour, il tombe sur le toit de l'église.

V. 495. *Occidad sorte*. Le sort qui nous fait décliner comme le soleil à son couchant, ou le sort du soleil couchant : la disparition, la mort.

V. 497. *Torum*, c'est-à-dire *sepulchrum* (D.)

A cathedrâ cogens animam decedere pestis;
500. Quæ nolens barathri tetigit cœnacula tetri.
         *inferni*

         *Germani*
Illustrem sobolis sanctæ servat genitorem

Dextera, læva sacram prolis retinet genitricem:
      *s. Germani*
Est Eleutherius pater, est Eusebia mater.
  *heu*         *i. e. media pars*
Proh dolor! en medius cecidit pons nocte silenti
         *discurrentibus*
505. Obsitus alluviis tumidâ bacchantibus irâ;
         *i. e. undæ*
Nam sparsim Sequana circumfudit sua regna,
 *aquis*        *pro camporum*
Exuviisque suis obtexerat æquora campûm.
        *pontem*
Australis gestabat cum vertex; sed et arcem

Quæ tellure manet sancti fundata beati:
 *s. pons et turris*   *i. e. pons*  *turri s. inhærebat*
510 Urbis inhærebant dextris, alter sed et altri.

Mane quidem surgente Dani surgunt simul acres,

Atque rates subeunt, armis onerant clypeisque;

Transque natant Sequanam, turrim cinguntque misellam.

Multa dabant illi densis certamina telis.

V. 499. *Pestis*, une force inconnue, funeste pour celui qu'elle frappe —*Cathedrâ*, le siège, le séjour de l'âme, le corps. —*Patientem animam*, comme on dirait familièrement: l'âme du patient.

V. 500. *Cœnacula*. La salle à manger de l'enfer. (Voyez, vers 555, la même image : *pransura Plutonis in arvâ.*)

V. 504. *Pons*. C'est le petit pont. (Voyez, pour la date et quelques détails ici omis, les Annales de Saint-Waast en tête du poëme.)

V. 508. *Vertex australis*, le point austral, la terre du Midi : appelé *vertex*, parce que c'est une montagne, quoique le pont repose sur la

malgré elle dans les gouffres infernaux. L'illustre père du saint prélat repose à sa droite ; la pieuse mère d'un tel fils est à sa gauche : son père s'appelle Eleuthère ; le nom de sa mère est Eusébie.

O douleur ! voilà que, pendant le silence de la nuit, un pont s'écroule par le milieu, cédant à la fureur des ondes amoncelées ; car la Seine avait répandu au loin son empire, et couvert de ses trophées les plaines d'alentour. Ce pont s'appuyait sur la colline méridionale, ainsi que sa citadelle, qui était fondée sur la terre du bienheureux saint Germain. L'un et l'autre défendaient la droite de la ville, et le pont tenait à la tour. Au lever du matin, les Danois se lèvent aussi pleins d'ardeur, entrent dans leurs radeaux, les chargent d'armes et de boucliers, traversent la Seine, investissent la tour malheureuse, et lui livrent un combat

---

base. On pourrait aussi l'entendre de la rive méridionale de l'île, qui porte aussi le pont à une de ses extrémités ; mais on ne pourrait pas dire qu'elle soutient la tour, qui est sur la rive opposée : et *arcem* est aussi complément de *gestabat*.

V. 509. *Tellure brati*, déjà dit vers 469, 470. — Le manuscrit a *bouti*, faute manifeste, corrigée par une note à la marge, peut-être de Pithou, qui a mis aussi cette correction à la marge de son édition de 1588.

V. 510. *Dextris*. En regardant Paris du camp des Normands, soit à Saint-Germain-l'Auxerrois, soit à Saint-Germain-des-Prés, la droite de la ville est la rive méridionale de la Cité. — *Altri* pour *alteri*. Le pont et la tour tenaient à la droite de la ville, et l'un tenait à l'autre.

V. 513. *Transque natant* : ces mots prouvent que, malgré leurs attaques contre Saint-Germain-des-Prés, le camp des Normands était toujours à Saint-Germain-le-rond ou l'Auxerrois.

V. 515. *Illi* semble indiquer les guerriers de la tour, mais *multa*

515. Urbs tremuit, lituique boant, lachrymisque rigantur
        cornua

Mœnia, rusque gemit totum, pelagusque remugit :

Aera circumeunt lapides et spicula mixtim.

Exclamant nostri, clamantque Dani, simul omnis

Terra tremit, nostri lugent, lætantur et illi;

520. Dumque volunt cives, nequeunt succurrere turri,

Atque viris bello deferre juvamen anhelis :

Quos validè numero bellantes sub duodeno

Romphea vel formido Danûm non terruit unquam.
       s. bellantium

Difficile est dictu bellum, sed nomina subsunt :

525. Ermenfredus, Eriveus, Erilandus, Odaucer,

Ervic, Arnoldus, Solius, Gozbertus, Uvido,

Ardradus, pariterque Eimardus, Gozsuinusque;
   quia triginta occiderunt

Seque neci plures sociarunt ex inimicis.
 duodecim

Hi quoniam nequeunt animis curvarier atris,
  plaustrum

530. Æstibus accingunt carpentum arentibus arcis

*densis telis* se rapporte mieux aux Normands. Dans le premier cas, on traduirait : « Ses défenseurs opposent une vive résistance et lancent une grêle de traits. »

 V. 523. *Romphæa.* Manuscrit *rumfea*, une longue épée, par où les Normands se faisaient le plus craindre, *formido Danûm*. (D.) Il faut alors construire *vel*, même, *Romph. formido Danûm*. *Romphea* est peut-être le genre de traits mentionné par Aulu-Gelle, X, 25, sous le nom de *rumpia*, et qui était propre aux Thraces.

terrible en lui lançant une grêle de traits. A cet aspect, la ville tremble, les clairons résonnent, les murs sont arrosés de larmes, la campagne gémit, la plaine liquide répond par un mugissement, les pierres et les dards se mêlent et obscurcissent l'air. Nos guerriers s'écrient : les Normands tous ensemble y répondent par un cri qui fait trembler la terre : les nôtres sont dans la douleur, ceux-là tressaillent de joie. Les citoyens voudraient, mais en vain, courir à la tour, ils voudraient porter le secours de leurs armes à ses défenseurs qui, haletant, au nombre de douze, combattent vaillamment sans avoir craint jamais les formidables épées des Danois. Il est difficile de raconter leurs combats; mais voici les noms de ces guerriers : Ermenfred, Ervée, Eriland, Odoacre, Ervic, Arnold, Solie, Gozbert, Uvid, Ardrade, Eimard et Gozsuin; ils s'associèrent pour mourir un plus grand nombre de leurs ennemis. Ceux-ci ne pouvant les vaincre malgré leur acharnement, approchent des portes de la malheu-

V. 518. *Plura.* Sur la glose de ce mot, voyez la préface.

V. 529. Construisez : *quoniam nequeunt curvari*, les douze guerriers ne pouvant être fléchis, abattus, quant à leurs courages, *atris*, par les barbares; ou *animis atris*, par l'acharnement des barbares.

V. 530, 531. Construisez : *gurdi, accingunt æstibus arentibus carpentum plenum gramine, ante fores arcis miserandæ.* Cette phrase est peu claire : *accingunt*, ils préparent, mettent en état; *æstibus arentibus*, semble être pour *arentibus materiis æstuantibus, vel accensis*, avec des matières sèches, enflammées; c'est-à-dire ils embrasent, au moyen de matières sèches, une voiture remplie de gazon, d'herbes quelconques, *ante fores*, en la plaçant devant la porte de la tour. Malgré l'obscurité de ce passage, qui

      stulti Normanni
Ante fores gurdi miserandæ gramine plenum.

Fulmineisque velut Phœbo sub rura procellis
     pulchritudine
Nox vacuâ cœli specie confunditur alta,
  licito
Fas nulli arridente suum contemnere doma;
    abscondit
535. Haud secùs occuluit fremus speculam, catapultis
  aliquantulùm     s. igne
Immersis aliquantisper fervore tonante.
ex duodecim
Quisque rogi proprios flatûs ne clade perirent,

Accipitres loris permisit abire solutis:
s. rogum
Quem dum jam cupiunt omnes extinguere, desunt

540. Vasa quibus possent latices haurire fluentes.

Namque Danûm formidabant ausum fore nullum

est plus dans la construction et dans les mots que dans le sens général
de la phrase, je ne crois pas qu'on doive proposer, avec Duplessis, de
substituer *axibus* à *æstibus*, *ardentibus* à *arentibus*, et *accendunt* à *ac
cingunt*.

 V. 532. Construisez : *et velut* (quemadmodum) *sub rura* (per rura),
in *fulmineis procellis*, lorsqu'un orage a lieu, *specie cæli vacuâ*, i. e. sine
nubibus, le ciel ayant d'abord été serein, *nox alta confunditur* (cum)
*Phœbo*, tout à coup une nuit épaisse se confond avec le jour, *fas*, (à
l'ablatif), *arridente nulli*, permission n'étant à personne, *contemnere*, i. e.
*deserere*, *suum doma*, d'abandonner sa demeure.

 V. 534. *Arridente*. Pithou le premier avait donné : *fas nullis ardente
suum*, faute répétée par Duchesne, dans sa deuxième édition; par du Bou
chet, et D. Bouquet. *Ardente* serait ici absolu pour *igne ardente circum*
et on traduirait : personne n'ose quitter sa demeure, que le feu entoure
de toute part; mais le manuscrit donne *arridente*, et nous ne pouvons le
changer. — *Doma*, grec δῶμα, pour *domus*

 V. 535. *Haud secùs occuluit*. La comparaison dans les vers précédents

reuse tour, les misérables! une charrette pleine de foin et de matières sèches auxquelles ils mettent le feu, et de même que dans les campagnes, lors d'un orage accompagné de la foudre, une nuit épaisse, à la suite d'un jour serein, vient tout à coup obscurcir l'éclat du soleil, et défend à tout mortel de quitter sa demeure; de même la fumée cache la forteresse et enveloppe quelque temps les catapultes dans le fracas de ses tourbillons. Les guerriers, craignant pour leurs faucons que la flamme du bûcher ne les suffoque, coupent leurs liens, et les laissent partir en liberté: puis ils cherchent à éteindre l'incendie, mais les vases leur manquent pour puiser dans le courant; car ils avaient espéré qu'aucun Danois n'oserait mettre de nouveau le pied

porte sur *nox confunditur Phœbo*, le soleil est caché par la nuit; de même la tour est cachée par la fumée. — *Catapultis*, les traits qu'on se lance de part et d'autre.

V. 537. Construisez: *quisque* (ex duodecim) *metuens ne accipitres sui perirent, clade flatûs rogi*, par le désastre occasionné par le souffle du bûcher, de la tour enflammée; c'est-à-dire, ne périssent par le souffle enflammé du bûcher, *permisit proprios*, i. e. suos accipitres *abire loris solutis*. (D.) Le premier traducteur a traduit ainsi ces deux vers: « Les « Danois, redoutant de périr, laissent les flammes dévorantes du bûcher « qu'ils ont allumé se livrer sans contrainte à leurs propres fureurs. » Cette méprise est d'autant plus étonnante, que ce fait des faucons, auxquels songent leurs maîtres près de périr, est d'une naïveté de mœurs qui n'a échappé à aucun de nos historiens.

V. 541. *Namque*, etc.; c'est-à-dire que, dans cette pensée, ils n'avaient pris aucune précaution. *Ideò*, dit au vers 544, une glose omise par Duplessis: c'est pour cela qu'ils n'avaient gardé avec eux qu'une médiocre bouteille, qui leur servit alors à éteindre l'incendie.

Æquora jam confessoris contingere gressu,

Pansa priùs propter meritis miracula Sancti:
*s. ideò*
Haud modicam retinent solùm nisi quippe lagenam,

545. Quæ claram jaciendo focos sequanam super altos
*s. focos*
Servantûm fugit digitis dilapsa sub illos.
*Deus ignis      Deus maris*
Vulcano periit claudo Neptunus inermis;
*ignis*
Larque super turrim saliit, contrivit et omnem:
*ligna*
Robora congeminant gemitus oppressa sub igni,

550. Plus bello dominante rogo. Dimittitur illa

Militibus; pontis subeunt extrema relicta:
*duodecim*
Prælia constituunt illic nova, sævaque sævis,

Donec ad alta caput flexit Phœbus vada ponti.

Pila dabat, rupesque simul, celeresque cateias
*Dei inferni      ollâ*
555. Plebs inimica Deo, pransura Plutonis in urnâ.
*s. duodecim*
Sed quia conflictus talis superare nequibat,

Militibus clamare • fidem • cœpit, sed inanem,

• Ad nostram properate viri; nolite timere. •
*milites*
Proh dolor! alloquiis sese credunt malè finctis,

560. Sperantes pretio redimi potuisse sub amplo:
*aliter*
Non aliàs verò caperentur luce sub illâ.

V. 543. *Construises: propter miracula pansa, i. e. edita priùs, meritis (virtute) sancti.*

sur la terre du confesseur, qui avait déjà signalé son pouvoir par plusieurs miracles éclatants. Ils n'ont avec eux qu'une médiocre bouteille, qui épanche de clairs filets d'eau sur un foyer profond ; bientôt elle échappe de leurs doigts, et se perd dans les flammes. Neptune désarmé périt sous les efforts du boiteux Vulcain. Le feu s'élance au-dessus de la tour et l'écrase entièrement, les poutres gémissent accablées sous le poids ; l'incendie a fait plus que la guerre.

Les guerriers abandonnent leur fort, et se retirent à l'extrémité des ruines du pont ; là ils recommencent le combat, terribles contre des ennemis terribles, jusqu'à ce que Phébus ait tourné la tête vers les profondeurs de la mer. Javelots, pierres, flèches rapides, tout est mis en œuvre par ce peuple ennemi de Dieu, qui doit dîner un jour dans la chaudière de Pluton. Mais comme leurs efforts ne pouvaient triompher : « guerriers, s'écrient-ils avec perfidie, venez vous « remettre à notre foi, vous n'avez rien à craindre. »

O douleur ! ils se confient à ces paroles mensongères, espérant pouvoir se racheter par une riche rançon ; autrement ils n'eussent pas été pris en ce jour. Hélas ! désarmés, ils subissent le glaive d'une nation sanguinaire, et tandis que leur sang coule, leurs âmes s'en-

---

V. 544. *Haud modicam*, i. e. *nonnisi modicam retinent lagenam*

V. 552. *Seva*, manuscrit *seva*.

V. 553. C'est-à-dire, jusqu'au déclin du jour.

Heu! nudi gladium subeunt gentis truculentæ,
　　　　　　　　　　*sanguine*
Et cœlo mittunt animas livore fluente;

Martyrii palmam sumunt, caramque coronam.
　　*i. e. paribus　postquam　　　　à*
565.　Mox reliquis ut visus adest gentilibus Erveus;
　　　　　　　　　　　　　　　*s. erat*
Rex, quoniam facie splendens formâque venustus,
　　　　　　　　　　*prædone*
Creditur, atque sui donis grassante tuetur:
　*longè　　　　　　dùm cerneret　socios*
Protenùs intuitu fuso cernendo sodales
　　　*decollari*
Dilectos plecti, tanquam leo sanguine viso

570.　Ipse furit, conansque manus vitare tenentûm,
　　　　　　　　　　　*quasi*
Undique vi volvit semet, ceu nexus, ut arma
　　　*i. e. ad ulciscendum*
Sumeret ulcisci proprios, socialeque vulnus;

Obtentuque carens ipso, sic insuperatâ
　　　*dementes*
Lymphantes potuit quâ voce tonavit in aures:

575.　« Cædite me tensâ cervice, pecunia prorsùs

« Nulla meam tractet vitam. Morientibus istis
　　　　　　　　*me*
« Vivere quid sinitis? frustratur vestra cupido. »

Quæ lux haud ejus micuit, sed crastina flatu.

V. 565. *Reliquis*, expliqué par *paribus*, ne peut se rapporter à *gentilibus*. Il s'agit ici des compagnons d'Ervée. Pour l'expliquer, il faut sous-entendre la préposition *à*. A *reliquis*, après les autres.

V. 567. *Tuetur*, dans le sens passif: il est défendu, *grassante*, i. e. *prædone*, des coups des brigands, *sui donis*, par les présents qu'on espère de lui. (D.)

V. 568. *Sodales*. L'auteur de la glose avait d'abord répété le mot

volant dans le ciel y reçoivent la palme du martyre et la couronne qu'ils ont si chèrement achetée.

Bientôt, après tous les autres, Ervée se montre à ces païens ; à sa beauté, à son port majestueux, ils le croient un roi, et l'espérance d'une si riche proie a suspendu leurs coups : mais lui, jetant les yeux sur ce qui l'entoure, et voyant ses chers compagnons massacrés, tel qu'un lion à la vue du sang, il entre en fureur, s'efforce d'échapper aux mains qui le retiennent, se roule, se débat contre ses liens, et cherche des armes pour venger la mort de ses frères et la blessure faite à sa patrie ; mais ne pouvant y parvenir, sa voix, qui du moins est restée libre, retentit comme un tonnerre aux oreilles de ces furieux : « voici ma tête ; frappez : pour « aucune somme d'argent je ne marchanderai ma vie. « Quand ceux-ci meurent, pourquoi me laisser vivre ? « Hommes avides, n'attendez rien de moi. » Cependant il ne rendit le dernier souffle que le lendemain.

expliquer, *sodales*; puis il a mis au-dessous *socios*. Était-ce inattention, ou manie de substituer un mot à un autre, d'expliquer, par exemple, *socios* par *sodales*, comme il explique *sodales* par *socios*? — *Intuitu fuso*, son regard se répandant, se portant au loin.

V. 569. *Plecti, decollari,* circonstances qu'un témoin oculaire pouvait seul connaître. (Voyez vers 528.)

V. 573. *Obtenta carens* pour *non obtinens*.

V. 575. *Tensâ cervice*. C'est comme s'il y avait : *credite me tendentem robis cervicem*.

V. 577. *Frustratur*, pris passivement, pour *frustrà est*. (D.)

V. 578. Construisez et expliquez ainsi : *quæ lux, ce jour, haud micuit,*

Quæ voces, quæ lingua, quod os edicere possunt
         *ab*   *in*                *Germani*
580  Bella tot his prato egregii commissa relati;

Quotque necaverunt Normannos hic? quot et urbi

Duxerunt secum vivos? Jam nullus eorum
          *Germani*
Tunc audebat agrum sancti conscendere latum.

Quorum præ terrore virûm certamina promo.

585. Corpora crudeles Sequanæ tradunt sine vitâ,

Laus quorum jugiter nomenque per ora virorum,

Insignesque simul mortes et bella volabunt,
                    *ornare*       *s. discet*
Sol radiis donec noctis pompare tenebras,

Luna diem stellæ pariter componere discant.     [silemus

590  Prosternuntque dehinc speculam de morte dolentem

Custodum. Cecidit, telo quatiente, Danorum
             *di*       *animam*
Signifer; hic artus misit flatumque Charoni.

Nemo meis super hoc dictis insurgere bello

Decertet; siquidem nemo nil verius ullus
                *oculis*     *vidi*
595. Expediet, quoniam propriis obtutibus hausi.

---

ne fut pas remarquable, *flatu ejus*, par son dernier souffle, *sed crastina*. mais le lendemain : sous-entendez : *micuit flatu ejus*. Les constructions bizarres d'Abbon m'avaient d'abord porté à traduire comme s'il y avait *que lux ejus, micuit; sed non crastina fuit flatu*, dans le sens de respiration « Ce jour fut pour lui bien brillant; mais ce jour n'eut pas de len-

Quelles voix, quelle langue, quelle bouche, pourraient raconter tous les combats livrés par ces héros dans le pré du bienheureux? Combien en ce lieu ils immolèrent de Normands? combien ils en ramenèrent de vivants dans la ville? Aucun de ces barbares ne se hasardait plus sur les terres du saint, par la crainte des guerriers dont je célèbre les hauts faits. Les cruels! ils livrent à la Seine les corps inanimés de ceux dont la gloire, le nom, la mort et les combats ne cesseront de voler de bouche en bouche, jusqu'à ce que le soleil illumine de ses rayons les ombres de la nuit; jusqu'à ce que la lune et les étoiles président à la disposition du jour. Ils rasent ensuite le fort affligé de la mort de ses gardiens. Mais un porte-enseigne des Danois tombe frappé d'un trait, et son corps et son âme descendent auprès de Charon. Que personne, sur ces faits, ne veuille attaquer mes paroles; car personne ne pourrait dire rien de plus vrai : je les ai vus moi-même de mes propres yeux; et ainsi nous les a rapportés un témoin

« demain. » Cependant la première explication, étant plus naturelle, doit être préférée.

V. 580. *Bella... prato.* (Voyez vers 568.) — *Relati*, du saint dont il a été déjà fait mention.

V. 584. Construisez : *pro terrore virum quorum certamina promo.*

V. 589. *Stellæ pariter*, pour *et stellæ*. — On lit en marge *silensis*: c'est un nom de figure, pour syllepsis, σύλληψις (DE CANGE, *Glossar. latinit.*) La syllepse fait figurer un mot avec l'idée plutôt qu'avec le mot auquel il se rapporte grammaticalement, comme *turba ruunt*. Je ne vois pas ici à quels mots elle peut s'appliquer. S'il s'agit de *discat*, sous-entendu après *sol et luna*, c'est alors un *zeugma*. (Voyez Port-Royal, p. 549.)

Sic etiam nobis retulit qui interfuit ipse,

Atque natando truces gladios evadere quivit.

Tum Sequanam saliunt, Ligerimque petunt, patriamque.

Has inter geminas peragrant, prædam capientes

600 Quam regio ipsa meo pandet jussu dominante.

Intereà sperans Ebolus, fortissimus abba,

Gentiles quòd in hanc issent cuncti, propè solus
<small>saltu cecidit</small>
Arce ruit, dardumque ferens castella petivit

Illorum, hastamque vibrans projecit in ipsa :

605 Non sonipes retulit nobis hunc, nec tulit illùc.

Confestim sociùm nixus munimine, sæva
<small>ignis</small>
Castra petit, murosque ferit, quo Lemnius adsit

Ipse jubet; pugnant nostri, constantiùs illi.
<small>sonorus</small>   <small>exit</small>
Argutus nimiùm fremitus jam fumat ab illis;

610 Exiliuntque foras, vulgusque fugant sine tactu:

Extiterant plures quoniam nobis. Tamen illis

Obvius hìc Ebolus sociique simul stetit heros.

V. 596. *Qui interfuit.* Duplessis pense que c'était un des douze chevaliers qui s'étaient sauvés à la nage; mais pourquoi l'auteur ne l'aurait-il pas nommé? On peut croire qu'il s'agit ici d'un personnage d'un rang inférieur attaché à leur service.

V. 598. *Sequanam saliunt.* Une partie des Normands quittent le camp de Saint-Germain-le-Rond ou l'Auxerrois, traversent la Seine, et se dirigent vers la Loire. — *Ligerim patriamque :* ceci prouve qu'une partie

qui prit part à ces combats, et qui put échapper en nageant aux glaives des barbares.

Alors ils franchissent la Seine, et se dirigent vers la Loire, leur patrie. Ils parcourent les pays situés entre ces deux fleuves, et enlèvent un butin que cette contrée docile à mes ordres décrira elle-même.

Cependant, Ebles, cet abbé généreux, espérant que les païens étaient tous partis, s'élance presque seul de la citadelle, et marche vers le camp ennemi, en brandissant un dard qu'il lance contre leurs forts. Un coursier ne portait ce héros ni en partant, ni à son retour. A l'instant, se voyant suivi de quelques compagnons, il attaque le camp des infidèles, frappe les murs et ordonne qu'on y mette feu. Les nôtres combattent, mais ceux-là résistent avec avantage. Un long frémissement s'élève comme une fumée du milieu de leurs rangs; ils s'élancent hors des portes et mettent en fuite presque sans combat le vulgaire qui les assiége; car ils étaient plus nombreux que nous. Cependant, à la vue d'Ebles et de ses compagnons debout en leur présence, ils n'osèrent toucher ce héros de leur fer;

---

noms des Normands qui assiégeaient Paris étaient des Normands de la Loire. Voyez l'Introduction, an 885.)

V. 599. *Geminas.* L'auteur a fait féminins *Ligeris* et *Sequana*, comme ils le sont en français. — *Inter geminas* est une espèce de substantif. « l'entre Seine et Loire. »

V. 611, 612. *Tamen illis*, etc. Construisez, *tamen simul atque Ebolus heros, stetit hic obvius illis, sociique*; sous-entendu : *ejus steterunt hic obvii illis.*

Haud illum fuerant audentes tangere ferro;

*suffultus*
Quingentis etiam si tunc subnixus adesset

615. Qualis et ipse fuit, castris sese daret ultrò;

*de corporibus*
Ast animas propriâ de sede repelleret omnes,

At quia militibus caruit, sic ludere cessat.

Neustria, nobilior cunctis regionibus orbis,

Quæ vastè fueras procerum genitrix dominantûm,

620. Ne pigeat captâ turri, producere, quæso,

*trasere        victorias        à te*
Quot vel quas hausere Dani palmas tibi, nec non

Ubera quot pecorum mulsere, tuum peragrando

*s. fuit plenum divitiis*
Distentum variis tractum gazis : tamen olim.

*tos Neustria*
Mi soboles, aliquis censere potest? etiamsi

625. Affuerint cunctæ volucres, erumpere voces

Tot nequeunt hominum, quot equûm, pecudumque, boum

*sortii sunt*
Sublegere mihi natos natasque, suûmque.

Flumina balatu agnorum, mea gramine læta

V. 616. *Ast* pour *imò*. (D.)

V. 618. *Nustria*, manuscrit.

V. 623. *Tamen olim*. Ici Duplessis change arbitrairement la glose. Il commence le discours de la Neustrie à ces deux mots, quoique, dans le manuscrit, *nos Neustria*, écrit en majuscules à la marge, est placé seulement à côté de *mi soboles*. *Tamen olim* est une réflexion du poëte «Ton « sein, a-t-il dit, si rempli de richesses;» mais il ne l'est plus maintenant, puisque les Danois ont tout ravagé : *tamen olim* est donc une correction de *distentum variis gazis*, «du moins il le fut autrefois.» A quoi

et s'il eût eu pour le seconder cinq cents hommes comme lui, il emportait le camp et chassait toutes les âmes des corps qu'elles animaient; mais comme il manquait de soldats, il cesse ce jeu périlleux.

O Neustrie, la plus noble des contrées de l'univers, qui fus la mère de tant de princes si puissants, ne crains pas de me dire, je t'en prie, quelles palmes te ravirent les Danois après la prise de la tour; de combien de troupeaux ils épuisèrent les mamelles, en parcourant ton sein si rempli de richesses variées; du moins il le fut autrefois. — O mon fils! pourrait-on compter mes pertes? quand toutes les voix des hommes seraient réunies, elles ne sauraient exprimer tous les chevaux, les brebis, les taureaux et les génisses, et tous les porcs qu'ils m'ont enlevés; mes fleuves retentissaient du bêlement des agneaux; mes prairies si

---

rapporte *plenum* de la glose? demande Duplessis. *Tractus* est masculin. On peut répondre d'abord que le glossateur a mis par mégarde *plenum*, en songeant à *distentum* qui est dans le vers, sans faire attention que l'un était complément et l'autre sujet; ensuite, il a pu prendre *tractus* pour un neutre. Abbon et son commentateur nous ont accoutumés à de pareilles méprises. Ce n'est donc pas là une difficulté.

V. 624. *Misoboles.* Note marginale : *Neustrigena enim fuit hic metricus.*

V. 625. *Volucres voces*, des paroles légères, rapides : c'est ἔπεα ἀπόεντα d'Homère.

V. 625, 626. Construisez : *etiamsi affuerint cunctæ volucres voces hominum, tot nequeant erumpere*, elles ne pourraient s'échapper en aussi grand nombre qu'ils m'ont enlevé, *natos natasque equum*, etc., de petits, mâles et femelles, de chevaux, de bœufs, etc.

V. 628, 629. *Mea prata læta gramine* (manuscrit *gramine*), *mea tempe*, *meæ valles, sonabant*, etc.

<small>pro sonabant</small>
Prata, sonant denso mugitu tempe juvencûm;

630. Cervorumque nemus rauco clamore remugit;

Grunnitusque mei silvas scindebat aprorum.

Hæc mihi subduxere truces, si noscis et audis.
<small>eos positoris     vidi    stans</small>
Hæc oculis equidem petii sistens super urbis
<small>numero</small>
Mænia, nec visu claudebantur, neque rhythmo.

635. At quoniam cingi nequeunt pratis nec ab agris,
<small>stabulum</small>
Efficitur bostar Germani antistitis aula;
<small>vitulis    curvis in naribus</small>
Completur tauris, suculis, simisque capellis.
<small>ora aperiunt</small>
Longa trahunt illic suspiria, tùmque debiscunt;
<small>spiritus</small>
Corpora flant dulces ventos cruciante dolore.
<small>Normanni    s. animalia</small>
640. Adveniunt stabulatores, ea ferre coquinæ

Nitentes, quùm jam maneant epulæ innumeratis

Vermibus, ecclesiâ quorum fætore repletâ
<small>extra ecclesiam     s. illa animalia</small>
Exportant, Sequanæ referunt, non nempè coquinæ;

Ecclesiamque piant bovibus, nec cæditur ultrà.
<small>Vos Neustria</small>
645. Legisti prædas; etiam cognosce trophæa.

V. 631. *Mei silvas* pour *meas silvas*. — *Scindebat*, fendait, déchirait perçait les bois.

V. 632. *Si noscis* semble être pour *siquidem noscis* : car tu les connais et *audis*, et tu m'entends te les raconter encore.

V. 633, glose; à la marge, dans le manuscrit; *positor* pour *poet* (Voyez l'épître dédicatoire) C'est le poète qui reprend la parole

verdoyantes, mes vallées répondaient aux mugissements des bœufs; et les forêts aux rauques clameurs des cerfs, et aux grognements plaintifs de mes sangliers. Voilà ce qu'ils m'ont enlevé; tu le sais, et je te le répète encore.

— Et moi, je les ai vus aussi de mes yeux, debout sur les remparts de la ville; on ne pouvait embrasser d'un coup d'œil ces innombrables troupeaux : mais comme ils ne pouvaient être entourés sûrement dans les prés ou dans les campagnes, on fait une étable du palais du prélat Germain, et on le remplit de taureaux, de jeunes porcs, et de chèvres au nez aplati. Là ces animaux soupirent péniblement, et haletants, vaincus par la douleur, ils rendent le souffle qui les animait. Leurs gardiens viennent les chercher pour s'en préparer un festin, mais déjà ils servent de repas à une multitude infinie de vers; l'église en est infectée. Ils les en retirent, les portent à la Seine et non pas à la cuisine; purifient l'église de bœufs qui l'habitaient, et n'y massacrent plus de troupeaux.

— Tu as lu mes désastres, connais aussi mes succès. Il restait aux Danois pour dernière volonté de se

---

V. 634. *Visu... rhythmo* (manuscrit, *ritmo*). On ne pouvait les enfermer, les embrasser ni par la vue, ni par le nombre; on ne pouvait ni les apercevoir tous, ni les compter : la gradation des idées exigerait qu'elles fussent présentées dans l'ordre contraire.

V. 637. *Suculis*, glose *vitulis*. Ou le copiste a écrit *suculis*, des jeunes truies, pour *buculis*; ou le glossateur s'est mépris sur le sens de *suculis*

V. 639 *Dulces ventos*, i e efflant *dulces animas* (Voyez vers 125

       *superfuit*
Restitit oppida quæque capi suprema voluntas ;

Obfuit at Domino tribuente infirma potestas.

Carnoteno innumeros conflictus applicuerunt

Allophyli; verùm liquere cadavera mille

650.  Hìc, quingenta simul, rubeo populante duello.

Una dies istum voluit sic ludere ludum

His ducibus, Godefredo, nec non et Odone:

Belligeri fuerant Uddonis consulis ambo.

Idem Odo præthereà opposuit se sæpiùs illis,

655.  Et vicit jugiter victor. Heu! liquerat illum

Dextra manus bello quondam, cujus loca cinxit

Ferrea pene vigore nihil infirmior ipsà.
                   *s. fuerunt*    *Normanni*
Nec satius quidquam sortiti apud hi Cinomannos;

Haud equidem reliquæ cesserunt suaviùs urbes.
             *sol*
660.   Jam quia Apollo rogat, calamus requiem mereatur.

V. 646. Construisez : *suprema voluntas restitit*, i. e. *superfuit Danis*. nempè *oppida quæque capi à se*.

V. 647. Omis dans les six premières éditions. (D.)

V. 648. *Carnoteno*, sous-entendu *pago*, ou plutôt *oppido*. Il s'agit plutôt de la ville.

V. 649. *Allophyli*, mot grec : ἀλλόφυλοι, les étrangers, les Normands

TERMINATUR PRIMUS.

rendre maîtres de toutes mes villes; mais, avec l'aide de Dieu, leur puissance trop faible s'y opposa. Ces étrangers vinrent livrer à Chartres d'innombrables attaques, mais ils y laissèrent mille et cinq cents cadavres, victimes d'un combat sanglant; tel fut dans un même jour le jeu de la fortune. Ils avaient alors pour adversaires les chefs Godefroid et Eudes, tous deux soldats du comte Uddon. Cet Eudes s'opposa souvent à leurs efforts, et fut constamment vainqueur. Hélas! il avait perdu dans les combats sa main droite, et l'avait remplacée par une de fer qui n'était pas moins vigoureuse.

Les Normands ne réussirent pas davantage auprès des Cénomanes, et les autres villes ne leur cédèrent pas plus volontiers la victoire.

Maintenant, puisque Apollon l'exige, que ma plume prenne le repos qu'elle a mérité.

V. 650. *Rubeo*, i. e. *rubro*, sanguineo *duello*, i. e. *bello, populante eos.*
V. 651. *Ludere ludum.* Nous avons déjà vu cette expression, vers 617.
V. 653. *Belligeri*, i. e. milites.
V. 656. *Cujus loca*, i. e. *cujus locum tenens manus ferrea cingebat illius brachium.*
V. 658. *Satius.* Ce mot était surmonté d'une glose, qui depuis a été effacée.
V. 659. *Suavius*, plus agréablement pour les Normands, plus volontiers.

FIN DU PREMIER LIVRE.

incipit
## ORDITUR SECUNDUS

# BELLORUM

urbis
## PARISIACÆ POLIS CODICELLUS.

       sol     Orientalia
Surgito, musa celer, lampas accendit Eoa
partes     præcedere
Climata, luciferam propera prævertere plantam.

Saxoniâ vir Aïnricus fortisque, potensque,

Venit in auxilium Gozlini præsulis urbis.

5. At tribuit victus illi, lethumque cruentis

Heu paucis; auxit vitam nostris; tulit amplam

His prædam. Sub nocte igitur quâdam penetravit

Castra Danûm, multos et equos illic sibi cepit.

Agmen Aïnrico cædente nimis lanionum,

10 Efficitur celsus nimiùm clamor fremitusque;
somnus     urbis
Deserit undè quies nostros, et mœnia vallant.

Immodicas voces flavere Dani morientes;

  V. 2. *Plantam* C'est, selon Duplessis, une plante propre à brûler,
à éclairer pendant la nuit; de sorte que le poète aurait voulu dire
Hâte-toi de te mettre à l'ouvrage avant que la nuit te surprenne,
mais quand on est au matin, il n'est pas besoin de se hâter beaucoup

# COMMENCEMENT DU SECOND LIVRE
## DES GUERRES
## DE LA VILLE DE PARIS.

Lève-toi promptement, ma muse; déjà le soleil illumine les climats de l'orient : hâte-toi de prévenir l'éclat de sa lumière.

Du fond de la Saxe, Henri, guerrier courageux et puissant, vint au secours de l'évêque Gozlin; il apporta la vie aux Parisiens, et la mort à trop peu de barbares. Il augmenta nos moyens de subsistance, en ravissant à l'ennemi un riche butin. En effet, au milieu de la nuit, il pénètre dans le camp des Danois, et leur enlève beaucoup de chevaux. Tandis que Henri massacrait ainsi la troupe de ces bouchers, de grands cris, un long tumulte s'élèvent dans leur camp. Les nôtres réveillés par ce bruit courent aux remparts. Les Danois mourants exhalaient leur

---

pour prévenir la nuit. Nous aimons mieux entendre : *luciferam plantam*, par : le pied du dieu qui porte la lumière, l'arrivée du soleil; et le poète aura dit à sa muse, en voyant poindre l'aurore : hâte-toi de prévenir le lever du soleil.

V. 4. *Præsulis*, manuscrit *pres.*
V. 5. *Lethum*, manuscrit *letum*
V. 9. *Cedente*, manuscrit *ced.*

Immenso resonant cives plangore paventes

Ut solitum paterentur ab his ex more laborem.

15. Sic et Aïnricus postremùm castra reliquit;

(Culpa tamen) fugiente morà defertur ad arcem:

Pila ministrabant acidas referendo salutes;

Janua militibus reseratur; cominùs acre

Urgetur bellum; clypei labuntur et enses.

20. Vita meos adamat dextros, oditque sinistros;

Infestos adamat mors, vita gubernat amicos.

Indè sopor repetit cives, miserosque fugella.

Rege Sigemfredo simul ast Odone loquente

Protenùs à speculà, currentes agmine multo

25. Ducere forte truces secum conantur Odonem;

Qui primùm feriendo phalæ fossata ve' .tu

---

V. 13. *Paventes ut* pour *paventes ne*.

V. 16. *Fugiente morâ.* (Voyez I, 470.) Dans le manuscrit, il n'y a pas de parenthèse à *culpa tamen*.

V. 17. *Ministrabant*, nempè Normanni.

V. 20. *Meos dextros*, mes défenseurs, qui sont dans le droit chemin, les chrétiens; *sinistros*, ceux qui vont à gauche, les païens, les Normands; ou ceux qui doivent être placés à la droite et à la gauche de Jésus-Christ, c'est-à-dire les bons et les méchants. C'est surtout par l'opposition des croyances que le poëte caractérise les deux peuples; à moins qu'on n'explique tout simplement, *meos dextros*, ceux qui me sont favorables, *meos sinistros*, ceux qui me sont contraires. Toute cette singulière périphrase veut dire : il périt plus de Normands que de chrétiens

âme avec des cris lugubres : nos citoyens y répondaient par des clameurs sans fin, craignant de leur part les fatigues d'un assaut si souvent répété. Mais alors Henri abandonne le camp : ce fut une grande faute; et sans retard il se dirige vers la citadelle. Les Normands lui envoient une grêle de traits pour lui rendre ses piquantes salutations; cependant la porte s'ouvre à ses soldats; on combat avec plus d'ardeur et de plus près; les boucliers, les épées tombent en foule. La vie aime ceux qui me défendent et hait mes ennemis; ceux-ci sont la proie de la mort, tandis que la vie se maintient dans mes amis. Ensuite nos citoyens retournent au sommeil, et les païens reprennent la fuite.

Tandis que le roi Sigefrid et Eudes conféraient ensemble assez loin de la tour, les barbares accourant en grand nombre s'efforcent d'entraîner Eudes dans leurs rangs : mais lui, frappant le fossé de la citadelle, le franchit d'un bond rapide, toujours armé de son bouclier et de sa javeline; puis se retourne, s'arrête,

V. 22. *Sopor*. On a vu, vers 11, qu'ils avaient été réveillés par l'attaque du camp.

V. 23. Sigefrid commençait à traiter pour la levée du siège. (Voyez plus bas, vers 41, 42.) Les Annales de Saint-Waast disent que ce fut Gozlin qui noua la négociation : mais que les premières propositions aient été faites par Sigefrid ou par Gozlin, il est probable qu'Eudes agissait de concert avec ce dernier. — *Sigemfredo*, manuscrit *Sigemfedo*, par erreur sans doute.

V. 26. *Feriendo*, frappant le fossé, avec sa javeline probablement, comme l'explique le président Fauchet, *Antiq. franc.* (D.)

Transiliit propero, clypeum gestansque cateiam; *dudum*

More suo functus bello versus stetit heros. *fortis*

Exiliere viri domino suffragia dantes,

30 Nobilibusque stupent ejus super actibus omnes.

Conspiciens Sigemfredus nostros in agone

Esse feros, inquit sociis : « Hanc linquite sedem,

« Hic non stare diù nostrum manet, hinc sed abire. *est*

Ergo suas ut Ainricus secessit ad aulas. *se*

35 Germani teretis contemnunt littora sancti,

Æquivocique legunt, cujus factis benè vescor.

Circum eunt castris æquor; sed et undique vallo *pratum*

Clauditur en dominusque meus quasi carcere latro,

Ipse nihil peccans; murus circumdedit ejus

40 Ecclesiam nostro celsam cogente reatu.

Denique rex dictus denas capiens argenti *[diserte]*

Sex libras nitidi nobis causâ redeundi,

Normannis sese cunctis comitantibus, optat

Mel dulcis fluvii lymphis conferre marinis,

V. 27. *Transiliit*, manuscrit *transsiliit*.

V. 28. Construisez : et *versus*, se vertens contra hostes, *stetit heros* i. e. fortis vel fortiter, *functus*, vel fungens *bello*, i. e. pugnans *more suo*.

V. 30. *Actibus* Les six premières éditions donnent *artibus*, ce qui revient au même.

et selon sa coutume combat en héros. Des guerriers s'élancent pour secourir leur seigneur, et ses nobles exploits frappent tous les cœurs d'étonnement. A la vue de l'acharnement de nos soldats, Sigefrid dit à ses compagnons : « Abandonnez la place, notre devoir n'est plus de rester ici, mais de nous retirer. »

Aussi, après le départ de Henri pour ses états, les Normands abandonnent la rive de Saint-Germain-le-Rond, et occupent celle qui doit son nom à l'autre Germain dont les bienfaits me nourrissent. Ils établissent leur camp dans cette plaine, et mon seigneur est enfermé de tout côté, comme un voleur, dans un retranchement. Un mur entoure son église ; et cependant il n'est pas coupable ; mais nos fautes lui ont attiré cet indigne traitement.

Enfin le roi déjà nommé, ayant reçu de nous pour prix de son départ soixante livres d'argent pur, cherche à entraîner tous les Normands qui l'accompagnent ; il veut qu'ils comparent le miel du fleuve à leurs flots

V. 35. *Germanus teres.* Voyez I, 175. *Littora*, manuscrit *litora*.

V. 36. *Æquivoci*, qui porte le même nom : Saint-Germain-des-Prés. — *Factis bene* pour *benefactis*.

V. 41. *Rex dictus*, Sigefred, II, 23. — *Argenti*. A la marge on lit : *diæresis*, comme si le poëte eût écrit *arienti* pour *argenti*.

V. 42. *Nobis* pour *à nobis*, ce que portent les six premières éditions ; mais le manuscrit donne *nobis*. — *Redeundi causâ*, pour s'en retourner chez lui, abandonner le siége. (D.)

V. 44. *Mel dulcis*, etc. Il veut qu'ils comparent l'eau douce du fleuve aux flots salés de la mer, c'est-à-dire qu'ils descendent le fleuve jusqu'à la mer. *Lymphis*, manuscrit *limfis*.

Qualiter osque freti caudam Sequanæ rapit albam,

Æquoreumque caput pennis quatitur Sequaninis
s. optat       pag.
Ostentare, sed his autem nolentibus infit:

« Eia, Dani, muros urbis lustrate potentes,

« Pergama circumquaque viri vestite valentes,

50   « Et scapulas arcu validisque onerate sagittis.

« Quisque ferat lapides, sed et undique tela ministret;

« Hoc etiam bellum conabor et ipse videre. »

Quo sermone quiescenti surgunt simul omnes,
                                        s. insulis
In-que-sulas penetrant urbis sedes quibus exstat;

55.  Mœnia circumeunt trucibus gladiis onerati,

Digressique foras nostri circumdare turres.

Occidunt reges geminos, pluresque aliorum,
                          valde
Fallacesque fugam diamant, verique triumphum.

Amnis in auxilium nobis Sequanæ fuit altus;
aliquos
60.  Quos sorbens penitùs mersit, transmisit Averno.

V. 45, 46. Métaphore assez originale pour dire : il veut les faire descendre jusqu'à l'embouchure de la Seine. L'Océan est représenté comme un monstre ouvrant une vaste gueule pour engloutir la queue de la Seine; en effet, si la source en est la tête, l'embouchure doit en être la queue. Le conflit des eaux de la Seine et de l'Océan s'agitant en sens contraires, est comparé au mouvement des nageoires d'un poisson se débattant contre le monstre qui veut le dévorer — *Albam*, soit parce que les eaux de la Seine sont d'un vert moins foncé

marins, et qu'ils contemplent la grande bouche de l'Océan engloutissant la blanche queue de la Seine, qui se débat de ses nageoires contre la tête de son vainqueur. Mais comme ils s'y refusent : « Eh bien, leur dit-il, Danois, parcourez les murs puissants de la ville. « Hommes valeureux, entourez ces remparts, les épau- « les chargées de vos arcs et de vos flèches. Que chacun « apporte des pierres, que chacun lance des traits, et « moi, au milieu du combat, je ferai tous mes efforts « pour en être spectateur. » Il dit, et reste immobile. Tous se lèvent à la fois et pénètrent dans les îles où réside la cité. Ils font le tour des murs chargés de leurs épées homicides ; mais les nôtres font une sortie et se placent autour de leurs remparts ; ils tuent deux rois et un grand nombre d'autres guerriers. Ces perfides prennent la fuite avec empressement, et les fidèles triomphent. Le fleuve profond de la Seine vint à notre secours, car il engloutit plusieurs barbares et les fit passer dans l'Averne. Sigefrid triomphe de leur mort,

que celles de la mer, soit à cause des brouillards qui la couvrent à son embouchure.

V. 47. *His*, glose *pag.* pour *paganis*.

V. 49. *Pergama*, mœnia, I, 489.

V. 50. *Arcu*. Pithou, Duchesne (deuxième édition), Bouquet, ont mis *artu*. (D.)

V. 53. *Quiescenti surgunt*. Tous se lèvent par insulte pour lui restant tranquille ; tous, c'est-à-dire ceux qui ne lui étaient pas immédiatement soumis. Vers 64.

V. 56. *Circumdare*, infinitif de narration, pour *circumdant*.

Sigemfredus ovans ridens morientibus inquit :

« Nunc vallate, viri, pinnas [repugnacula], urbem capitote;

« Mensurate metris ædes quas hic habitetis. »

Indè suis : « Abeamus, ait; tempus venit ecce

65. « Quo gratum fuerit nobis istinc abiisse. »

Mox hilaris Sequanam liquit pro munere sumto.

Sic alii facerent, eadem [s. munera] si tunc meruissent.

Quis sentire potest patulà quod subditur aure?

Terra gemat, pontusque, polum, latus quoque mundus.

70. Gozlinus, Domini præsul, mitissimus heros,

Astra petit Domino migrans, rutilans [virtutibus] velut ipsa [s. astra] :

Nostra manens turris, clypeus, nec non bis acuta

Romphea [gladius], fortis et arcus erat, fortisque sagitta.

Heu ! cunctis oculos fontes terebrant lachrymarum,

75. Atque pavore dolor contritis viscera scindit.

Tempestate [tempore] sub hàc Hugo princeps obit abba;

---

V. 62. *Pinnas*, glose *repugnacula*, peut-être faute de copiste, pour *propugnacula*. (D.)

V. 67. *Sic alii facerent*. Obscur. Le sens paraît être : tous feraient comme Sigefred, se retireraient, si, par plus d'humanité, ils avaient mérité qu'on leur fît les mêmes offres; mais cela ne signifie rien : on ne leur avait pas fait de propositions, parce qu'il était probable qu'ils n'auraient rien voulu écouter, et qu'ils n'étaient pas disposés à lever le siége. — On pourrait encore traduire par l'optatif : plût à Dieu que

## ABBON, LIVRE II.

et leur dit en riant : « Allons, guerriers, entourez les
« retranchements ennemis, prenez la ville, et mesurez
« d'avance les maisons que vous devez habiter. » Puis
se tournant vers les siens : « Partons, dit-il, voici venir
« le temps où nous pourrons nous applaudir d'avoir
« abandonné ces lieux. » Bientôt il quitte la Seine tout
joyeux, en échange du présent qu'il a reçu. Tous les
autres feraient de même, s'ils eussent également mérité
cette faveur.

Qui pourrait prêter volontiers l'oreille au récit qui
va suivre? Que la terre gémisse ainsi que la mer et le
ciel dans toute l'étendue d'un pôle à l'autre. Gozlin,
ce prélat du seigneur, ce héros si humain, s'en va dans
le séjour des astres, astre brillant lui-même, habiter
avec le Seigneur. Au milieu de nous il fut notre rempart; il fut pour nous un bouclier, une hache à deux
tranchants, un arc et une flèche terrible. Hélas! des
sources de larmes s'échappent de tous les yeux, et la
douleur jointe à l'effroi a brisé les cœurs. Dans le
même temps mourut Hugues l'abbé; et l'église séno-

---

tous eussent agi de même! Mais ils n'avaient pas tous mérité la même
faveur.

V. 68. *Sentire patulâ aure*, sentir par une oreille ouverte, c'est-à-
dire écouter volontiers un récit.

V. 69. *Polum*, neutre, pour *polus*; ou génitif pluriel, régime de
*latus*, le monde large par ses pôles. Dans ce cas, il ne faut pas de virgule après *polum*. (D.)

V. 76, 77. Sur Hugues et Évrard, voyez les Annales de Saint-Waast,
la table chronologique et la note 15 de l'introduction.

Evrardo Senones viduantur præsule docto.

Gaudia tunc hostes adipiscuntur sua læti.
v. hostes
 Qui vigiles madidæ per opaca silentia noctis

80 Germanum nitidâ clarum vidisse figurâ
fines
Se perhibent, metasque sui lustrasse locelli,

Lumine gestantem rutilanti sæpè laternam.

Quo sancti redolent artus forsan tumulati.

 Instabant ejus festa solemnia lucis :

85 Objurgantur et hi castellanis, quia sacra

Non celebrant; alto indè ruunt cum mente cachinno.
garbis
Mergitibus plaustrum per rura movent gravidatum,

Cuspide terga boûm verso nimiùm stimulantes.

Protinùs his propriæ claudis sine crimine causæ,

90. Connectunt alios, plauresque dehinc, aliosque;
miseri
Certabant elegi scapulis cornuque juvenci.

Jamque lavant proprias rubeo de sanguine costas.

Nonque valent axem terris disjungere fixum,

Attonitique stupent Domni miracula nostri.

95 Solvuntur tauri, stimulusque ferox requievit;

 V. 82, 83. *Lumine... quo redolent.* L'auteur veut probablement parler
d'une lampe qui brûlait continuellement sur le tombeau du saint. (D)
Peut-être y a-t-il déjà fait allusion, l. I, vers 463, *ejus quâ specus
constat lucere sepulchri.*

naise devient veuve de son docte prélat, Évrard. C'est alors que nos ennemis se livrent aux transports d'une joie barbare : mais, dans le silence profond d'une nuit humide, leurs sentinelles prétendent avoir vu le bienheureux Germain apparaître le visage tout brillant d'une vive lumière, et parcourir l'enceinte de sa demeure, un flambeau à la main, celui peut-être qui brûle auprès de son tombeau.

La solennité de sa fête était venue, et les Parisiens reprochaient aux Normands de ne pas la célébrer. Ceux-ci répondent par de grands éclats de rire; et tout exprès ils font mouvoir dans la campagne un chariot rempli de gerbes, et stimulent du revers de leurs piques les bœufs qui le traînent. Tout à coup ceux-ci deviennent boiteux, quoique innocents de toute faute personnelle; d'autres leur sont adjoints, un plus grand nombre encore : les malheureux taureaux s'efforcent en vain des épaules et de la corne; leur sang rougit leurs côtes, et ils ne peuvent déplacer la roue attachée à la terre. Étonnés de ce miracle opéré par notre Seigneur, leurs maîtres les délient enfin, et laissent reposer leur cruel aiguillon.

V. 85. *Castellanis*. Voyez la note, au vers 128, *infrà*.

V. 86. *Cum mente*, avec intention, tout exprès; ou, sachant bien ce qu'ils font.

V. 88. *Cuspide verso*. Si ce n'est pas une faute du copiste, l'auteur a fait *cuspis* masculin. (D.)

V. 94. *Domni*. Voyez I, 481, Saint Germain. — *Nostri*. Duplessis avait mis *sancti*.

Lux segetis recidiva rotas spoliis vacuavit,

Atque suis claudum revocavit motibus axem.

Effugiens horum^(a. Normannorum) quidam jussus jugulari,

Templa subintroiit Sancti, tenuit quoque bustum^(sepulchrum);

100. Pellitur indè miser profugà pietate necandus.

Væ miseris! multant elegum, multantur et ipsi;

Quod munus dederant socio, simili pietate

Germani meritis nactum^(consequutum) cuncti meruerunt,

Cœlitùs afflicti nimiùm pro talibus ausis.

105. Undè sacerdotes statuere locum venerantes,

Qui missas cursusque sacros illic celebrassent.

Tunc omnes cuiquam^(a. ævi) prohibent hinc tollere quidquam.

Quod violans unus, proprio deferre cubili

Ecclesiæ tegmen studuit, sub quo manifestè

110. Effigies ejus repetita fuit puerilem

Scilicet eventu nulli similante minuta,

V. 97. *Claudum*, manuscrit *clodum*.

V. 100. *Pietate*, pitié. (Voyez I, 475.)

V. 103. *Nactum*, dans le sens passif.

V. 105. Construisez : *undè venerantes locum, statuere sacerdotes qui*

V. 106. *Cursus*, i. e. horas canonicas. (D.) C'est ce qu'on appelle l'office, le bréviaire. (Voyez Mabillon, *Disquisitio de cursu gallicano*, à la suite de son Traité *de Liturgiâ gallicanâ*.)

V. 109 et suiv. Construisez et expliquez : *sub quo*, immédiatement

Le lendemain dégagea la roue des débris de moissons qui l'obstruaient, et rendit le char boiteux à ses mouvements naturels.

Un de ces barbares qui devait être égorgé entre furtivement dans le temple du saint, et embrasse son tombeau ; mais il en est arraché impitoyablement et livré à la mort. Malheur à ces impies ! ils punissent un suppliant, ils sont punis à leur tour. Comme ils avaient traité leur compagnon, ils sont traités de même, sans pitié : c'est tout ce qu'ils obtiennent de la vertu du saint ; et le ciel, en punition de leur audace, les accable de mille fléaux. Aussi, pleins de respect pour ce lieu, ils y établissent des prêtres pour y célébrer la messe et les saints offices, et défendent à qui que ce soit d'en rien enlever.

Mais un d'entre eux, violant cet ordre, voulut emporter dans sa demeure un tapis de l'église ; aussitôt, par un accident à nul autre pareil, en présence de tous, sa taille se rabaisse au niveau de celle d'un

---

après cette action, *manifestè*, clairement, au grand jour, en présence de témoins, *effigies ejus*, son extérieur, *repetita fuit*, semble être pour *repetiit*, regagna, reprit, *puerilem*, sous-entendu *effigiem*, l'extérieur d'un enfant. *Scilicet*, adverbe explicatif : *minuta*, ayant été diminuée, *eventu*, par un accident, *similante nulli*, ne ressemblant à aucun autre. *Nec noscitur* (sujet, *effigies*), et il n'est plus reconnu, *oppidò*, du tout, *ullo*, par aucun (*eorum* sous-entendu), *quibus*, de ceux à qui, *pridem*, anciennement, *nota fuerat*, cet extérieur avait été connu, etc. Le reste n'offre plus de difficultés. Duplessis pense que *repetita fuit* peut s'expliquer par le passif : sa taille fut ramenée (*secundùm* sous-entendu), *puerilem*, à la proportion de celle d'un enfant.

Nota quibus fuerat pridem, nec noscitur ullo
Oppidò; miror ubi venæ nervique laterent;
Ossaque fugerunt pariter fugiente medullâ.
115. Viscera speluncæ tenuis foveam petiere.
Major habebatur magnis (mirabile factum)
Is qui nuncque minor pueris moriens patet esse,
Vitaque cum gemitu fugit indignata sub umbras. *illius*

Visus adest cuidam Domini sanctissimus idem,
120. Pectore carpenti requiem per nubila noctis,
Marcelli sanctis precibus nec non Clodoaldi
Accipiens liquidam manibus benè dicere lympham;
Undè rigans urbem graditur per mœnia circùm;
Huicque viro proprium promsit nomen; sed et urbi
125. Spem spondens, faciem liquit se conspicientem.

Nobilis hâc et in urbe fuit vir carne liquescens,
Deficiens etiam flatu; metuebat obire,
Castellumque capi Normannis. Tempore in ipso,
Attulit huic cives somnus se linquere velle,
130. Urbs armis quoniam cunctis deserta manebat.

V. 122. *Accipiens benedicere* pour *ad benedicendum*, vel *lympham benedicere*, de l'eau à bénir.

V. 128. *Castellum*, la citadelle, peut-être la ville même. Nous avon-

enfant. Tous ceux qui le connaissaient bien naguère
ne peuvent plus le reconnaître. Qui pourrait dire où
se cachaient alors ses veines et ses nerfs? Ses os se
retirent avec leur moelle; et ses restes n'exigèrent
que l'ouverture d'une fosse étroite. Chose étonnante!
il était au-dessus de la plus haute taille; à la mort,
il se trouve être plus petit qu'un enfant; et sa vie
s'enfuit en courroux dans les enfers.

Un Parisien vit, pendant le repos d'une nuit obscure, le saint prélat de Dieu lui apparaître; cédant
aux prières de Marcel et de Clodoald, il prenait dans
ses mains une eau limpide destinée à bénir, puis en
arrosait toute la ville, en s'avançant le long de ses
remparts. Il se nomma à cet homme, lui promit de
sauver la ville, et lui laissa une image de sa personne.

Il fut aussi dans cette ville un homme noble dont
le corps se dissolvait par la maladie; déjà le souffle
lui manquait; il craignait de mourir, et de voir
la citadelle prise par les Normands. Dans le même
temps, il songea qu'il voulait abandonner ses conci-

---

vii, vers 85, *Castellani*, les Parisiens en général; car les gardiens de la
citadelle, ou grosse tour septentrionale, ne pouvaient distinguer les
actions des Normands, encore moins leur parler. — *Tempore in ipso*:
le manuscrit porte un point après ces mots, ce qui force de les rapporter aux mots qui précèdent; mais la ponctuation est si incorrecte,
si incomplète, qu'on peut se permettre de la changer quand la clarté
l'exige, comme a fait ici Duplessis. Du reste, le sens resterait à peu
près le même.

V. 129. *Se*, sujet de *velle linquere*, prouvé par *oblitâ jugâ*, vers 134.

Clericus inde venustatis miræ astitit illi,

Ore loquens placido, rutilans vultuque sereno:

« Quid metuis! surgens tremulos depone timores;

« Oblitáque fugâ quamplures cerne paratos

135. « Ad bellum. » Surgens alacer, muros videt omnes

Vallatos cuneis juvenum galeis oneratûm;

Voxque tonat: « Tutoribus his defenditur hæc urbs.

« Ast ego sum Germanus, ait, hujus quoque Præsul.

« Confortare, nihil formidabis; quoniam nunc
             *prædabitur*

140. « Faucibus haud sceleratorum grassabitur hæc urbs. »

Affatur sanctus, redamatque virum caro flatûs; [*periphrasis*

Affatur felix, fugitque virum mala pestis;

Alloquitur sanctus, lecto surrexit egrotus;

Almis faminibus sospes procedit egrotus;

145 Explicuit visu noctis quod noverat ipse.

 Luce dehinc quâdam dum gestabatur et almi

Militibus propriis corpus per mœnia circùm,

Urbanis septum sectantibus, omnipotentem

---

V. 135. *Surgens*. Ceci est toujours en songe.

V. 140. *Grassabitur*, glose *prædabitur*. Ces deux verbes sont pris passivement.

V. 141. *Periphrasis*. Cette figure s'applique aux quatre vers 141-145.

V. 141. *Caro flatûs* pour *caro vita*. Une chair de vie; une chair bien vive, bien animée; un corps en parfaite santé. (D)

toyens, parce que la ville n'avait plus d'armes pour la défendre. Alors un clerc d'une beauté merveilleuse se présente et lui parle ainsi, l'air calme et serein, le visage tout brillant de lumière : « Que crains-tu ? lève-toi, et chasse tes vaines terreurs ; renonce à la fuite, et vois ces nombreux guerriers préparés au combat. » Il se lève avec allégresse, et voit en effet les murs garnis d'une foule de jeunes hommes couverts de leurs casques. Puis la voix s'élevant comme un tonnerre : « Tels sont les défenseurs de la ville ; et moi, je suis Germain, autrefois son évêque. Prends courage, tu n'auras rien à craindre, car cette ville ne sera pas engloutie dans le gosier avide de ces barbares. » Ainsi parle le saint, et la vie renait dans le guerrier moribond. Le bienheureux parle, et le fléau de la maladie s'enfuit loin de sa victime ; le saint parle, et le malade se lève de son lit : guéri par ces paroles bienfaisantes, il marche avec assurance : lui-même il nous a raconté sa vision de la nuit.

Plus tard, un jour que la milice du saint portait son corps autour des murailles, suivie des habitants de la ville, et par des cantiques adressait ses vœux

---

V. 144. *Faminibus.* Duplessis avait mis *flaminibus.* Le poète exprime, pour la quatrième fois, l'idée de *affatur.*

V. 147. *Militibus propriis,* des moines de l'abbaye. Voyez, au vers 152, la glose du mot *icto.* (D.)

V. 148. *Septum.* Les habitants de la ville suivaient le corps du saint

Perrogitando Deum votis sub voce canorâ,

150. Cæditur allophylo de portatoribus unus,
*à pagano*

Nomine Gozbertus, calclo; percussor in umbras
*lapide*

Tartareas fugit moriens, icto patiente
*percusso monacho*

Nil super hoc lapidis jactu, Sancto auxiliante.

Intereà cædis validæ corrupta procellis

155. Urbs patitur gladium exteriùs, lethi quoque pestis

Eheu! nobilium plebes penitùs laniabat

Interiùs; nec erat nobis tellus, obeuntûm

Quæ præbere sepulturam membris potuisset

Cominùs; ulla dies nec erat quæ non generasset
*propè, i. e. cum manibus*

160. Urbanos interque suburbanos truculentos
*cives*

Bella, nec ulla abiit propè, quæ non interfectos
*dies*

Pestiferos secum duxisset ad antra gehennæ.

Rex igitur venturus Odo transmittitur indè
*futurus*

Francorum Carolo suprà fato Basileo,

165. Quatenùs auxilio celeri succurreret urbi.

entouré de ses religieux : à moins qu'on n'aime mieux l'entendre ainsi suivant l'enceinte de la ville.

V. 149. *Perrogitando*. Pithou, D. Bouquet, Duplessis, ont mis *perrogitando*; cependant le manuscrit a l'abréviation ordinaire de *per*. Petau a mis *perrogit...*

V. 159. *Cominùs* se rapporte à *nec erat nobis tellus* : nous n'avions plus de terre à notre disposition, sous la main.

au Tout-Puissant, un de ceux qui le portaient, nommé Gozbert, est frappé d'une pierre par un païen. L'aggresseur tombe mourant, et s'enfuit au ténébreux Tartare, tandis que le blessé, secouru par le saint, ne souffrit qu'au moment où il recevait le coup.

Cependant, infectée par la contagion de tant de corps massacrés, la ville souffre du glaive au dehors, et au dedans, hélas! voit la peste déchirer les entrailles d'une foule de nobles. Nous n'avions plus de terre près de nous pour donner la sépulture à tant de morts : aucun jour ne se présentait sans amener des combats entre les citoyens de la ville et les cruels habitants des faubourgs; presque aucun ne se passait sans entraîner au séjour de la gêne éternelle des malheureux tués par la peste.

Alors Eudes, ce roi futur, se transporte auprès de Charles, l'empereur des Francs, pour qu'il envoie un prompt secours à la ville. Après lui, seul de tous les

---

V. 160. *Suburbanos*, les Normands qui occupaient les faubourgs.

V. 162. *Pestiferos*. Le sens général exige l'interprétation que nous avons donnée : tous les jours des combats avec les Normands; tous les jours des citoyens mourant de la peste. Cependant les expressions de ce vers semblent s'appliquer aux Normands : *pestiferos*, adjectif qualificatif des Normands, ces hommes empestés; *interfectos*, tués dans les combats journaliers par les Parisiens. *Antra gehennæ*, l'enfer est le séjour qui les attend : le poëte ne doit point y envoyer les chrétiens. En adoptant ce sens, nous traduirons : « Aucun ne se passait sans envoyer « au séjour de la gêne éternelle quelques hommes de ce peuple empesté « tués par nos armes. »

V. 164. *Carolo*, manuscrit *Karolo*.

Pòst nullus procerùm remanet nisi martius abba, <sup>in urbe</sup> <sup>bellicus</sup>

Sæpè suprà cujus memoratio scripta relucet.

Ipse equites ex more Danûm vestire coegit

Sex solos redeunte die quâdam; super arva

170.  Transque volant illi Sequanam, camposque peragrant,

Ex variis plenos armis sævoque sopore;

Normannosque necant totidem fuerant quot et ipsi.

Nascitur hinc strepitus castris: horum resonante <sup>in</sup>

Voce truces carpunt clypeos, nostrique carinam.

175.   Nostra Dionysii tondebant littora sancti

Pecora, quæ duxere sibi crebrò speculata: <sup>Normanni</sup>

Verùm illis Ebolus jugiter fuit obvius abba. <sup>sed</sup>

Qui quorum comitem quâdam stravit vice telo; <sup>s. Ebolus</sup>

Unde Dani linquunt ripam referuntque cadaver.

180.  Mox Ebolus senos equites dimisit ab arce;

Quattuor, biternosque necant certamine diro. <sup>sex</sup> <sup>Normannos</sup>

V. 166. *Martius*, manuscrit *marcius*.

V. 167. Construisez : *cujus memoratio, sæpè scripta suprà, relucet*

V. 168. *Vestire*, dans le sens neutre. Il fait vêtir à la manière des Normands six cavaliers.

V. 169. *Super arva*, ils ne courent dans le pré de Saint-Germain qu'après avoir traversé la Seine.

V. 174. Duplessis prétend que ces cavaliers, pour s'en retourner, n'avaient pas besoin de bateau ; que, ce mot signifiant quelquefois con-

grands, il n'y reste que cet abbé martial dont j'ai souvent rappelé les exploits. Un jour, au matin, il ordonne à six cavaliers de se revêtir à la manière des Danois : seuls, ils franchissent la Seine, volent sur le pré voisin, et parcourent cette plaine couverte d'armes et de barbares endormis ; puis ils massacrent autant de Normands qu'ils étaient de soldats. Tout le camp s'agite avec bruit ; les barbares saisissent à grands cris leurs boucliers, et les nôtres rentrent dans leur barque.

Nos troupeaux paissaient sur le rivage de Saint-Denis ; les Normands qui les épiaient les ravirent souvent ; mais, depuis, Ebles leur tint toujours tête. Un jour il abattit d'un trait un de leurs comtes, et les Danois abandonnèrent la rive en emportant son cadavre. Bientôt il fait sortir de la citadelle six cavaliers qui, dans un rude combat, tuent quatre et puis six ennemis. Souvent aussi, à la faveur des ténèbres,

---

*cium*, et *carinare*, *conviciari* (Gloss. de du Cange), l'auteur a voulu dire ici : « les nôtres se moquent d'eux. » Mais, outre que cette image est peu naturelle, comme il n'est pas prouvé que le petit pont détruit (I, 504) ait été reconstruit, ni même qu'il en ait existé d'autres, il est plus simple de dire que *carinam* est le bateau dont les cavaliers avaient besoin pour repasser la rivière. (Voyez la note 12 de l'introduction.)

V. 175. *Sancti-Dionysii littora*, sur le rivage de Saint-Denis. (Voyez I, 173, 174, et les notes historiques ; mais il s'agit toujours de la rive droite de la Seine.)

V. 176. Les Normands sont, comme on l'a vu, V, 35, 36, sur la rive de Saint-Germain-des-Prés, et ils passent la Seine pour venir enlever les troupeaux des Parisiens sur la rive septentrionale.

Nocte quidem cives crebriùs pecorum sub opacâ
<sup>Normannos</sup>
Custodes adeunt, quosdamque fugant, aliosque

Attribuunt jugulis; hoc egeruntque frequenter;
<sup>s. cives</sup>
185. Indicioque tulere Danos urbi sinè flatu,

Atque simul vivos, ut sic credi potuissent.

In-que-sulam penetrant solito quâdam vice ritu

Mœnia qua resident urbis sævi trecenti:
<sup>quorum s. duo ex nostris</sup>
Protinùs ense quiûm bino stravere novenos,
<sup>commendavere</sup>
190. Vulnera deposuere quibus triginta (nec extat

Posse datum quarti lumen spectare diei),

Congressi nostrûm gemini, qui morte fruentes

Egregiâ, sanctos vexere pedes super astra;

Nam senior Segebertus erat, junior Segevertus.

195. Forte deindè tribus cuneis cinctus galearum

Armipotens montis super Odo cacumina Martis
<sup>apparuit</sup>
Enituit, cujus clypeos novus irradiavit

---

V. 184. *Attribuunt jugulis*, ils les donnent à l'égorgement. *Jugulis* semble être pour *jugulationi*. On trouve aussi dans du Cange, *jugulus*, i. e. *gladius jugulans*.

V. 185. *Indicio*, en indice, en preuve de leur succès.

V. 187. *In-que-sulam*; il a dit, vers 54, *in-que-sulas*. (Voyez les notes historiques.) — *Solito ritu*, à leur manière accoutumée, soit avec leurs barques; soit qu'ils en eussent pris l'habitude depuis quelque temps.

V. 189 et suiv. Construisez : *protinùs gemini nostrùm congressi*, sinu-

nos citoyens attaquent les barbares qui gardaient les troupeaux, mettent les uns en fuite, égorgent les autres : ces actes se renouvelèrent fréquemment; et ils rapportèrent à la ville des Normands déjà morts, et d'autres encore vivants, comme preuve de leurs succès et de la vérité de leurs récits.

Un jour trois cents barbares pénètrent, par leurs moyens accoutumés, dans l'île qui supporte les murailles de la ville. Aussitôt deux de nos guerriers les attaquent; leur épée en abat neuf; mais, percés de trente blessures, ils ne purent voir la lumière du quatrième jour suivant. Heureux d'une mort si glorieuse, ils s'élevèrent de leurs pieds sacrés au-dessus des astres : le plus âgé s'appelait Ségebert, et le plus jeune Ségevert.

Enfin, escorté de trois bataillons dont les casques brillaient au loin, Eudes, si puissant par les armes, apparut sur les sommets de la montagne de Mars;

---

*ere bino ense novenos* (novem) *quum* (eorum) : *quibus* (scilicet duobus nostris), barbari *deposuere* (inflixere) xxx *vulnera; nec datum extat* (est) *eis posse spectare lumen quarti dici,* nempe ob vulnera; *qui,* scilicet gemini, *fruentes morte egregiâ,* etc. On pourrait encore faire de *gemini* le sujet de *deposuere*; et *quibus* se rapporterait aux Normands. Ils imposèrent trente blessures aux Normands; ils blessèrent trente Normands : c'est le sens adopté par le précédent traducteur; mais que signifie alors la parenthèse?

V. 194. *Nam,* dans le sens de *atqui,* or.

V. 195. *Tribus cuneis;* c'était une escorte pour Eudes, non un renfort pour la ville. Vers 206.

V. 197. *Irradiavit,* manuscrit *inrad*

Sol, croceo Oceani thalamo vastipede spreto.

Hunc prius Elios adamans quàm rura salutat,

200. Quem visu capiunt cives et amore sub alto.

Ast hostes prohibere fores turris cupientes

Transiliunt Sequanam, vallantes littora circùm.

Reddidit Odo tamen castellanis equitando

Se medios inter sævos, Ebolo reserante

205. Huic portas [turris]; cunctique stupent hoc nobile factum.

Hinc ejus socios retrò statim redeuntes

Ferreus insequitur hostis [pro] post terga meando,

Plus geminis etiam leugis. Interfuit illis

Dictus Adalelmus superis [s. in] pridem [antè] comes idem :

210. « Eia, suis inquit, satiùs [meliùs] pergamus in illos

« Quàm nos hìc illi inveniant. » Adalelmus hoc inquit.

Pestiferi petiere fugam, nostrique trophæum.

Scuta tonant, dardique volant, et corpora Danûm

Consulis arva tegunt gladio regnante Adalelmi.

V. 199. *Elios*, Ἥλιος, le soleil.

V. 202. *Transiliunt*, manuscrit *transsiliunt*. Les Normands passent de la rive gauche, où était leur camp, sur la rive droite, par où arrivait Eudes.

V. 203. *Castellanis*. Voyez sur ce mot, employé déjà vers 85, la note du vers 128.

et ses boucliers rayonnèrent frappés par le soleil du matin, au moment où il abandonne la couche immense de l'Océan. L'astre salue ce héros qu'il affectionne avant de saluer les campagnes; les citoyens l'aperçoivent, et leur amour leur fait reconnaître leur sauveur; mais les ennemis, pour lui défendre l'entrée de la tour, passent la Seine et gardent toute la rive aux environs. Cependant, Eudes s'élance à cheval au milieu des barbares, Ebles lui ouvre les portes, et le comte est rendu aux habitants de la ville, laissant tout le monde dans l'étonnement de ce coup hardi. Ensuite, tandis que son escorte se retirait en hâte, l'ennemi la poursuit le fer en main, et s'attache sur ses derrières pendant plus de deux lieues. A la tête de cette troupe était le comte Adalelme, le même que j'ai nommé plus haut. « Allons, dit-il aux siens, il vaut « mieux les attaquer que de nous laisser atteindre ici « par eux. » A ces mots, les barbares prennent la fuite et les nôtres obtiennent la victoire : les boucliers retentissent, les dards volent, et les corps des Danois couvrent la plaine, abattus par l'épée toute-puissante

V. 209. *Dictus... supris*, pour *supra*. Adalelme a été nommé, I, 452.

V. 217. *Afaricus*, déjà nommé vers 3 et 34.

V. 218. *Necatur*. Voyez les détails de sa mort dans l'annaliste de Saint-Waast, p. 53, et dans celui de Metz; D. Bouquet, t. VIII, p. 66. — *Vallare*, il voulait investir les Normands dans leur ancien camp de Saint-Germain-le-Rond, où il en était resté un certain nombre.

V. 219 *In suos*, pour secourir les siens.

215. Non dimisit eos, donec repedare coegit

          s. est
Ad fluvium, posthàc et ovans victorque reversus.

     in
En et Aïnricus, superis crebrò vocitatus,
      Normannos
Obsidione volens illos vallare, necatur.

Inque suos nitens Sequanam transire Danorum

220. Rex Sinric, geminis ratibus spretis, penetravit

Cum sociis ternam quinquagenis, patiturque

Naufragium, medio fluvii fundum petiturus,

Quo fixit, comitesque simul, tentoria morti.

Hic sua castra priùs Sequanæ contingere fundum

225. Quo surgens oritur dixit, quàm linquere regnum

Francorum. Fecit, Domino tribuente, quod inquit.

        s. a
Deniquè quùm medius Titane incenditur orbis,

Quùmque sitit tellus, pecorique libet magis umbra,
s. quùm     ventus suavis
Sibilat et gratus sylvas zephyrus per amœnas.
  mœnia
230. Pergama lethiferis stipantur ab hostibus urbis,
s. urbs
Quæ passim patiebatur certamen, et unum

Bellabant muri, speculæ, pontes quoque cuncti;

  V. 225. *Quo surgens...* Il avait dit que son camp toucherait le bout de la Seine à l'endroit d'où elle sort : c'est-à-dire qu'il pourrait la remonter à sec, et camper, s'il le voulait, à sa source.

  V. 227. *Medius orbis.* C'est, ou l'heure de midi, ou le milieu de l'année; mais on était, au plus tot, à la fin de juillet. (Voyez la table chronol.

du comte Adalelme; et il ne cessa point de les poursuivre à son tour, qu'il ne les eût forcés de regagner le fleuve. Alors il s'en retourne, joyeux de sa victoire.

Enfin arrive Henri, souvent mentionné plus haut; mais, tandis qu'il veut investir les Danois dans leurs retranchements, il est tué. Sinric, roi des Normands, voulant passer la Seine pour secourir ses compatriotes, non content de deux barques pour ses cinquante compagnons, passe dans une troisième; mais il fait naufrage au milieu du fleuve. Il en va toucher le fond, et là ses compagnons avec lui dressent leurs tentes dans le séjour de la mort. Il avait juré d'établir son camp au fond de la Seine desséchée jusqu'à sa source, avant de quitter le royaume des Francs. Le Seigneur effectua ce que ce roi avait promis.

Enfin, lorsque le Soleil, au milieu de son tour, embrase l'univers, lorsque la terre est altérée, que l'ombre plaît davantage aux troupeaux, et que le zéphyr souffle plus agréable dans l'épaisseur des forêts; les murs de la ville sont investis par les barbares. De toute part elle éprouvait les fatigues d'un rude combat; la guerre était partout : sur les murs, sur les tours, sur tous les ponts. La terre même combattait

sique.) Quoi qu'il en soit, on était dans les plus grandes chaleurs, et l'attaque eut lieu pendant le dîné (vers 234, 235), c'est-à-dire au milieu du jour.

V. 228. *Quum sitiunt herbæ, et pecori jam gratior umbra est*
(Virg., Georg., IV, 401.)

Pugnabat pelagus contrà tellus magis ampla.
<small>cornua</small>    <small>s. à</small>
Classica valdè tonant mensis discedere cives;
<small>cornua</small>
235. Heus! clamant litui, convivia temnite cuncti.

Urbs terrore, simul cives, invaditur omnis;

Nullus in urbe locus fuerat qui bella lateret.
<small>turres</small>
Pila phalas laceræque tegunt nimiùm catapultæ,

Arva velut pluviæ, plumbi nec non onerosi

240. Poma dabant peltis gemitus, et grandia saxa:

Hæc nobis illi tribuebant præmia semper.

At contrà lapides rapidos pariterque balistas

Direxere feris nostri, celeresque sagittas.

His aer seritur hinc indè volantibus amplùm:

245. Non inter cœlos aliud tranabat et arva;
<small>bellum</small>
Mars magis atque magis regnat, tumidusque superbit.

Virgo Dei Genovefa caput defertur ad urbis,

Quo statim meritis ejus nostri superarunt;
<small>murie</small>
Indè fugaverunt etiam pinnis procul illos.

V. 233. *Pelagus*, l'eau de la Seine, I, 381, 516. — *Magis ampla*, la rivière desséchée par la chaleur laissait apercevoir plus de terre que d'eau.

V. 235. *Heus*, manuscrit *eus*.

V. 237. *Qui bella lateret*, i. e. ignoraret. Il aurait fallu plutôt : *qui bella laterent*. La tournure d'Abbon est plus grecque.

contre les eaux, qui ne la couvraient plus qu'à peine. Les trompettes en sonnant ordonnent aux citoyens d'abandonner la table : « Allons ! s'écrient les cors, « quittez tous votre repas! » La ville et tous ses habitants sont pénétrés de terreur, et il n'était dans la ville aucun lieu étranger à la guerre. Les javelots et les dards brisés fondent sur les tours, comme la pluie sur les campagnes ; et les boucliers gémissaient, frappés par des balles de plomb et de grosses pierres : tels étaient toujours leurs présents. De leur côté, les nôtres envoient à ces sauvages des pierres et des balistes lancées avec roideur, accompagnées d'une grêle de flèches. L'air en est obscurci, et on ne voyait voler autre chose entre le ciel et la plaine. Mars règne, de plus en plus furieux, et s'énorgueillit du carnage.

La vierge de Dieu, Geneviève, est portée à la tête de la ville. Là, par sa protection, les nôtres eurent l'avantage, et repoussèrent l'ennemi loin des rem-

---

V. 238 et sqq. Construisez : *Pila, lacernæque catap. tegunt nimiùm ph. velut plur. arva; nec non poma plumbi onerosi, et grand. saxa, dabant gemitus peltis*, i. e. *in peltas incidentia.* (Voyez, I, 87, *lacerne balistæ*.)

V. 240. *Poma plumbi*, I, 235, *plumbea mala.*

V. 245. Voyez les mêmes pensées et les mêmes expressions, I, 88, 259.

V. 247. *Caput urbis*, la tête de la ville, l'endroit où elle commence, en suivant le cours de la rivière : c'est donc la pointe orientale.

V. 248. *Quo*, sous-entendez *capite*, dans lequel endroit ; pour *ubi superarunt*, sous-entendez *Normannos*.

250. Robore qui multus fuerat, sed corpore parvus,
            *pro armatis*
Gesserit hoc miles quinis comitatus ab armis   [*metonymia*
Gerboldus, nusquam cujus petiit catapultæ:
      *terram*
Sanguinei rostrum siccam sine fluminis undà.
  *s. urbis*
Partibus ex aliis longè surgunt acriora

255. Prælia, plangores clypeique cient, galeæque
Stridores; nostri bellant, sed fortiùs illi ;
Defecere fatigati bello quoque dextri.
Proh dolor! alta nimis flentes lamenta trahebant:
Cana senecta gemit multùm, florensque juventa;

260. Plorabant monachi, lachrymatur clericus omnis;
           *replet*
Aera voce tonant, luctus sed et æthra facessit.
Hi tristes animos urbem metuendo revelant
       *jecere*
Hoste capi; cœlo læti torquere cachinnos,
     *sperantes*
Mænia vocisonos rentes lucrare severi;

265. Femineusque jubas sexus lugens lacerando
 *scopebat*
Verrebat terras proprio de crine soluto:
Eheu! nuda suis quatiebant pectora pugnis,
Un-que-gulis facies secuerunt, tristia et ora.

 V. 251. *Gesserit* pour *gessit*. On ne voit pas pourquoi le subjonctif ou le futur passé, à moins qu'on ne l'explique ainsi : et cet avantage, c'est Gerbold qui l'aura obtenu. Mais Abbon emploie souvent le subjonctif pour l'indicatif. (Voyez sa préface, et plus bas, vers 375.)

parts. Ce fut surtout l'ouvrage d'un guerrier robuste, mais petit de corps, accompagné de cinq hommes d'armes, Gerbold, dont les traits ne tombaient jamais à terre sans faire couler des flots de sang. Mais, dans les autres parties de la ville, le combat est plus furieux encore : les boucliers, les casques retentissent sous les coups. Nos guerriers combattent; mais les autres ont plus de force, et les chrétiens fatigués ne peuvent plus soutenir leurs attaques. O douleur! partout on pleure, on se lamente : la vieillesse aux cheveux blanchis, la florissante jeunesse gémissent également; les moines et tout le clergé fondent en larmes; et les cris de douleur frappent au loin les airs. Ceux-ci, craignant de voir la ville au pouvoir de l'ennemi, révèlent la tristesse de leur âme; les barbares joyeux poussent vers le ciel de grands éclats de rire, se croyant déjà les maîtres des remparts. Les femmes en pleurs arrachent leur chevelure, et balayent la terre de leurs cheveux en désordre : elles frappent de leurs poings leur sein découvert, et se déchirent avec les ongles leurs visages où règne la tristesse.

V. 252. *Petiit*. Ceci prouve que Gerbold combattait d'une position élevée; du haut des murs, par exemple; *pinnis*: contre les Normands qui tentaient de monter à l'assaut.

V. 257. *Dextri*, les chrétiens, vers 20.

V. 258 et suiv. Voyez presque les mêmes détails; I, 386-392.

V. 264. *Severi*, sujet de la phrase. Les barbares, les Normands.

V. 268. *Tristia et ora*. Le manuscrit portait *ae*, qui a été corrigé en *et* par une main plus récente.

Voce rogant lachrymosâ omnes : « Germane beate!

270. « Auxiliare tuis, alioquin nunc moriemur:

« O pie! nunc succurre citus; succurre, perimus! »

Germanum reboat tellus, nec non fluviusque;

Littora, et omne nemus pariter circùm resonabat :

« O Germane sacer! nobis miserere, rogamus! »

275. Templorum campana boant, mœrentia clamant; *(signa)*

Vocibus his et humus tremuit, flumenque remugit:

Urbs extrema verens instantis carpere lucis,

Omnia lamentis lachrymans spargebat amaris. *(replebat)*

Omnibus en Germanus adest recolendus in orbe,

280. Corpore subsidioque simul, nil vota moratus,

Quo majora tenebantur certamina martis,

Signiferosque Danûm lucrari morte coegit; *(a, à)*

Atque dehinc alios perplures; protenus urbe *(longè)* *(a, ab)*

Ponte simul pellens illos; quem maxima turris

285. Ante suos domnum speculans congaudet ocellos.

Undè fatigati vires revocant sibi fortes,

Atque resistere decertant bellando protervis,

Qui turrim repetunt, pontem vel mœnia linquunt. *(protervi)*

V. 175. *Campana*, pluriel neutre, ainsi que *acra* et *æthra*. Vers 261.

Tous s'écrient d'une voix plaintive : « O bienheureux « Germain! protége tes enfants; autrement nous mour- « rons! O saint prélat! viens à notre secours; vite, à « notre secours : nous périssons! » La terre et le fleuve redisent le nom de Germain, et les rivages et les forêts d'alentour retentissent de ces cris : « O saint Ger- « main! aie pitié de nous, nous t'en supplions? » En même temps les cloches des temples les répètent en s'agitant avec un son lugubre; le sol ébranlé et les gouffres du fleuve les redisent en mugissant, et dans la ville, qui se croit à son dernier moment, tout est rempli de pleurs et de sanglots.

Germain, qui mérite les hommages de tout l'univers, entend leurs vœux et se présente avec son corps pour les secourir dans l'endroit où le combat était le plus furieux : il livre en proie à la mort plusieurs porte-enseignes des Normands; puis un plus grand nombre de ces barbares; et les repousse de la ville et du pont. Enfin la grande tour voit le saint prélat devant ses yeux, et le contemple avec joie. A cette vue, nos braves épuisés rappellent leurs forces et s'apprêtent à résister à leurs insolents ennemis, qui abandonnent le pont et les remparts, et livrent un

---

V. 282. *Lucrari*, passif, être gagnés par la mort : devenir la proie de la mort.

V. 284. *Maxima turris*, la grande tour; la tour septentrionale.

V. 285. Construisez: *Congaudet speculans domnum ante suos ocellos.*— *Ocellos*; Voyez I, 431.

Mille simul speculæ stabant, omnes quia pugnæ
290 Multo non unâ poterant numero prohibente.
*cadunt*  *in humum*
Dilabuntur humi vario trajecta mucrone
*sicut*   *e. Normannorum*
Viscera, quò pluviæ cælo, ratibusque feruntur.
*dea maris*
Jam capiente jubar migrans sub marmora Thetis
*e gentilibus*
Oceano, foribus turris submittitur altus
295 Valdè focus: flammæ præcelsa cacumina turris
Cingebant; armis pugnant ignique sinistri.
*portas*
Linquitur arx dextris, salvasque jubent aperire,
Optantes prorsùs pretiosam scandere mortem
Plus, quàm fallacum fidei committere semet.
300. Nemo stetit supra speculam, solus nisi sæpe
Jam Sancti famulus dicti, lignum crucis almæ
In flammas retinens; oculis hæc vidit, et inquit:
Densus enim fumus nimiùm velaverat illam.
Tùm portis igitur reseratis, aridus ense
305. Portuni madido moritur Vulcanus inermis;
Subtilemque fugam petiere, cadavera torvi

V. 289. *Speculæ*, datif de *specula*, pour *ut speculurentur*. En vedette, en observation.

V. 293. *Thetis*, manuscrit *Tetis*.

V. 297. *Arx*, manuscrit *arcs*.

V. 305. *Portuni*. Le dieu Portunus est ici la croix, divinité tutélaire.

nouvel assaut à la tour. En même temps, mille autres restent en observation ; parce que, gênés par leur grand nombre, tous ne pouvaient combattre à la fois. Percés de divers traits, les Normands tombent à terre comme la pluie du ciel, et sont emportés dans leurs vaisseaux.

Lorsque l'Océan recevait dans le palais de Thétis le Soleil à son déclin, les payens allument un épais foyer devant les portes de la tour, dont les créneaux sont bientôt enveloppés de flammes. Ainsi ces barbares combattent avec le fer et le feu. Les chrétiens abandonnent leur citadelle et en font ouvrir les portes, aimant mieux s'élancer au-devant d'une mort glorieuse que de se remettre à la foi de ces perfides. Personne ne resta sur la tour, excepté un seul serviteur du Saint déjà célébré tant de fois, tenant étendu vers les flammes le bois de la croix salutaire. Voici ce qu'il vit de ses propres yeux ; voici ce qu'il nous raconta ; car une épaisse fumée avait dérobé la tour à tous les regards. Lorsque les portes en furent ouvertes, Vulcain désarmé mourut par l'épée encore tout humide du vrai dieu Portunus, et les barbares s'enfuirent précipitamment, remportant avec eux plu-

port de salut pour les chrétiens, comme *Portunus*, dieu des ports, chez les Romains. — *Madido ense*. L'épée de ce nouveau dieu Portunus est mouillée, pour dire qu'en même temps que la croix apparaissait sur la tour, les Parisiens y jetaient de l'eau en abondance pour éteindre le feu. Note abrégée de Duplessis.) — Que penser du goût de l'auteur qui associe la croix aux dieux Portunus et Vulcain ?

Multa reportantes secum, Mavorsque quievit.

Hæc virtute crucis sanctæ victoria nostris

Ceditur, et meritis Germani antistitis almi,

310. Quem revehunt ad basilicam Stephani quoque testis *martyrio*

Gaudentes populi, præcelsà • te • reboantes

Voce • Deum, te laudamus, Dominumque fatemur. •

Urbis erat præsul clarus, tutamen et urbis

Mœstitiam alterutrim nactæ sic lætitiamque. *a. urbis*

315.   Funditùs his animo versus tanquam mare coro, *a. Carolus*    *vento*

• Cernere, • Francigenis inquit, • proparate sub urbem •

Sexcentis, • statum nostris suggestibus aptum. *ædibus*

• Talia me coram fures! • Jussis opus addunt. *servi a. ausi sunt agere a. Francigeni*    *reliqui*

Dum tamen hos trames revehit Primatis ad aulam, *de Francia*

320. Sectantur, glomerant cuneos post terga nefandi: *eorum pagani*

Committunt, superant, cædunt, fugiunt, moriuntur. *a. Normanni prœlium a. Franci a. Normanni*

Templa fugax cœtus penetrat confinia muris: *paganorum*

Victorum gemini quamdam (mirabile narro)

---

V. 310. *Revehunt,* manuscrit *revehunt.*

V. 315. *Coro,* manuscrit *choro.*

V. 316. *Proparate:* telle est la leçon du manuscrit : les sept premières éditions ont *properate.* Duplessis, entre autres, regarde *proparate* comme une faute de copiste. J'avoue qu'il est plus facile de construire *properate cernere;* mais *proparate* peut aussi s'expliquer : « Travaillez d'avance

sieurs cadavres de leurs compagnons. Alors Mars se reposa. Ainsi, cette victoire fut donnée aux nôtres par la vertu de la sainte croix et par les mérites du saint prélat Germain, que le peuple reporte à la basilique du saint martyr Étienne avec des cris de joie, et en répétant à voix haute : « Nous te louons comme « un dieu, nous t'avouons notre maître! » Ancien évêque de la ville, il en est devenu le défenseur, et par lui elle passe tour à tour de l'abattement à l'allégresse.

Ému par ces récits jusqu'au fond de l'âme, comme la mer par le corus : « Allez, dit Charles à six cents «Français, allez d'avance observer près de la ville «un lieu propre à notre camp. Quoi! de tels brigan-«dages en ma présence. » Il ordonne, et ils agissent à l'instant. Tandis qu'ils retournaient à la cour de leur souverain, les barbares grossissent leurs bataillons, les poursuivent et les attaquent. Les Francs les enfoncent et les massacrent; ceux-là fuient ou meurent. Dans leur fuite rapide, ils entrent dans les temples voisins des murailles; deux des vainqueurs (chose étonnante) se précipitent dans une église, et la lais-

---

reconnaître un lieu propre à un camp. » On voit que le sens reste à peu près le même.

V. 318. *Eclipsis*; c'est ce que nous appelons *ellipse*. Cette figure s'applique à *talia me coram fures*.

V. 319. *Primatis*, le premier au-dessus d'eux; leur souverain, l'empereur. Nous avons déjà vu ce mot appliqué à Gozlin, I, 243, qui était le premier personnage dans Paris.

           *paganorum*
    Ecclesiam irrumpunt, farsam de morte relinquunt;
         *s. illi duo*
325. Post et equos saltu repetunt, paribusque cohærent.

    Sic ternis Sequanam Martisque cacumina stratis

    Sexcenti copulant ex millibus, hinc remeantque.
        *victores*
    Namque triumphantes fratrum prompsit geminorum

    Fama fuisse Theoderici procerum ast Aledramni.

330.   En princeps de quo canitur circumdatus armis

    Omnigenis, cælum veluti splendoribus astreis,

    Induperator adest Carolus, comitatus opimo

    Diversi populo labii, tentoria figens

    Sub Martis pedibus montis, speculamque secundùm.

335. Redditur ecclesiæque diù pastor viduatæ

    Nobilis egregiusque sacræ pompatus honore

    Totius Anschericus virtutis germine clarus.

    Annuiturque feris licitum Senones adeundi,

    Septiès argenti libris causâ redeundi

340. Martis mense datis centum sua ad impia regna.
     *gelascebant*
    Tunc glaciabantur torpentis sæcla novembris.

  V. 328. Construisez : *namque fama prompsit triumphantes* vel *victores fuisse* (milites sous-entendu) *procerum Theoderici ast* (pour *et*). *Aledramni fratrum*.

  V. 334. *Secundùm* ne signifie pas « vis-à-vis, » mais dans le sens de Il place son camp de manière à suivre les opérations d'attaque et de

sent encombrée de morts; ensuite ils s'élancent sur leurs coursiers et rejoignent leurs compagnons. Ces six cents hommes joignent la Seine et les sommets de Mars par une ligne de trois mille ennemis abattus, puis ils se retirent. On dit que ces vainqueurs avaient pour chefs deux frères, Théodéric et Aledramne.

Voilà que le prince dont je parle, l'empereur Charles, se présente, accompagné de cent peuples différents d'armes et de langage, semblable au ciel parsemé de ses astres brillants, et il dresse ses tentes au pied du mont de Mars, et vis-à-vis de la citadelle. Il rend un pasteur à l'église si longtemps dans le veuvage; c'est Anschéric qui obtient cet honneur, Anschéric, noble, généreux, et distingué par toutes les vertus. Puis il permet aux barbares de remonter dans le pays des Sénonais, et leur promet sept cents livres d'argent payables au mois de mars, pour qu'ils retournent dans leurs royaumes impies. Alors le froid novembre engourdissait toute la nature. En-

---

défense dont la tour était le but; or, tout cela ne pouvait se faire qu'en l'ayant en vue, à découvert, devant soi. A moins que *speculam* ne soit pris en général, comme vers 289, alors ce serait : « il place son camp en observation. »

V. 336. *Sacræ* se rapporte à *ecclesiæ*. — *Pompatus honore*, scilicet, *episcopi*; revêtu de l'honneur dont il s'agit : de l'épiscopat.

V. 338 et suiv. Construisez : *licitum adeundi Senones annuitur feris*, i. e. *barbaris*, *septiès centum libris datis*, i. e. *dandis, mense martis, causâ redeundi*, i. e. eâ *conditione ut redirent ad sua impia regna*.

V. 341. Mot à mot : alors le temps de novembre était glacé : c'est-à-dire, on était en novembre, et il gelait.

Sic Carolus rediit moriturus fine propinquo.

Nomina tunc ensem quorum perpessa fuisti
*per hos*
Nec vocitare prius, pigra ô Burgundia bello,
*nobilibus*                    *nuptias faceret*
345. Neustria praecluibus, thalamum nisi conneret altis,
           *sed*         *e. nomina Normannorum*
Jam tibi consilio facilis; verum modo jam scis.

Inde revertentes, prato sua castra reponunt
Jam dicto, templum sancti velut ante colentes.
Quatuor hic dominusque mei Germanus in usum
350 Contractos nimium membris priscum revocavit;
                         *nervis*
Motibus atque suis, admoverat organa libris.
                                           *re*
Subducto genibus dudum pedibusque parato
Jure suo. Extinctisque fenestris unius orbi
Restituit radios solis spectare micantes.

355.    Bessino huc adiens inter saevos comitatu
Laesa nihil quodam meritis sed tuta beati

V. 343 et suiv. Construisez : *o Burgundia pigra bello, prius* (antea), *ne vocitabas* quidem *nomina eorum quorum tunc fuisti perpessa ensem, nisi Neustria comer t thalamum* (pararet nuptias) *praecluibus altis.* (i. e. tuis nobilibus filiabus, comme le dit la glose) *Jam tum facilis tibi consilio* i. e. et jam tunc facile tibi consilia dare poterat de Normannis simul repellendis. C'est-à-dire que la Bourgogne n'aurait pas même connu le nom de ces barbares, si elle n'en avait été instruite par les Neustriens qui formaient des alliances avec ses filles; mais alors elle aurait dû profiter des conseils que lui donnait la Neustrie de se réunir à elle pour résister aux Normands : ou du moins, la Neustrie aurait pu lui donner ce conseil. Maintenant la Bourgogne ne les connaît que trop bien

suite Charles s'en va; mais il devait bientôt mourir.

Tu savais à peine le nom de ces barbares dont le glaive t'a fait tant souffrir, ô Bourgogne! paresseuse aux combats; mais la Neustrie, en préparant le lit nuptial aux jeunes filles de tes nobles, pouvait te donner de sages conseils. Tu les connais maintenant.

887. Revenus de ce pays, ils établissent de nouveau leur camp dans le pré de Saint-Germain, et honorent son temple comme auparavant. Là, mon seigneur rendit à leur premier usage les membres perclus de quatre malheureux, redonna le mouvement et le ressort à leurs fibres desséchées, et rétablit dans leurs anciennes fonctions leurs genoux et leurs pieds, qui en étaient privés depuis longtemps. Un autre était aveugle; il rendit à ses yeux éteints la faculté de voir les rayons brillants du soleil.

Ensuite une autre femme, également privée de la lumière, arrive d'un comté du Bessin parmi ces bar-

V. 349. *Dominus mei* pour *meus*. (Voyez I, 567, 634.)

V. 351. Construisez : *atque admoverat organa fibris*, avait réorganisé leurs fibres, *motibus suis* (sous-entendu *redditis*), en leur rendant leurs mouvements. *Jure suo*, i. e. facultate, *dudum subducto genibus pedibusque*, *parito*, i. e. restituto illis.

V. 353. *Fenestris*, i. e. oculis. *Orbi*, génitif de *orbus*.

V. 355 et suiv. Construisez : *femina quædam læsa*, malade, *adiens huc inter seros*, i. e. barbaros, *è quodam comitatu Bessino*, *tuta*, i. e. servata *nihil* (non) *meritis suis, sed meritis beati Germani, meruit lumen, cæca*, i. e. quæ anteà cæca erat. (D.) — *Quodam comitatu*, soit qu'il y eût plusieurs comtés dans le Bessin, soit qu'Abbon ne le connût qu'imparfaitement. Vers 474.

Femina post quædam meruit lumen quoque cæca.

Cujus ad accubitat puteus vestigia, cujus *(epanalemsis)*

Qui potabit aquas, extemplo febre laborans

360. Auxilio sancti fidens, capiet medicinam.

His panem cupiens quædam componere, jussit

Vi sibi scotta Danûm deferri, namque sacerdos

Templa tuens puteum vendebat egris pretio amplo :

Depositus flammæ panis, mox ipse figuram

365. Sanguinis accepit rubeam. Post altera forte

Scitur vi conans latices, hausisse cruorem.

Quis tanti peragrare potest miracula sancti?

Ora mihi si mille aderant, totidem quoque linguæ

Vocibus explentes aer, cœlumque boatu,

370. Gesta mei narrare patris numerum ve nequissem.

Hic Germanus, hic est qui passus adhùc renitere

Haud mundo, cunctis nimiùmque stupenda peregit.

Fundere signa priùs didicit genitricis in alvo,

V. 358. *Epanalemsis*, à la marge. Nom de figure, en grec ἐπανάληψις, répétition : *cujus... cujus.*

V. 361 et suiv. Construisez : *quædam mulier cupiens componere panem his aquis, jussit scotta* (nempè partem illarum aquarum) *deferri sibi v. i. e. per vim Danûm*. Au lieu de payer la portion d'eau qu'elle voulait, car le prêtre la vendait fort cher, elle demande aux Normands qu'ils l'enlèvent de force et la lui donnent. — *Scotta*, mot barbare que de

bares, et sauvée, non par ses mérites, mais par ceux
du bienheureux, elle recouvra la vue. Aux pieds du
saint est un puits, et quiconque boit de ses eaux
avec confiance, fût-il travaillé de la fièvre, y trouve
sur-le-champ un remède à son mal. Une femme désirant en pétrir son pain, pria les Danois de lui prêter
main-forte pour en obtenir une portion; car le prêtre,
gardien du temple, vendait cher aux malades ces
eaux bienfaisantes : mais ce pain, approché de la
flamme, prit la couleur du sang. Une autre, voulant
par la violence puiser à cette source, n'en retira
(c'est un fait connu) qu'une liqueur sanglante.

Qui pourrait parcourir les miracles d'un si grand
saint? Quand j'aurais mille bouches, mille langues,
qui rempliraient l'air et tout le ciel de leurs voix
retentissantes, je ne pourrais raconter ni énumérer
les gestes de mon père. Oui, c'est là ce Germain qui
après avoir brillé quelque temps dans le monde, l'a
étonné par des prodiges. Il apprit à se signaler par

Cange explique par *pecunia, census, pars, symbolum,* d'où vient *écot,*
autrefois *eschot.* (D.)

V. 363. *Puteum,* i. e. *putei aquam.*

V. 364. *Depositus,* c'est-à-dire, placé devant la flamme pour être cuit.

V. 366. *Scitur,* i. e. *cognoscitur,* on sait que, etc.

V. 367. *Peragrare,* i. e. *enumerare.*

V. 369. *Explentes,* i. e. *complentes.* — *Aer* est ici un neutre accusatif.

V. 371. *Qui passus,* etc. Construisez : *qui haud passus renitere adhuc,*
qui n'ayant pas voulu briller *encore* dans le monde, qui n'ayant *plus*
voulu briller.

Antèque virtutem celsam quàm cernere lucem.

375. Talia quis, lector, sanctorum gesserit unquam?
    *dic*     *i. e. si audes*
Cedo, sacer forsan, sodes Baptista Joannes.

Ergo meus similis Germanus huic habeatur.

Iste cadaveribus ternis vitam revocavit,

Restituens lapsis proprias sedes animabus.

380.  Urbs age, Parisius, sub queis defensa fuisti
    *vox urbis*
Principibus? Me quis poterat defendere, primas

Hic nisi Germanus, virtus et amor meus omnis?

Post regem regum, sanctamque ejus genitricem,

Rex meus ipse fuit, pastorque, comes quoque fortis.

385. Hic ensis bis-acutus adest meus, hic catapulta,

Is clypeusque, patens murus, velox sed et arcus.
*s. de*   *populi*
His, quia sat silvæ resonant, philomela quiescat.
        *miraculorum*
 Plectra revolvamus vocis post terga stuporum;

 Fœdere quo fragili fuerant infecta loquamur

390. Agmina Normannùm, Francis è finibus antra

Ad sua nolentùm descendere; sed Sequanina

---

V. 375. *Gesserit* pour *gessit*, comme plus haut, 251.

V. 387. Métaphore. Puisque tous les peuples célèbrent sa louange, un seul homme n'ajoutera pas beaucoup à ces éloges : il peut donc se taire. (D.) Manuscrit *filomela*.

V. 388. *Post terga stuporum*. A la suite des miracles, disons comment, etc. (D.)

des miracles dès le sein de sa mère, et connut la vertu avant la lumière du jour. Quel saint en a jamais tant fait? peut-être saint Jean-Baptiste. Eh bien, que mon Germain soit l'égal de Jean! Il a rendu la vie à trois cadavres, et rétabli leurs âmes dans leur ancien séjour.

Dis-nous donc, Paris, quels princes t'ont défendu? — Eh! qui pouvait me défendre, sinon Germain, mon premier appui, ma vertu et mon amour? Après le roi des rois et sa sainte mère, c'est lui qui a été mon roi, mon pasteur et mon généreux comte : il est mon glaive à deux tranchants, ma catapulte, mon bouclier, mon large mur et mon arc rapide. — Mais, puisque les forêts célèbrent assez sa louange, Philomèle peut se taire.

Après les miracles, reprenons les chants d'une voix humaine; disons combien était fragile le traité fait avec les Normands. Ils refusaient de descendre des contrées de la France dans leurs repaires, et voulaient, tout en gardant l'argent reçu, remonter les

---

V. 389. *Fœdere fragili... infecta*, comme s'il disait *perfidia infecta*.
V. 391. *Sed Sequanina*, etc. Construisez et expliquez : *Sed cupiscentium, retinendo sibimet argentum, rursùs adire Sequanina fluenta, quæ monstrent*, i. e. *monstrare possint tua novalia, ô Burgundia! Non tamen id cupiebant : cupido eorum latebat simulata*, i. e. *per dissimulationem; affluerat cordi*, i. e. *cupiebant, quod sequitur*, i. e. *quod infra dicemus, nempè Matronam ingredi et Campaniam vastare; sed hoc tamen affluerat ori*; i. e. *sed dicebant se optare quod hìc dicitur, nempè in Burgundiam rursùs invehi*.

Imò fluenta cupiscentùm tua rursùs adire,

Quæ, argentum sibimet retinendo, novalia monstrent,
        *a. cupiebant*
O Burgundia! non : simulata cupido latebat;

395. Quod sequitur cordi affuerat, sed hoc tamen ori.

Concipiunt igitur Thetis nitendo quadrigas
    *sinè*
Munere clàm gratum pontes transcendere justo.

Ilicet Anscherici defertur episcopi ad escas,
        *mensis*
Ast Ebali (ferclis inerant Titane secante
            *horologio*
400. Lucifluam cernente poli gnomone figuram).
                *alveos*
Multiplici remo contundere pocula lymphæ :

Scandere Gentiles undas conclamat eoas

Parisius. Surgit securus uterque ciborum,
   *movent*           *muros*     *replent*
Arma ciunt, ripasque legunt, pinnasque facessunt.
  *trahit*          *jacit*
405. Hic Ebalus raptat chordam, vibratque sagittam,

Quam nauclerus in ascellam per navis hiatum

Prævius accepit, modicùm terebroque foratum.


V. 396. Construisez et expliquez : *concipiunt gratum*, ils conçoivent comme une chose agréable, il leur plaît, *transcendere* (verbe actif avec deux accusatifs, comme transmittere), de faire passer au delà. *pontes*, des ponts, *nitendo*, avec effort, *quadrigas Thetis*, les chars de Thétis, leurs bateaux. *Clàm munere justo*, indépendamment du présent raisonnable qu'ils avaient reçu; sans le compter, sans en tenir compte Cette explication est de Duplessis, excepté qu'il fait régir *quadrigas Thetis* par *nitendo*, franchir les ponts en poussant leurs barques.

courants de la Seine qui pouvaient les conduire dans
tes campagnes, ô Bourgogne! Mais non : ils cachaient
leurs désirs. Voilà ce qu'ils avaient à la bouche ; mais
ils méditaient autre chose dans leur cœur.

Ils forment donc la résolution, malgré le présent
raisonnable qui leur a été fait, de franchir les ponts
avec les chars de Téthis. A l'instant on annonce à
l'évêque Anschéric et à Ebles, pendant leur repas
(car ils étaient à table, à l'heure où l'aiguille du cadran
regarde et coupe par la moitié le globe lumineux de
Titan), que les payens frappaient de leurs rames
innombrables les abîmes du fleuve; et tout Paris
s'écrie qu'ils en veulent franchir les ondes orientales. Tous deux se lèvent, oubliant le repas, appellent aux armes les citoyens, parcourent les rives
et garnissent les remparts de sentinelles. Ici, Ebles
saisit un arc, et lance une flèche qui, à travers une
ouverture du vaisseau formée par une tarière, va
percer l'aisselle du pilote qui marchait à leur tête.

V. 399. *Ast* pour *et*, vers 329. — *Titane secante*, etc., c'est-à-dire à
midi : mais on ne peut construire la phrase. Duplessis pense qu'il y
a faute dans le texte, et qu'il faut lire *Titana* ou *Titani* pour *Titanis*.
Dans le premier cas, on construira : *gnomone cernente*, i. e. qui cernit
*figuram lucifluam poli, secante Titana*. Avec *Titanis* : *gnomone poli*, le
style du pôle, c'est-à-dire posé selon la hauteur ou l'élévation du pôle,
ou bien l'aiguille qui fait reconnaître l'état du ciel, *cernente, et secante
figuram lucifluam Titanis*. Il faut ici se contenter de l'à-peu-près.

V. 405. *Chordam*, manuscrit *cordam*, sous-entendu *arcûs*. Ne pourrait-on pas l'expliquer par : il saisit la corde d'un des bateaux ?

Sic auriga necis casus, pelagique phaselus
  certè       Normanni
Quin patitur : restant igitur, ceduntque sub arcem
   cur dicuntur acephali?        perdunt
410. Acephali; quoniam Christum perdunt, caput ipsum.
  deindè    pacem      cum
At verò veniam deposcunt, obsidibusque

Jusjuranda parant aliud non tangere littus

Ni Sequanæ, gressumque referre citò, velut antè.

Nam nobis dederant tranquillum Matrona flumen

415. Quidquid alit, solito *securum* quod vocitamus.
  s. securum
Hoc nostris violare Danos ingens erat horror:

Undè forum, fœdus pariter commune fiebat,

Una domus, panis, potus, sedes, via, lectus.

Commixtum sibimet populum mirantur utrumque.

420. Quod pactum Senones primùm statuere migrando,

Hactenùs et servaverunt, quoadusque secundò

Mœnibus invitis superos latices adipisci
licitum     i. e. licito subeundi
Fas meruere dato barcas per flumina, raptant
         s. qui erant fines
Eheu! catholicos secum per littora vitæ

 V. 410. *Acephali*, ἀκέφαλοι, sans tête.

 V. 412. *Jusjuranda parant*, pour jurant.

 V. 414. Construisez : *dederant*, promiserant nobis tranquillum fore id quidquid Matrona alit.

 V. 415. *Securum*, substantif, pour *securitatem*, une assurance.

 V. 421. *Servaverunt*. Ils observèrent le pacte et dirigèrent leurs premiers bateaux vers Sens tant que toute la flotte n'avait pas franchi le

Ainsi leur conducteur périt par un coup violent, et sa barque par un naufrage. Ils s'arrêtent au pied de la citadelle, ces peuples acéphales; car ils ont perdu le Christ, la véritable tête de l'homme.

Alors ils demandent la paix, livrent des otages, et promettent par serment de ne toucher d'autres rivages que ceux de la Seine; et de revenir bientôt, comme auparavant. Toutes les terres fécondées par la Marne, ils devaient les laisser paisibles, et nous en avaient donné, comme on dit, *l'assurance*. Les nôtres ne pouvaient penser sans horreur que les Danois songeassent à violer cette promesse; aussi l'alliance commune entre les deux peuples rendit tout commun : la place publique, les rues, les maisons, le pain, la boisson, le lit. C'est merveille de voir les deux nations ainsi confondues. Fidèles à leur pacte, ils se dirigent d'abord vers les Sénones, et l'observent ponctuellement, jusqu'à ce qu'en vertu de la permission qui leur est accordée, ils aient fait remonter leurs barques sur le fleuve, et se voient, en dépit des remparts, une seconde fois maîtres des courants supérieurs. Alors ils entraînent avec eux

passage des ponts. Quand toutes leurs barques furent à l'orient de Paris, alors n'ayant plus rien à craindre ils entrèrent dans la Marne.

V. 422. *Mœnibus invitis*, au grand déplaisir de la ville, ou malgré tous les obstacles que leur avaient opposés les remparts.— *Superos*, etc. Construisez : *meruere adipisci superos latices*, *fas*, i. e. *licito dato illis raptare barcas per flumina*.

V. 424. *Per littora vitæ* signifie-t-il les rivages, l'extrémité de la vie.

425. Bis denos, siquidem aut necibus loris ve plicarunt.
<sub>carbo si fuerit munitus flammâ et cinere semper vivit, alioquin moritur</sub>
Mox adhibent propriis vitam sine mandere castris, [enigma]
<sub>i. e. lignis et cineribus   s. duorum</sub>
Vallatam geminis mortem, sine tegmine prunas:
<sub>s. castra</sub>
Quæ nostri precibus sperârunt tuta tenere.
<sub>fluvium</sub>
Securum frangunt, Senones temnunt, Matronamque
430. Æquoreo curru sulcant. Mandatur et urbi.
<sub>sonant   longis</sub>
Guttura millenis crepitant, planctu quoque, bombis.
<sub>quæ fuit inter christianos et Normannos   perimitur</sub>
Pax communis abit, fœdus pessumdatur omne.
<sub>crudeles   in</sub>
Continuò cuncti torvos disquirere cives

Urbe, foro currunt, aliqui si forte paterent.
<sub>interjectio latantis   D</sub>
435. Evax! inveniunt quingen, plagisque trucidant.

His micuit præstans Ebolus, mavortius abba,

Ni cupidus nimiùm, lascivus, et omnibus aptus;

Nam pulchrè nituit studiis quæ gramma ministrat.

Fœderis antistes causâ permisit abire

comme l'entend Duplessis; ou les rivages de vie, c'est-à-dire les rives des pays chrétiens? Les chrétiens semblent seuls vivre véritablement: les payens sont comme dans les ténèbres de la mort; alors il faudrait ponctuer : *per littora vit...; bis denos,* etc., et on traduirait : ils entraînent des chrétiens le long des rives de leur patrie, et en font périr vingt, etc.

V. 426. Véritable énigme, malgré l'explication de la glose. C'est, je crois, une allégorie dont le sens est : ils abandonnent leur camp, doublement exposé alors aux attaques des Parisiens (*vallatam geminis mortem,* une existence menacée de la mort par deux causes), et par leur absence et par l'esprit de vengeance qui doit animer les Français

vingt chrétiens aux derniers rivages de la vie, et les font périr par l'épée ou par le fouet.

Bientôt ils laissent dans leur camp une vie sans aliment, un double sujet de mort : des charbons que ne recouvre aucune cendre; espérant, à force de prières, le retrouver dans l'état où ils le quittaient.

Ils violent leur promesse, oublient les Sénones, et sillonnent la Marne de leurs chars marins. Paris l'apprend; aussitôt mille cris de douleur s'échappent de toutes les bouches. Plus de paix, plus de traité. Les citoyens cherchent les barbares dans toute la ville, courent dans la place pour en découvrir quelques-uns. O bonheur! ils en trouvent cinq cents qu'ils font périr sous leurs coups. Avec eux était le vaillant Ebles, cet abbé martial, capable de tout, s'il n'eût été trop ambitieux et trop ami des plaisirs; car il excellait aussi dans les études littéraires. Mais l'évêque Anschéric laissa partir ceux qu'il avait chez lui

---

Ils le laissent sans défense, exposé à périr comme un *charbon* privé de *cendres*, ce qui est une vie sans aliment, *vitam sine mandere*. Plusieurs de ces explications sont de Duplessis ; mais il n'y voit que le fait matériel d'un feu laissé dans le camp sans matières pour le nourrir.

V. 438. *Nostri precibus* pour *nostris*, les prières faites à nous par les Normands (D.)

V. 435. *Quingen* pour *quingentos*, comme l'explique la glose par la lettre D, qui vaut 500.

V. 436. Construisez : *his* (inter hos) *micuit Ebolus, abba mavortius præstans*, homme supérieur, *et aptus omnibus, ni fuisset nimiùm cupidus lascivus*.

V. 438. *Gramma*, i. e. linea. Soit féminin, soit neutre, de χαμμή, ou

440. Anschericus tentos, potiùs concidere debens.

Indè feri Meldis feriunt, urbem quoque vallant.

Intereà Carolus, regno vitâ quoque nudus,
*des terræ*
Viscera Opis divæ complectitur abdita tristis.
*s. complectitur*
Lætus Odo regis nomen, regni quoque numen,

445. Francorum populo gratante faventeque multo  [*cumu*
*Odonis*   *s. complectitur*
Ilicet, atque manus sceptrum diademaque vertex.

Francia lætatur quamvis is Neustricus esset;
*pro reperiebat*
Nam nullum similem sibimet genitum reperire;

Nec quia dux illi Burgundia defuit, ejus,

450. Neustria ad insignis nati concurrit honorem.

Sic uno ternum congaudet ovamine regnum.
*velox*
Præterea astutos petiit præceps Aquitanos:
*s. Aquitaniæ*
Mox sibi subjectis Francorum regna revisit,

Mœnia Meldis adhuc Danis stipantibus urbis.

455. Cui præsul fuerat residens in eâ Segemundus,

Præsulis Anscherici Tetbertus belliger heros
*s. erat*   *sol*   *luna*
Germanus consul. Minimè Delius neque Phœbe

γράμμα, l'écriture, les lettres, dans le sens de littérature. (De Cange Glossaire.)

V. 439. *Fœderis causâ*. On pourrait aussi le rapporter à *permittitabire*. Quoique les Normands eussent violé leur promesse, lui se croyait toujours lié par le traité.

en vertu du traité, au lieu de les massacrer, comme il le devait. Ensuite ces barbares vont attaquer la ville de Meaux, et en forment le siége.

888. Cependant Charles, dépouillé de son royaume et bientôt de la vie, va tristement embrasser les entrailles cachées de la terre; et l'heureux Eudes, par la faveur et aux acclamations du peuple français, reçoit le nom et la puissance de roi. Sa main porte le sceptre, et sa tête le diadême. La France s'en réjouit, quoiqu'il fût Neustrien; car elle ne trouvait parmi ses enfants personne qui lui fût comparable. La Bourgogne, quoiqu'elle ne manquât pas d'un chef habile; et la Neustrie, parce qu'il faisait sa gloire, s'accordent pour lui conférer cet honneur. Ainsi les trois royaumes réunissent sur lui seul leurs vœux et leur approbation.

En outre, il marche rapidement contre les Aquitains rusés, les soumet, et retourne en France. Les Danois entouraient encore les remparts de Meaux, dont l'évêque était Ségemond, et le comte, Thetbert, vaillant guerrier, frère de l'évêque Anschéric. Ni le dieu de Délos, ni Phœbé ne lui apportait aucun

---

V. 446. *Zeuma*, figure. Le même verbe *complectitur* sert à *Odo, manus, vertex*. (Voyez l'Épître dédicatoire, p. 59.)

V. 447. *Neustricus*, manuscrit *neustr*.

V. 449. Construisez: *et Burgundia, non quia dux illi desuit, concurrit ad honorem ejus; Neustria concurrit ad honorem ejus, nempè insignis nati sui.* Le duc de Bourgogne était alors Richard-le-Justicier.

V. 457. *Phœbe*, manuscrit *Febe*.

Apportabat ei spatium; juge sed sibi bellum *(requiem)*

Undique constat, eisque tamen per multa resistit. *(i. e. multùm)*

460. Perdidit innumeros quotiès ex agmine sævo *(sæpius)*

Exiliens citra muros pessumdare tetros.

Flamina quot tulerat telis orare nequibo. *(animas)* *(loqui)*

Proh dolor! armipotens inter mortalia desit

Arma ruens, nunquam sibi Principe subveniente; *(rege)*

465. Exitiumque polis posthàc cum præsule capto *(urbe)*

Passa luit : regi hinc felix micat omen Odoni. *(sustinuit)* *(indicium)* [ironia]

Denique Luteciæ revolant ad culmina tutæ.

Convocat hùc omnes populos per regna morantes.

En sine jam numero numerum præstans Odo nectit:

470. Francigeni approperant altâ cum fronte superbi:

Calliditate venis acieque Aquitania linguæ;

Consilioque fugæ Burgun-adiere-diones. [tmesis]

Sessio fit non longa satis, frustrata triumpho.

Nescio quis socios lusit Danosque cecidit

V. 461. *Citrà* pour *ultrà*, voyez I, 19. — *Exiliens pessumdare*, ad pessumdandum *tetros* Normannos.

V. 463. *Mortalia arma*, ses armes mortelles, les armes d'un mortel; comme si celles du roi eussent été immortelles; comme si le prince était une divinité, comparé à un simple comte : *regni numen*, vers 111 Toujours les moines écrivent avec les préjugés qu'avait laissés au

repos; mais la guerre était continuelle : et cependant il résiste avec opiniâtreté. Combien il abattit de ces barbares, lorsqu'il s'élançait hors des murs pour les détruire! à combien de soldats ses traits enlevèrent le souffle de la vie! Ma bouche ne saurait l'exprimer. Mais, ô douleur! ce héros succombe enfin dans une sortie, abandonné à ses armes mortelles, sans que le Prince l'eût jamais secouru. La ville, ensuite prise, ainsi que son évêque, subit une ruine complète. Tel fut pour Eudes l'heureux présage de son règne.

Enfin ils revolent vers les murs de la tranquille Lutèce. Eudes y convoque tous les peuples du royaume et rassemble une armée innombrable. Là viennent les Francs, orgueilleux et la tête élevée; et l'Aquitaine, célèbre par l'adresse et l'habileté de son langage; et les Bourguignons, tout disposés à fuir : mais l'assemblée se dissipa bientôt. Ainsi périt tout espoir de triomphe.

Je ne sais quel seigneur, nommé Adémar, survient

peuples sujets de l'empire le souvenir de la puissance impériale. Le roi Eudes est *princeps* comme Auguste ou Tibère.

V. 466. Cette ironie semble dirigée contre le roi, et cependant il en fait constamment l'éloge; il ne lui adresse des reproches qu'à la fin de son poëme. Le blâme-t-il ici de n'avoir rien fait pour sauver Meaux? Sa pensée est mal exprimée, et la figure n'est préparée par rien. M' *hyronia*.

V. 474. *Nescio quis...* Abbon semble ne connaître qu'à peine cet Adémar, quoiqu'il le nomme encore, vers 537. C'est ainsi qu'il a dit, vers 355, 356 : *Comitatu Bessino quodam.* — Duplessis propose *quis* pour *quibus artibus, qua ratione*; alors on traduirait : un seigneur nommé Adémar abusa, je ne sais comment, ses compagnons, etc.

475. Non paucos, modico quamvis, ut fama, popello,
  *s. fuit*

  *sicut*
 Quo ventus veniens Ademarus nomine dictus.

    *s. Normannos*
 Sclademarusque dehinc binos jugulis dedit, isque

      *dedit*
 Deditus est idem primus, primum duit umbris

 Luteciæ torvum postquàm primò patuere;

480. Principium gladii tenuit, finemque recepit :
 *s. principium gladii*    *finem*
 Hoc super infidos, illum corpus super ejus.

 Roberti fuerat pugnax comitis Sclademarus,

 Dispulerat galeas terror, propriumque sub urbem [*metonymia*]

 Lunatas stadiis libitum peltas trecentis.

485.  Præterea quadringentis à mille remotis
  *gentiles*
 Acephalos prostravit humi, peditum comitatus

 Agmine tercentum pastor, certamine acerbo,

 Nobilis Anschericus pollens ex virginis ore.

 Sic alacres spolium revehunt ad mœnia multum

490. Urbani, præstante Deo qui regnat ab alto.

  Expediamus abhinc dignos Odone triumphos.

 Falconem vocitant equitum quo millia vicit

  V. 476. *Quo ventus*, locution déjà vue, vers 292.
  V. 477. *Jugulis dedit*. Vers 184, *attribuit jugulis*.
  V. 482. *Roberti*, manuscrit *Rotberti*.
  V. 483, 484. *Proprium libitum*, sous-entendu *secundùm*; phrase absolue, pour *sponte*, se rapportant à *peltas*. Les boucliers, à sa vue,

aussi rapide que le vent, abuse ses compagnons, et tue un grand nombre de Normands, quoique accompagné, dit-on, d'une faible troupe. D'un autre côté, Scladémar égorge deux barbares; lui-même, il périt le premier des chrétiens. Mais il avait envoyé dans le séjour des ombres le premier des ennemis abattus, lorsqu'ils se représentèrent devant Lutèce : il commença les travaux du glaive sur les infidèles, il les vit finir sur lui-même. Scladémar avait été un guerrier du comte Robert. Effrayés à sa vue, les casques s'enfuyaient; et, sous les murs de la ville, les boucliers reculaient à trois cents stades, presque sans combat.

En outre, le noble pasteur Anschéric, distingué par un visage de vierge, accompagné de trois cents fantassins, abattit par terre mille, moins quatre cents, de ces gentils. Alors les citoyens reportent tout joyeux dans leurs murs une infinité de dépouilles, grâce au Dieu tout-puissant qui les protége d'en haut.

Racontons maintenant des triomphes dignes du noble Eudes. On appelle la *Montagne du Faucon* l'en-

---

s'enfuyaient sans résistance, d'eux-mêmes, tant il inspirait de terreur.

V. 485. Quatre cents ôté de mille, reste six cents. Ces périphrases sont assez communes dans notre auteur.

V. 486. Manuscrit *acefalos*.

V. 488. *Pollens ex virginis ore*. Le président Fauchet traduit : le visage beau comme une pucelle. (D.) Ne pourrait-on pas l'expliquer aussi : toute sa force lui venait de la présence de la vierge ?

V. 490. *Prestante*, i. e. *hoc efficiente*.

V. 492. Construisez : *recitant montem falconem locum quo vicit dena*

Dena novemque dehinc montem peditumque profana.

Hoc illi vicibus peperit natale trophæum
495. Lux præcursoris Domini cathecasta Johannis.
                    singularis, una

Quippe latus utrimque viris comtus clypeatis

Mille legebat iter, quando tironis ab ore

Venantis canibus lepores nemorosa per arva

Panditur adventare equites per millia sævos.
   s. nuntium
500. id, scutumque simul recipit, colloque pependit;

Armaque cum sociis stringit, penetrans inopina

Prælia. Solamen cœleste petit, rapit atque

Viscera; deponunt alii clypeos animasque:

Terga parant reliqui regalibus in quibus armis
505. Ex pueris libuit ternis requiescere Odonis.
   s. Odo
Tum dixit propriis: « Istos fortasse sequuntur

« Ast alii; idcirco pariter statum glomerate.

*millia equitum profana*, i. e. Normannorum, *et dehinc novem millia peditum. Millia*, manuscrit *milia*.

V. 494. Construisez et expliquez: *lux*, i. e. dies, un jour, *cathecasta* καθέκαστα *vicibus*, qui revient chaque fois à son tour, qui revient chaque année une fois (on en peut dire autant de tous les jours de l'année), *natale Johannis*, savoir: la naissance de saint Jean-Baptiste, précurseur du Seigneur, *peperit illi hoc trophæum*: c'est-à-dire qu'il remporta cette victoire le jour de la Saint-Jean.

V. 496. Construisez: *comtus*, i. e. ornatus, comitatus secundùm latus utrimque, mille viris clypeatis, legebat iter.

droit où il vainquit dix mille cavaliers et puis neuf mille fantassins de ces peuples profanes. Le jour même de la naissance de saint Jean, le précurseur de Dieu, lui acquit ce trophée. Escorté de mille hommes au long bouclier, il suivait sa route, lorsqu'un jeune soldat dont les chiens chassaient les lièvres dans les taillis de la plaine, lui annonce que des cavaliers farouches s'avancent par milliers. Eudes l'entend, saisit son bouclier et le suspend à son cou, tire son glaive, ainsi que toute sa troupe, et s'élance à ce combat imprévu : puis il implore le secours du ciel, et commence le carnage. Les uns laissent tomber leurs boucliers en perdant la vie, les autres présentent le dos aux armes royales, dont trois jeunes hommes d'Eudes avaient voulu se couvrir. Alors le roi dit aux siens : « Peut-être d'autres les suivent ; marchez donc

---

V. 500. *Id.* Telle est la leçon du manuscrit. Les six premières éditions donnent *is.* La glose ne laisse pas de doute sur le sens. *Odo recipit id nuntium, scutumque simul recipit, pependitque,* (verbe actif, pour *suspendit*) *scutum collo.*

V. 501. *Penetrans.* Il se jette au milieu d'un combat imprévu ; il attaque brusquement ceux qui croyaient le surprendre.

V. 503. *Rapit viscera.* Duplessis prétend que c'est un geste animé pour se préparer à l'action. *Viscera* me semble, comme au vers 292, les entrailles ou les corps des ennemis massacrés. Le mot à mot serait : il leur arrache les entrailles, ou : il entraîne les corps des ennemis en les frappant.

V. 504. Construisez : *reliqui parant terga armis regalibus in quibus placuit ternis,* i. e. *tribus ex pueris Odonis requiescere.*

V. 507. *Statum,* votre manière d'être.

« Si fuerit verbum super hoc, ne differat ullus. »
<sup>montem</sup>
Adjicit : « Subeam tumulum specularier ipse. »

510. « Si vos perculerit clangor, nullum mora vincat. »

Cornu suum poscens, scopulum scandens, videt ecce

Armisonos lento pedites incedere gressu.

Tunc tuba, cujus ab ore boans mox omnia latè

Excitat, anfractusque per astra per arva volabant,
<sup>s. modo</sup>
515. Omnibus atque modis, solido fractoque, ciebat.
<sup>regis</sup>
Omne nemus responsa dabat voci famulando.
<sup>vadit</sup>
It tuba cum celeri bombo per cuncta elementa.
<sup>dico</sup>
Nil mirum, quoniam regale caput tonat, inquam.
<sup>equos</sup> <sup>s. eos</sup>
Ergo sui infrenant currus, saltu quoque scandunt.
<sup>accusativum pro genitivo pluruli</sup> <sup>s. Normannus</sup>
520. Allophylûm in medium migrant, unusque securis
<sup>helmum</sup>
Vibratu pepulit conum de vertice Regis
<sup>super</sup> <sup>nuclum</sup>
In humeros lapsum; Domini verùm quia christum
<sup>animam</sup>
Tundere præsumsit, ventum de pectore jecit

Hospite continuò jaculator principis ense.

V. 508. *Super hoc*, i. e. de istâ re, au sujet d'une nouvelle apparition d'ennemis; ou bien : *præter hoc*, en outre, si j'ajoute un seul mot.

V. 510. *Vincat*, i. e. retineat.

V. 513. *Cujus ab ore boans*, i. e. tuba resonans ab ore hujus, scilicet regis.

V. 514. *anfractus*, soni tubæ inflexæ. (D.) Fauchet et Daniel l'entendent des détours de la vallée. (Voyez les notes historiques.)

« toujours les rangs serrés. Au moindre mot, soyez
« prêts. » Il ajoute : « Je vais monter sur cette émi-
« nence, examiner moi-même. Si quelque son vient
« à vos oreilles, attaquez sans délai. »

Puis il demande son cor, et monte sur le rocher.
Voilà qu'il aperçoit une infanterie aux armes sonores
qui s'avançait lentement. A l'instant, il embouche la
trompette, et tout retentit au loin. Les sons qui s'é-
chappent de l'instrument tortueux se répandent dans
l'air, à travers la plaine ; et, par des sons variés, tantôt
plus faibles, tantôt plus intenses, jettent partout l'a-
larme. Ces éclats, répétés par les échos des forêts,
remplissent en un instant toute la nature. Faut-il s'en
étonner : c'est une bouche royale qui produit ce
tonnerre !

Les guerriers français saisissent le frein de leurs
coursiers, s'élancent d'un bond sur leurs dos, et se
précipitent au milieu des étrangers. Un de ces barbares, d'un coup de hache, abat le cimier du roi,
qui glisse sur ses épaules. L'insensé, il a voulu frapper
l'oint du Seigneur; mais à l'instant l'épée du prince
s'enfonce dans sa poitrine, et ouvre une issue à l'âme

V. 515. *Ciebat* a pour sujet *tuba*, et pour complément *omnia* sous-
entendu, comme *excitat* du vers précédent.

V. 521. *Conum*, le heaulme ou le casque, comme l'indique la glose,
ou simplement le cimier du casque, qui était en forme de cône, et auquel s'adapte le panache.

V. 523. Construisez : *jaculator, qui jaculatus est securim, quia prœ-
sumsit tundere Christum Domini, continuo jecit, i. e. ejecit, efflavit cen-*

525. Pugna adolet; ponunt animas cum sanguine gurdi: <small>crescit / inepti</small>
<small>sine famâ</small>
Infames traxere fugam, primasque trophæum.
<small>decem et novem</small>
Millia tot Phœbo stravit spectante sub uno

Perpete cum gladio, donec à finibus illos
<small>pro ejicit sed</small>
Francorum sequitur, prohibet; verùm nihil illud
<small>Odonis</small>
530. Ad suimet requiem juvit, quia mox Aquitanos

Linquere se, numenque sui postponere novit.

Appetit ergo furens illos, vastans populansque
<small>solummodò s. vastabat s. esset</small>
Arva, modò vulgus : quamvis concludere nisus
<small>s. est ei</small>
Urbes adversas, minimùm tamen aucta facultas.

535. Forte sed insurrexit ei spreto ætheris arce

Sole sub undivagâ posito testudine ponti,

Consul Ademarus, regi copulatus eidem
<small>s. Ademari</small>
Progenie, cujus memini. Proserpina dudùm
<small>occidit</small>
Huic cessit, cuneos dùm profligavit Odonis.

*tum*, i. e. animam *de pectore hospite* animæ (quod eam includebat) *ense*, i. e. per ensem *principis*.

V. 528. *Cum gladio*. Les six éditions ont *tum gladio*. Dans le manuscrit, *t. c* se ressemblent souvent : *cum* est préférable pour le sens.

V. 529. *Francorum*. etc. Construisez : *sequitur illos, donec prohibet* pour prohibeat, ejiciat *à finibus Francorum*.

V. 533. *Modò vulgus*. Les six éditions, modò et vulgus.

V. 534. *Adversas*. Les six éditions, *adversùs*. La pénultième est presque effacée dans le manuscrit par une tache d'encre, mais le sens demande *adversas*.

qu'elle renfermait. Le combat s'échauffe, les stupides perdent la vie avec des flots de sang; enfin ils fuient sans gloire, et le trophée est pour le roi. Son glaive infatigable, à la face d'un même soleil, a terrassé tous ces milliers d'ennemis! Il les poursuit et les chasse enfin du territoire français. Mais il ne trouve pas encore le repos : il apprend que l'Aquitaine l'a bandonne et méprise sa puissance.

Furieux donc, il marche contre elle, ravage et dévaste les campagnes; mais attaque seulement le petit peuple. Quoiqu'il s'efforçât d'assiéger les villes qui lui étaient contraires, il ne put accroître ainsi sa puissance. Bien plus, lorsque, abandonnant le séjour du ciel, le soleil s'était caché sous la voûte humide de la mer, le comte Adémar, dont j'ai déjà parlé, uni au roi par les liens du sang, s'insurgea contre lui, et plus actif que Proserpine, tailla en pièces les troupes d'Eudes. En même temps que l'ombre chasse les étoiles, Adémar chasse les âmes des corps de ces

---

V. 535 *Ei*. Les six éditions, *eis*. — *Spreto*. Il semble qu'il faut *spreta* pour se rapporter à *arce*, lorsque le soleil, *spreta atheris arce*, abandonnant le séjour du ciel; ou *arce* pour se rapporter à *spreto*. (D.) Pour ne rien changer au texte, il faudrait construire et expliquer : *insurrexit ei spreto, sole*, lorsque le soleil, *arce etheris*, qui est, comme la citadelle, le point le plus important du ciel, *posito sub*, etc., est placé sous les eaux, etc.

V. 538. *Progenie*, i. e. consanguinitate. — *Cujus memini*. v. 475 — *Dudum*, i. e. longe, multum *ult cessit Proserpina*, il fut plus actif ou plus cruel que Proserpine.

540. Umbra fugat stellas, Ademarus ab agmine vitas, *(Odonis)*

Dormit Odo, consanguineus sua proterit arma.

Astra micant, primas vigilat; sed et avolat ipsa
*res* *recedit*

Regia mox consanguinitas de sanguine laeta.
*i. e. Ademarus* *fertilis*

Talia cur siquidem recinam congesserit olim.

545. Nam libuit regi dare propugnacula fratri

Roberto Pictavis; Ademaro tamen haud sic:
*s. libuit*

Nempè sibi cepit, plus se quia diligit illo.
*s. Pictavis* *s. Roberto*

Indè Limovicas adiens, Arvernicaque arva,
*s. rex*

Praevalidas Willelmi acies secum videt hostis,
*i. e. cum rege*

550. Ni congressuras fluvius medio prohiberet.

Perdidit ergò suos illic Willelmus honores

Hugoni regnante datos, qui Bituricensis
*pro rege*

Princeps extiterat consul : quare fuit actum

Hos inter geminos comites immane duellum.

555. Mille super centum defleverat inclytus archos

Claromontensis Willelmus Hugone necatos:

V. 540. *Umbra* : c'est l'ombre d'une nuit épaisse qui obscurcit peu à peu les étoiles.

V. 543. *Laeta*, expliqué par *fertilis*, ne forme aucun sens. Le glossateur a songé à *laetas segetes* de Virgile, sans faire attention au sens de la phrase. (D.)

V. 546. *Pictavis*, indéclinable au génitif, gouverné par *propugnacula* ; ou à l'accusatif, et *propugnacula* sera une apposition.

guerriers. Eudes est livré au sommeil, tandis que son parent triomphe de ses armes : mais lorsque les astres brillent de nouveau, le roi s'éveille, et le prince du sang royal s'enfuit, content de son carnage. Pourquoi accumule-t-il tant de meurtres? je vais le dire. Il plut au roi de donner à son frère Robert la garde de Poitiers; mais Adémar, mécontent, la prit pour lui; car il se préférait à un rival.

Ensuite le roi pénètre en ennemi dans le Limosin et les campagnes d'Auvergne, et voit la puissante armée de Guillaume prête à le combattre, si un fleuve n'eût séparé les deux armées. Il le dépouille donc de ses honneurs, et donne à Hugues le comté de Berri, autrefois possession de Guillaume. De là, guerre cruelle entre les deux princes. L'illustre comte de Clermont, Guillaume, pleura mille et cent de ses guerriers tués par Hugues; et ce dernier eut à re-

---

V. 548. Construisez : *inde adiens hostis*, i. e. *hostiliter*, *Limovicas, arvernicaque arva, videt prævalidas acies Willelmi congressuras secum, ni fluvius medio*, i. e. *interjecto fluento, prohiberet*. (D.)

V. 552. *Qui Bituricensis*, par la construction, semble se rapporter à Hugues; mais, par le fait, il s'agit de Guillaume, qui était à la fois comte d'Auvergne et de Berri. (Voyez *l'Art de vérifier les dates*.)

V. 553. *Princeps* semble un pléonasme. Peut-être Abbon donne ce titre à Guillaume en songeant à sa puissance (voyez note précédente) et au titre de duc d'Aquitaine que lui donna Eudes en 893. *Inclytus archos*, vers 555, a peut-être le même sens.

V. 555. *Archos*, græcè ἀρχός, mot poétique, plus souvent employé dans les composés.

     Hugo   defuit       i. e. millenario     illud minus
Iste minus numero secum majore remotum.

Hic Hugo dūm tandem capitur mucrone Wilelmi

Supplicat ut pietas ejus succurreret illi.
        i. e. tardè locutum cum eoo
560. Olli tam serò per verba measse respondit :
   citiùs                 s. Wilelmi
Ociùs et dicto trans pectora lancea transit
         s. Hugonis
Hugonis. Intererant cuneis Rotgarius atque

Valdè viri Stephanus fortes, perplura Wilelmi
   propriis
Letha suis dantes, alter comes Hugoniusque
  s. Rotgarius
565. Ipse nepos; alter miles Stephanus nimis audax.

Proh dolor! Hugo, necem flesti; Willelme, trophaeum *[cepisti eclipsis*

   Nuntius intereà regalem concutit aurem :

Gallia quòd mentita sibi sit portat in ore
 filii              per
Gnati pressa jugo Caroli collum Ludovici,

570. Qui vocitatus ut ab cœlo præmomine Balbus.

V. 557. *Iste minus*, etc. On lit en marge, dans le manuscrit : *Ho dicit quod Willelmus in illo prælio mille et centum perdidit, et Hugo centum cum seipso.* Duplessis adopte ce sens. Le plus petit nombre retranché du plus grand, dit-il, est cent. Il me semble qu'alors l'auteur aurait dit : le plus petit de ces deux nombres, *mille, centum,* puisqu'ils sont exprimés séparément; mais le plus petit retranché du plus grand fait neuf cents : c'est l'inverse de *mille super centum.* Cent ajouté à mille pour Guillaume; cent retranché de mille pour Hugues. — *Minus,* sous-entendu *numerum,* comme s'il était neutre. — *Secum,* avec lui, en le comptant, puisqu'il fut tué.

   V. 558, 563. *Wilelmi* doit être ainsi écrit pour la mesure du vers.

gretter le petit nombre retranché du plus grand. Mais enfin Hugues est saisi par l'épée de Guillaume; il implore sa pitié: « tu as parlé trop tard », lui est-il répondu; et à l'instant la lance de Guillaume traverse le cœur de Hugues. Dans son armée étaient deux braves, Roger, Étienne, qui livrèrent à la mort plusieurs soldats de Guillaume: l'un était comte et neveu de Hugues; l'autre, Étienne, était un chevalier plein d'audace. O douleur! Hugues, tu reçus la mort; Guillaume, tu pleuras ta victoire.

Cependant une nouvelle frappe l'oreille du roi. Il apprend que la Gaule lui a menti, et s'est soumise au joug de Charles, fils de Louis que le ciel même semble avoir surnommé *le Bègue*. L'illustre Eudes

V. 564. *Suis*, i. e. propriis militibus Willelmi.

V. 566. *Trophæum*. Selon la glose, il faut sous-entendre *cepisti*. Elle se trompe évidemment; le poëte a voulu dire: *flesti necem... flesti trophæum*, comme il a dit, vers 526, *traxere fugam, primasque trophæum*, sous-entendu *traxit*.

V. 568. Construisez: *Nuntius portat in ore* (c'est la bouche de la Renommée) *quod Gallia sit mentita sibi* (vel sibi Galliæ, vel sibi Odoni) *pressa secundùm collum, jugo Caroli gnati Ludovici, qui vocitatus est prænomine* pour *cognomine, Balbus, ut* (velut) *à cœlo*. (D.)

V. 570. *Ut ab cœlo*. Le manuscrit donne *ut cœlo*, et entre les deux mots, *ad*, mais au-dessus de la ligne, ce qui ne fait aucun sens; il semble que c'est une faute de copiste pour *ab*. (D.) Maintenant faut-il rapporter *ut ab cœlo* à *gnati*, comme si le ciel avait donné des preuves que Charles était bien le fils de Louis le Bègue, soit par la ressemblance du corps (FLOD., *Hist. Remens.*, IV, 5), soit par le défaut d'esprit commun à tous les deux? ou bien faut-il le rapporter à *vocitatus Balbus*? Louis, surnommé le Bègue par la volonté du ciel. La pensée

     Odo
Indè movens callem, germanica quis sibi regna
         in
Naviter acciperet temerè disquirere vadit
             rebelles
Clarus Odo, castella petit, vincitque duelles;
  dehinc     præsentiâ, non gladio
Hincce fugat Carolum facie, cunctosque sequaces
      sol
575. Delius ut pellit tenebras, ut Lucina atomos;
    Odo
Admittit humiles dudùm cervice superbos.

Sermo quis effari poterit quotiès fuga celsi

Arnulphi induperatoris genitum tulit ense

Odonis Cendebaldum post terga tonante?
           contrà
580. Subsidium Caroli, virtus, spes hic in Odonem;

Cujus ad obtutus audacia non tamen unquam
             Odoni
Applicuit: verùm nihil id requiei fuit illi.

  En iterùm misero gemitu loquor affore sævos
 pagans
Allophylos; terram vastant, populosque trucidant;
           Odonis
585. Circumeunt urbes pedibus regnantis et ædes,

Ruricolas prendunt, nexant, et trans mare mittunt.

du poëte serait que le ciel s'est déclaré contre Louis en le faisant
bègue, ce défaut naturel devant lui ôter des partisans dans un temps
où l'on voulait encore dans les princes les avantages de l'extérieur.

 V. 571. *Germanica*, etc. Construisez : *clarus Odo vadit naviter disquirere quis acciperet temerè sibi* (soit pour lui, usurpateur; soit en les enlevant à Eudes) *germanica regna*. Sur l'acception qu'il faut donner à ce mot, *France germanique*, voyez la note historique.

 V. 575. *Lucina*, Diane, la Lune. — *Atomos* (manuscrit *athomos*), ce

quitte donc ces pays, et revient hardiment savoir quel téméraire veut régner sur la France germanique. Il attaque les places fortes, bat les rebelles, et par sa seule présence met en fuite Charles et tous ses partisans, comme le soleil chasse les ténèbres et Lucine les atomes : puis il reçoit en grâce ces hommes superbes, maintenant abattus à ses pieds.

Quel discours pourrait exprimer combien de fois le fils de l'empereur, du grand Arnoul, Zuentibold, s'enfuit précipitamment devant l'épée d'Eudes qui tonnait derrière lui? Il était l'appui, la force, l'espoir de Charles contre Eudes, et cependant jamais son audace n'affronta la présence du roi. Mais Eudes ne trouva pas encore le repos.

Hélas! je le dis avec un profond gémissement : les cruels étrangers se présentent encore; ils ravagent la terre, et massacrent les peuples; parcourent les villes et les habitations du royaume; saisissent les cultivateurs, les chargent de chaînes et les envoient au delà des mers. Eudes, le roi, l'apprend, et n'en a nul

qu'on appelle vulgairement les atomes qu'on voit voltiger aux rayons du soleil et qui disparaissent la nuit.

V. 576. *Admittit*, il accueille, il reçoit en grâce, græcè προσδέχεται.

V. 577. Construisez: *quoties fuga tulit, abstulit, Cendebaldum genitum Arnulphi induperatoris celsi, ense Odonis tonante post terga.*

V. 582. *Applicuit*, dans le sens neutre, pour *sese applicuit*.

V. 583. *Loquor*. Le manuscrit écrit *loquor*, pour mieux faire sentir la prononciation. — *Affore* pour *adesse*.

V. 585. *Pedibus*, i. e. cursibus pedestribus.

Rex audit nec curat Odo, per verba respondit.

O quàm responsi facinus non ore dedisti

Tale tuo! Dæmon certè proprium tibi favit:

590. Non tua mens procurat oves Christo tibi missas?

Longiùs ille tuum forsan nec curet honorem.

Hæc ubi fata receperunt probitate neglecti,
               dicta                    despecti

Exsultant hilares, barcas agitantque per omnes

Gallia queis amnes fruitur, terram pelagusque

595. In ditione tenent, totum tutore ferente.
      potestate

Francia, cur latitas? vires narra, peto, priscas

Te majora triumphasti quibus atque jugasti

Regna tibi; propter vitium triplexque piaclum.
                                  a. latos

Quippe supercilium, Veneris quoque fœda venustas,
superbia                          turpis  pulchritudo

600. Ac vestis pretiosæ elatio, te tibi tollunt.

Aphrodite adeò saltem quo arcere parentes
Venus     in tantùm  vel  ut

Haud valeas lecto, monachas Domino neque sacras:

Vel quid naturam, siquidem tibi sat mulieres

V 587. *Per verba respondit*, i. e. *respondit se non curare.* (D.)

V. 589. *Dæmon favit. Dæmon* est au neutre. Duplessis voudrait *flavit* au lieu de *favit.* Un démon t'a soufflé, t'a inspiré cette réponse; mais dæmon me semble pris en bonne part : un démon, un génie tutélaire t'a protégé.

V. 590. *Missas Christo* pour *commissas à Christo.* (D.)

V. 592. *Probitate neglecti.* Ces peuples négligés par la valeur, l

souci; c'est là ce qu'il répond. O pourquoi une réponse si criminelle est-elle sortie de ta bouche? Certainement un bon génie t'a protégé jusqu'à ce jour; et tu négliges les brebis que t'a confiées le Christ! Peut-être il va te négliger à son tour. Quand les barbares que dédaignait sa prouesse ont entendu cette parole, ils bondissent de joie, et poussent leurs barques dans tous les fleuves, ornements de la Gaule : l'eau, la terre tombent sous leur domination; et le tuteur du royaume souffre tous ces excès!

O France! où es-tu? où sont, je te le demande, ces forces antiques qui te faisaient vaincre et subjuguer des royaumes plus puissants? Trois vices à expier ont fait ta ruine : l'orgueil, les honteux attraits du plaisir, le faste d'une parure recherchée, voilà ce qui t'enlève à toi-même. Vénus te domine à un point que tu ne sais pas même écarter de ton lit les femmes déjà mères, et les vierges consacrées au Seigneur; ou, puisque tant de femmes se jettent dans tes bras, pourquoi outrager la nature? Le juste, l'injuste, tout est

---

prouesso du roi ; ou en général, abandonnés, privés de la vertu ; ces hommes sans vertu. Dans les deux cas, *probitas* signifie courage.

V. 593. *Barcas*, etc. Construisez : *et agitant barcas per omnes amnes queis Gallia fruitur.*

V. 597. Construisez : *vires quibus triumphasti, atque jugasti tibi regna majora te.*

V. 600. *Elatio*, l'orgueil d'un riche habit.

V. 601. *Parentes*, les femmes déjà mères; les femmes mariées. Manuscrit, *afrodite*.

                            movendi      agendi
Despicis occurrant? agitamus fasque nefasque:

605.  Aurea sublimem mordet tibi fibula vestem;

                    purpurâ
Efficis et calidam tyriâ carnem pretiosâ;

                                     indui
Non præter chlamydem auratam cupis indusiari

         decorata
Tegmine; decussata tuos gemmis nisi zona

Nulla fovet lumbos; aurique pedes nisi virgæ;

610.  Non habitus humilis, non te valet abdere vestis.

                    s. ut tu
Hæc facis: hæc aliæ faciunt gentes ità nullæ.
         dimittas                          s. linques
Hæc tria ni linquas, vires regnumque paternum;
                 de s. tribus vitiis
Omne scelus super his Christi, cujus quoque vates

Nasci testantur bibli: fuge, Francia, ab istis.
        s. me       deficit
615.  Psallere non tædet; defit tamen actus Odonis

Nobilis, is quanquam mulcet superas adhuc auras.

---

V. 604. *Fasque nefasque*, nous faisons ce qui est permis et ce qui ne l'est pas. Je ne puis voir ce que signifie la glose de ces mots.

V. 605. *Sublimem*, vêtement superbe; ou, le haut du vêtement.

V. 606. *Calidam*, plus chaude, plus animée. — *Tyriâ*. On peut douter s'il s'agit ici d'une couleur appliquée sur la peau, ou d'une étoffe dont la couleur pourpre relève l'éclat de la peau. Peut-être plus simplement: *efficis calidam*, tu tiens chaud ton corps, tu le préserves du froid.

V. 608. *Decussata*, divisé, croisé en X, qui est le signe de *decem*, d'où *decussare*.

V. 613. Construisez: *bibli Christi*, l'Évangile, et *bibli vates cujus* pour

confondu. Une agrafe d'or retient ton vêtement superbe; tu animes le coloris de ta peau par une pourpre précieuse; tu ne souffres pour tes épaules qu'un manteau doré; pour tes reins, qu'une ceinture où les pierres précieuses se croisent en tous sens; pour tes pieds, que des lacets d'or. Nul humble costume, nul habit simple, n'est digne de te couvrir. Voilà ce que tu fais; voilà ce que ne fait autant que toi aucune autre nation. Si tu ne renonces à ces trois vices, renonce donc à ta puissance et à l'empire de tes pères: car de là naissent tous les crimes; ainsi l'attestent Jésus-Christ et les livres saints qui l'ont annoncé. O France! fuis donc bien loin de ces excès.

Chanter ne m'ennuie pas; mais les actions du noble Eudes manquent désormais à mes chants, quoiqu'il réjouisse encore de sa présence le séjour de la vie.

---

*ejus*, les livres qui l'ont annoncé, l'Ancien Testament; *testantur omne scelus nasci*, *super his vitiis*, à la suite de ces vices.

V. 617. Phrase embarrassée. Construisez: *lector, flagito quo canas* (ut habeas à me quod canas), et sous-entendu, *possim, ego poeta, hoste, i. e. diabolo victo, gratari per amœna*, etc. Je serais porté à croire que *gratari* est dans le sens actif, ainsi que sa glose *lætari*, et que *peramœna* est un seul mot; la traduction suit naturellement: *réjouir le séjour des cieux*. Cette défaite du démon que son lecteur chantera sur terre fera en même temps la joie du ciel.

* Le précédent traducteur explique *hoste* par un ennemi de la France, mais ici la glose paraît devoir être adoptée, surtout à cause de l'opposition de *diabolus* et de *atria polorum*.

V. 618. *Paragoge*, figure de mot, *gratarier* pour *gratari*.

          poeta
Flagito quo positor possim per amœna polorum
diabolo                       lætari
Hoste canas, lector, gratarier atria victo.      [paragoge]

EXPLICIT SECUNDUS PARISIACÆ URBIS BELLORUM, PRÆSULISQUE
GERMANI MIRACULORUM LIBELLUS.

Lecteur, le poëte ne demande plus, pour donner matière à tes chants, qu'une victoire qui doit charmer les habitants des cieux ; que la défaite de l'ennemi du genre humain.

FIN DU DEUXIÈME LIVRE DES GUERRES DE LA VILLE DE PARIS,
ET DES MIRACLES DE L'ÉVÊQUE GERMAIN.

incipit
## INGREDITUR TERTIUS[*]

## CLERICORUM SCILICET DECUS
utilitas
### TYRUNCULORUMQUE EFFECTUS

---

tabellas
Clerice, dipticas lateri ne dempseris unquàm;
princeps ludi
Corcula labentis fugias ludi fore, ne te
         princeps unius loci
 obscœnus, turpis, baccaulus i. diabolus erebi
Lætetur fœdus sandapila neque toparcha;
 pugna  sacer principatus s. sit tibi fossa tartari
Machia sit tibi, quo ierarchia, necque cloaca
 pecunia  convivium  lucida
Non enteca nec alogia, verum absida tecum
     vigor animi vel corporis industria
Commaneat, mentes acrimonia non quia mordet.

[*] M. Pertz (*Monumenta Germaniæ*, t. II, p. 776) parle ainsi de ce troisième livre :

Addidit ei, ut ipse fatetur, Trinitatis causà, librum tertium de clericis, hìc primà vice edendum, et antiquis haud æquè ac recentioribus despectum. Inveni enim Londini in codice Harleiano, n° 3271, non modò exemplum ejus præfatione auctum, sed et interpretationem anglo-saxonicam sæculo XI in membranâ conscriptam, cujus specimen subjicio.

3271. Harlei mbr., sec. XI, fol. 114. Incipit liber Abbonis anglicè interpretatus : O clerico, eala thu cleric.; ne dempseris, ne wana thu; unquàm, aefre; dipticas, wexbreda; lateri, fram sidan; fugeas (corr. fugias), forfleoh; fore, wesan; corcula, ealdor; labentis, slidendes; ludi, plegan; ne lætetur, that ne blissige; te fedus, fraete; sandapila, baer; neque toparcha, ne belle caldor, etc.

Dans ce livre, où la plupart des mots sont de l'invention de l'auteur, nous avons dû conserver plus particulièrement l'orthographe du manuscrit.

V. 6. *Acrimonia*, sive acrim ferocitas. (Note marginale.)

            præliator                venter
Agoniteta tuus fiat ambasilla, tui mens
         cœlestem           colorem
Ne uranium præter cromam legat; is quia multis
                    medicinam
Esse deus solet; anodiam sectare gemellam.
             calumniator        time   vehemens, robustus
10.  Sistere sincophanta verere, boba tamen adsis.
       scriptura        vasa pastoralia   vestis poetalis
Gripphia te tangat, carchesia, togaque crebro.
       litterarum   compositio
Grammaton sinteca frequens sistat tibi longe.
              caligo oculorum              massa
Absistat vero glauconia, criminis offa.
   auri lamina   purpura        inclinativa, humilis
Brathea blatta dehinc, enclitica, prosapiaque
15.  Militiæ Christi per te nullatenùs absint.
                            laicorum
tapetæ undique villosa populorum       lectus in itinere
Amphytappa laon extat, badanola necnon:
ornamentum decorum valdè amant vestem puram (vel gumfan)  claram potionem per linteum
Effipiam diamant, stragulam pariterque propomam.
  lenocinatio       fugat              paleam
Agagula cælebs aginat pecudes nec ablundam.
                  vestis        palatina
Effipia et stragula prætexta est aulica cura.
  ornamentum muliebre       malè
20.  Utitur anabola mulier, sed abutitur ipsa.
                  aqua cum variis cocta condimentis   pultis
Convenit invalidis apozima nec ne placenta.
            nobilis rhetor vel poeta sis         pereloquens
Cleronome Codrus maneas unàque disertus;
    saccus testiculorum habeas equos   servator uxoris
Cum fisco teneas yppos; uxorius haud sis.
             dementis              os aureum habens
Nomine limphatici careas, Crisostomus ut sis.
 minister secretorum adesto    breves sermones
25.  Aposicrarus ades, aforismos os tibi servet.


V. 21, glose. Nobilis, peu lisible, douteux
V. 23, glose. Habeas est écrit : h b: s

## ABBONIS, LIBER III.

  rex   sis   sobrius   cancellarius scriptor
Basileus constes, abstemius, antigraphusque,
  mundi descriptor     explorator
Cosmographus, solumque tui catasscopus esto.
  nudus   a. sis   secularis, mundanus
Gimnus ab inlicitis, ne sisque biotticus actor.
panem leviter fermentatum frequentes horarum inspector *pro esto magister
Acrizimum celebres, oroscopus 'esque didasclus.
    birrum undique villosum   imberbis
Inque thoro amphyballum habeas, effebus et absit.
        qui ob turpitudinem amatur
Canterus sit habunde tibi, sed amasius absit.
fumosus, iracundus   circumlocutivus
Cerritus caveas fore, perifrasticus atque.
 tabula putoria    divinus sermo
Abbachus manui, niteatque teologus ori.
 feretrum' feliciter pro prævideas  fossa
Baccaulum fauste videas te ferre cloacæ;
 dissipator distortus luscus  fraudulentus
Prodigus, obliquus, monotalmus, subdolus, haud sis.
    infernum a. vites imitare, sequere laudem victoriæ
Ludibrium vites, baratrum, sectare tropheum;
loca spectaculi ubi pugnant gladiatores vulnera oculorum
Amphyteatra procul tibi stent, egilopia nec non;
 angorem, anxietatem  animæ  allidunt
Nam scrupulum generant ΨΙΧΗ, vexantque pupillas.
    aurum
Scandito analogium, crisis nitet ore docentis;
 currum duarum rotarum coronam  sellam plectibilem
Declina birotum, bravium capito ac cliotedrum.
vas pice oblinitum medietatem sphere, horologium loca exilii
Culleum habe, diametra scias, ergastula nesci.
   dimidium versum  ii versus scribes
Apponas emistichium, cum distica sculpes.
vasi vinario urinam
Enoforo liba, lotium laxare suesce.
   domus quâ pauperes colliguntur odis
Dilige tu xenodochium, zelotipiaque odi.

  V. 30, glose *Imberbis*. Au-dessous est une autre glose peu lisible
  V. 36. Glose : *sequere* est ainsi écrit : s : q : r :
  V. 39 *Crisis*, récrit sur une place effacée.
  V. 44 *Xenodochium*, d'abord écrit Xenodoxium

45. Hinc acitabula doma tuum seu congia stringat.
<small>vas quo fertur acetum — mensuras</small>

Pomerium curti, pomaria congrua malis. [silemsis]
<small>locus vacuus — viridiaria s. sunt — pomis</small>

Fulgeat ecclesiis ostrum, longè sit oletum.
<small>purpura — stercus humanum</small>

Prædia quala tibi statuant, agitent flabra flagra.
<small>corbes — moveant — venti virgas, viridiaria</small>

Eminùs ut gorgon fugiat, pota diamoron.
<small>longè — serpentis proprium — bibe — morittium</small>

50. Sperne platon olon, sinposia, quatinùs odon
<small>lutum — totum — convivia — via</small>

Te lustret; temeson vigeas, si non potes insons.
<small>medius sons</small>

Lar tibi, quo nectar fraglet, lucarque nec absit.
<small>penus — redoleat — pecunia de lucis</small>

Gallonis memor esto tui, ambro timeto cieri.
<small>mercennarii — elluo luxuriosus, dissipator vocari</small>

Mulio Strabo tuus neque sit, neque agason inermis.
<small>custos mulorum Wakus — provisor equorum</small>

55. Abbaso quo fuerit, sit hirudo frequens comitata.
<small>domus infirma — sanguisuga — assidua</small>

Disparet ac validos intercapedo citatìm,
<small>disjungat — intervallum — agiliter</small>

Si qua virago tuum penetret, reminiscere, doma.
<small>sli — femina virilis animi — intrat — tectum</small>

Bule tegat Christi mentem tibi, gausape mensam.
<small>consilium, sermo — mantile</small>

Entole te comat, regesque baben proceresque.
<small>mandatum — decoret — torques aurea cum gemmis</small>

60. Abdomen minimè superet corpus mage teche.
<small>pinguedo — mandatum</small>

Uranei neotericus, atque neofitus haud sis
<small>cælestis — novus — novus in fide</small>

Dogmatis ac fidei, jugiter sed priscus ab olim.

Quattuor imo tuum hec ut item comitentur in ævum:
<small>utinam</small>

---

V. 46. Beda *pometa* dicit ubi *poma* oriuntur, *pomaria* quo servantur (Note marginale.)

V. 55 *Abbaso*, d'abord *abaso*. — Sur *comitata* est une glose effacée

## ABBONIS, LIBER III.

          sacer      princeps      laus iterata et duplex
Teche Dei, ieron, archonque, palinodianque.
circumcisus    ut non cardian, i. e. compulsum cordis patiens
Ancisus vivas, quin cardiacus moriare.
  nigras                   lavandariam
Cæruleas vestes si gestas, posce colimbum :
          funo, corda  navis    arcus
Ducitur anguinà limbus arcippio nec non
   equus
Canterus antelis (et) postelisque equitatur.
  anxietatem     tenuitatem corporis         amenitatem
Aporiam sed et atrophiam patiaris, ut acam
 perpetuam    socia           congreget
Atervam appodix tua mens sibi congerat ejus.
 dolorem       valdè quærunt
Algemam mentis anquirunt talia verum,
impossibilitatem effugant, longè mittunt merendam
Aphatiam amendant, anteceniam quoque largam
 alienum laborem     dilectio
Edificant; agapem suffert agape nimis apta.
   capram
Nisibus ægidiam in giro secteris acutis.
consanguineos, propinquos  pluviam
Agnatos teneas aregidiam quoque verbi
  dæmonis      lugubris    spolium
Anheles, hostis ne sis atratus in aslum.
 vela    premant                 calor
Aulea ne angustent animam sceleris, sed aprilax
perfundat    pro culpis   transgressor
Alluat æthereus, noxis ne apostata fias.
 scutum         confidentiam, alacritatem
Leva ancille geras, dextrâ agoniamque fidei.
ro. omini extra maneas ædificium sub terris, antrum annonam protrahat, protelet.
Auspicio amaneas, apogeum aliquam ampliet altum.
 velum        monasterium, id est singularitatem Dei servitii
Armenum cordi tollas, arcisterium addas.

    V. 68. *Et*, effacé ; *que*, ajouté depuis à *postelis*.

    V. 71. *Anquirunt*, ante omnia. (Note marginale.)

    V. 75. *Agnatos*, agnatus propinquusque loco filii ab aliquo habentur. (Note marginale.)

    V. 76. *Anheles*, une glose effacée qui semble être *sitias*.

     princeps domus amicitiæ aptum album vinum
Architriclinus amicalo amineum colit atque
        vasa pomis ferendis apta
Huic malis etiam apofereta autumnus honustat.
   homo   sine conjuge  castitatem
Anthropus ast agamus cælibatum colat, et sic
    urbem    paternam
85. Argiripam cernet patriam, civesque beatos.
       passio similis paralisi
     mors subita      astutia
Haud huic est apoplexia curæ, sed et astu
         miseros
Angustat nullos, amartetes solet idem
ad statum revocare fugat    amictorium lineum
Antiquare, aginat venerem, anaboladia portat.
 albidis  splendent    vasa pomis apta ferendis
Albuncis albent pomis huic apofereta;
        amicaliter
90. Virtutes cunctæ comitantur amiciter illum;
    interficiunt labefactando, concutiendo diaboli
Hunc non allidunt affurcillando sinistri.
      proficiscuntur mustiones qui nascuntur de vino
E Baccho quoniam bittunt geniti bibiones,
stultè loquitur vino albo
Blatterat amineo si constiterint et eidem
       gutture      stultus fit
Indignum referens brancho, prorsùsque brutescit,
  illùc it, ambulat      duplicatur
95. Haud illà bittit, quo quisquis honore bimetur
rufa, nigra bonum    juvenem    fodit
Burra probum, fateor, buteonem qui arva bidentat.

Hic sed et ingenuus similem retinent genituram.
 spedo adornat, construit habitacula, castra  tristis
Buggeus apparat et burgos, verum biliosus
 instruit    caro sepulchrum    triste
Apparat atque boson taphium sibi sed biliosum.
   datur         lugubre
100. Sic animæ corpus vita componit amarum,

  V. 87. *Angustat*, glose peu lisible, de deux mots, dont le second semble être *premit*.

  V. 94. *Brancho*, hoc branchum fuit. (Note marginale.)

# ABBONIS, LIBER III.

                              s. est    s. anime
Læta sed omnipotens, si mens felix, parat astra.

Comiter hoc cunctos moneas tu, miles herilis.
        ali      culpam    occultat     inferno
Præterea cum quis noxam clandestinat antro,
        constringit
Cespitat atque coagmentat si crimina virtus,
  vallat       crescit    decenter
Communit mentem, coalescens comiter ejus
        occulta      pollet, viget
Pectoris in portu clandestina nam cluit illic
                              virtus
Clancule, non constare diù tamen ipsa valebit
 occulta       desuper    per euuangelistas
Clancula, teste tonante super sacrata per ora.
      astutiam, calliditatem damnare
Cum videas astum pessumdare sæcla nefandum,
    familiaritatis servator
Immò clientelæ tutor Domini velut hæres
in hâc vitâ   sis  ascensus, colles
Hic maneas, clivos virtutum quatinus almos
breviter et ornatè compositas  Deo    personare
Scandere, concinnas q; ΘHO tu clangere laudes
        s. personis    solummodò uni
Nomine sistenti ternis valeas modò soli
       potestate  gloria
Magestate tamen nutu doxàque perhenni,
         fruar
Quam pariter tecum teneam tu clerice poscas.

                                   i. Sci (sancti)
FINITUR CERNUI OPUSCULUM CATEGASTI EXIMII CONFESSORIS GERMANI, SUGGESTUSQUE PARISIACI PRÆLII HUMILLIMIQUE LEVITÆ ABBONIS.

   V. 102. *Comiter hoc,* récrit depuis sur une place effacée. — *Herilis,* glose peu lisible; peut-être, *dominicatus,* qui vit sous un maître.

   V. 103. *Antro,* pro *in antrum.* (Note marginale.)

   V. 104. *Cespitat,* glose peu lisible.

   *Suggestusque..... prælii humillimique levitæ Abbonis.* Ces mots, presque entièrement effacés, ont été récrits depuis peu. *Levitæ Abbonis* est en majuscules et semble de la main de Pithou, qui a signé son nom immédiatement après. (Voyez la Préface.)

# NOTES DE L'INTRODUCTION.

(1) P. 1. Sans exposer ici sur l'origine des Francs un système qui ne m'appartient pas, je ferai observer que l'opinion qui les fait venir de la Chersonnèse Cimbrique a été discutée dans une dissertation de M. ***, de l'académie des inscriptions, en tête du supplément au Glossaire de la langue romane de M. Roquefort, 1820; que telle a été aussi l'opinion de Leibnitz et d'Eccard; et que c'était d'ailleurs la croyance commune au ix<sup>e</sup> siècle, s'il faut ajouter foi à Ermoldus Nigellus, panégyriste contemporain de Louis I<sup>er</sup>.

> Hic populi porrò veteri cognomine *Deni* (i. e. Dani.)
>     Antè vocabantur, et vocitantur adhûc.
> *Nort* quoque francisco dicuntur nomine *Manni*,
>     Veloces, agiles, armigerique nimis.
> Ipse quidem populus latè pernotus habetur,
>     Lintre dapes quærit, incolitatque mare.
> Pulcher adest facie, vultuque statuque decorus,
>     Undè genus Francis adfore fama refert.

(Ermoldi Nigelli, lib. IV, v. 11-18. — D. Bouquet, Histor. Franc., t. VI, p. 51. Voyez la note de D. Bouquet sur cette opinion.)

(2)   Oceani littus, nomen cui gallicus exstat,
>     Lustrabat*, classemque mari perfecit in ipso.     *nempè
> Infestum quod Northmanni fecere piratæ,     Carolus M.
> Jam tunc Francorum nimiùm gens noxia regno.

(*Poeta Saxonicus*, ad ann. 800, lib. III, v. 378-381. — *Hister. Franc.*, t. V, p. 164. Voyez aussi les autres chronographes de cette époque; et *Libellum de Miraculis S. Wandregesili*, t. VII, p. 358.)

(3) Religiosus autem Carolus.... exsurgens de mensâ ad fenestram orientalem constitit, et inæstimabilibus lacrymis diutissimè perfusus est : quùm nullus eum compellare præsumeret, tandem aliquandò ipse bellicosissimus proceribus suis

de tali gestu et lacrymatione satisfaciens : « Scitis, inquit, «
« fideles mei, quid tantopere ploraverim? non hoc, ait, timeo
« quòd isti nugis mihi aliquid nocere prævaleant : sed nimirùm
« contristor quòd, me vivente, nisi sunt littus istud attingere,
« et maximo dolore torqueor, quia prævideo quanta mala pos-
« teris meis et eorum sint facturi subjectis. »

(*Monachus sangallensis*, lib. II, *de Rebus bellicis Caroli magni*, c. XIII, *Histor. Franc.*, t. V, p. 130.)

L'auteur qui écrivait cet ouvrage par l'ordre de Charles le Gros ajoute, en lui adressant la parole : « Quod ne adhuc fiat, « Christi Domini nostri tutela prohibeat, et gladius vester in « sanguine Nordmannorum duratus obsistat. »

Avec un tel prince ces souhaits généreux devaient moins sûrement s'accomplir que les tristes prévisions de Charlemagne.

(4) P. 2. *Étendue de la Frise*. En 826, Louis I<sup>er</sup> donna à Hériold, un des rois de Danemarck, chassé par des compétiteurs, le comté de Rhiustri en Frise (*Annal. Eginard.* tom. VI, p. 187); or le même auteur nous apprend (an 793, tom. V, p. 201) que ce comté était près du Weser. Dans la vie de S. Anschaire, évêque de Hambourg, composée par Rembert son successeur, Louis I<sup>er</sup> donne à Hériold un bénéfice au delà de l'Elbe : or il s'agit du même fait : ce bénéfice est donc le comté de Rhiustri : au delà de l'Elbe pour l'évêque de Hambourg, en deçà pour nous ; par conséquent entre le Weser et l'Elbe. On voit en outre, en 839 (*Annal. Bertin.*), les Danois du Danemarck se plaindre des attaques des Frisons ; ce qui les suppose voisins. Enfin on prétend que l'île d'Helgoland, située vis-à-vis l'embouchure de l'Elbe, est habitée par les descendants des anciens Frisons (Walkenaer. *Geograph.*) ; il est donc infiniment probable que toutes les côtes, du Rhin à l'Elbe, leur appartenaient.

(5) P. 5. Duplessis (*Nouvelles annales de Paris*) prétend que, dans aucune de leurs incursions sur Paris, les Normands n'entrèrent

dans la Cité; qu'elle resta toujours inviolable par sa position, et que les parties de la ville à droite et à gauche furent seules ravagées. Mais les historiens qui nous ont transmis ces désastres ne font point de distinction entre la ville et la cité; et pour ne parler que de celui-ci, l'écrivain qui nous l'a transmis avec le plus de détails, Aimoin, celui-là même à qui Abbon avait dédié son poëme, dans son livre des miracles de saint Germain, tom. VII, p. 348, 349, s'exprime ainsi : « Vacuam penitùs ipsam « urbem, quondam populosam, et omnia in circuitu illius mo-« nasteria à suis habitatoribus deserta repererunt. » Et plus bas : « Ipsam civitatem, ut præmisimus, vacuaque suburbana absque « habitatoribus repererunt. » Il est clair qu'ici *civitas* et *urbs* sont synonymes : mais *urbem penitùs ipsam* ne peut signifier que le cœur de la ville, l'île de la Cité.

(6) P. 10. *Deuxième prise de Paris.* Ces deux invasions de décembre 856, et de 857, ont été confondues par les historiens, peut-être avec raison. Les annales bertiniennes, qui seules les distinguent, peuvent s'expliquer de manière à justifier l'opinion commune. Elles commencent l'article de l'an 857 par ces mots : « Piratæ « Danorum, v kalendas januarias, Loticiam Parisiorum invadunt, « atque incendio tradunt. » Et plus bas, sans indiquer une nouvelle expédition, elles décrivent le fait avec les circonstances que nous avons exposées : « Dani Sequanæ insistentes cuncta « liberè vastant, Luteciamque Parisiorum adgressi, Basilicam « beati Petri et sanctæ Genovefæ incendunt, et ceteras omnes, « præter domum sancti Stephani, et ecclesiam sancti Vincentii « atque Germani, præterque ecclesiam sancti Dionysii. Pro « quibus, tantummodò ne incenderentur, multa solidorum « summa soluta est. » Alors la première ligne de l'article serait le sommaire d'un fait important, dont l'auteur donne les détails un peu plus tard. Ce qui appuie cette conjecture, c'est que certainement, à l'année suivante 858, l'annaliste annonce de quoi il va parler : « Quando Carolus intravit in insulam

« Sequanæ dictam Oscellum, etc. » Et plus bas, même année, il reprend tous les détails de cette expédition : il a pu procéder de même pour l'an 857. Nous ajouterons une observation : en n'admettant qu'une prise de Paris à cette époque, il faut la mettre en 856; car bien que l'auteur la place en 857, comme elle est du 28 décembre, et qu'il commence l'année à Noël (voyez surtout l'année 853), elle appartient à la fin de l'année précédente; seulement elle a dû se prolonger dans le mois de janvier 857.

(7) P. 10. Duplessis pense que cette église de Saint-Étienne est Saint-Étienne des Grés, et non la cathédrale, qui était aussi sous l'invocation de ce saint; que Saint-Denis était une église de Paris, sur la rive droite de la Seine, et non la célèbre abbaye de ce nom; en effet elle est nommée ici comme étant dans la ville. Félibien (*Hist. de Paris*, tom. I, p. 87) pense au contraire que Saint-Étienne est ici la cathédrale. Selon M. Dulaure, Saint-Denis est Saint-Denis de la Châtre, dans la Cité. Cependant s'il faut en croire une chronique (*Fragment. historic.* t. VII, p. 224), ces églises étaient hors des murs : *extrà munitionem positæ*. Alors, selon le système de Duplessis, les Normands ne seraient pas entrés dans la Cité. Mais rien n'est moins prouvé : cette chronique, non contemporaine, confuse dans ses récits, est d'une autorité à peu près nulle. Les plaintes de Radbert semblent supposer qu'aucune partie de la ville n'échappa au désastre.

(8) P. 13. An 859. Ce fait paraît si extraordinaire qu'on ne peut s'empêcher de le discuter. Voici la phrase des Annales bertiniennes : « Vulgus promiscuum inter Sequanam et Ligerim inter « se conjurans, adversùs Danos in Sequanâ consistentes fortiter « resistit. Sed quia incautè suscepta est conjuratio, à potentio- « ribus nostris facilè interficiuntur. » Une chronique des gestes des Normands, souvent conçue dans les mêmes termes, s'exprime ici de la même manière. Si cette chronique a été com-

posée par un Normand, avant les Annales de Saint-Bertin, *potentioribus nostris* prennent une signification toute différente et plus naturelle ; ce sont les seigneurs normands qui ont étouffé la conjuration. Mais si cette chronique est postérieure à ces mêmes annales, si elle les copie sans choix, sans goût, quelquefois sans les comprendre, ou en change le sens en les abrégeant, il faudra s'en tenir au récit de l'annaliste ; et croire, ou que la populace furieuse, semblable à la jacquerie du xiv° siècle, se souleva contre ces nobles qui ne voulaient ou ne pouvaient la défendre, aussi bien que contre les Normands ses oppresseurs ; ou que les nobles, qui seuls avaient le droit de porter des armes, ne permirent pas que le peuple, même pour sa défense, usurpât sur eux un privilége dont ils se montraient si peu dignes.

(9) P. 15. *Pont de Charles le Chauve.* Le diplôme où Charles ordonne la construction d'un grand pont, a été donné par Baluze, dans le tome II de ses capitulaires. La date en est incertaine : il est de 861, si l'on s'en rapporte à l'année du règne de Charles : de 870, si l'on s'en tient à l'indiction : Baluze est pour la seconde opinion ; dom Bouquet, qui a reproduit ce diplôme, tome VIII, p. 568, est pour la première. Je serais volontiers de son avis. Cette mesure s'accorde avec toutes les autres précautions que prit Charles à cette époque pour s'opposer aux Normands. Nous verrons plus tard où était ce pont, et quel rôle il joua dans le siége de 885. ( Voyez la note 12.)

(10) P. 24. *Chant teutonique en mémoire de la victoire de Saucourt.* Ce chant célèbre une victoire remportée sur les Normands par un roi Franc nommé *Louis*, qui avait un frère nommé *Carloman*. On a pu croire d'abord, à cause de l'idiome, qu'il avait été composé pour Louis de Saxe, fils de Louis le Germanique, à l'occasion de sa victoire près de Thimum en 880. En effet, ce Louis avait aussi un frère nommé *Carloman*. Mais une étude plus approfondie de cette pièce doit la faire rapporter

à Louis III, roi de la France occidentale. En effet, il y est dit : *minorennis orbatus patre*; et Louis III était fort jeune à la mort de Louis le Bègue; tandis que Louis de Saxe, à la mort du sien, était dans la force de l'âge; et cela devait être : Louis III était petit-fils de Charles le Chauve; Louis de Saxe, fils d'un frère de Charles, beaucoup plus âgé que lui.

En second lieu, le chant dit que Louis divisa son royaume avec son frère Carloman; ce qui lui en suppose un seul; et Louis de Saxe avait deux frères : Carloman de Bavière, et Charles le Gros. En outre Carloman de Bavière était mort, ou mourant, à l'époque de la bataille de Thimum; et la pièce en parle comme étant encore vivant : *l'ennemi fut amené sur eux*, v. 22.

Elle suppose l'avénement de Louis au trône et le partage avec Carloman comme tout récent; ce qui est plus vrai de Louis III que de Louis de Saxe, dont le père était mort en 876.

On y parle de traîtres, d'ennemis domestiques; et l'histoire en fait connaître quelques-uns qui causèrent plus d'un embarras à Louis III.

On peut dire encore que la victoire de Saucourt, remportée par Louis III, fut plus brillante que celle de Thimum, et plus propre à exciter l'enthousiasme.

Enfin, la chronique de Saint-Riquier, dont nous citerons tout à l'heure un fragment, dit que la victoire de Saucourt fut célébrée par les chants des compatriotes du roi. Il est donc infiniment probable que le chant dont il s'agit est un de ceux qu'il dit avoir été composés pour en perpétuer le souvenir. C'est l'opinion de Mabillon, qui le premier a donné cette pièce dans ses Annales des bénédictins, tome III, p. 684; de Schilter, qui l'a traduite en latin; et de D. Bouquet, qui l'a insérée dans le tome IX des Historiens de France, page 99; sans compter l'Art de vérifier les dates, le président Hénault, etc.

On peut se demander pourquoi, en 881, une victoire de

Francs occidentaux est célébrée en langue tudesque, tandis que, dès 842, ces mêmes peuples, soldats de Charles le Chauve, n'entendaient déjà plus cette langue. (Voyez le serment de Strasbourg en deux langues, Nithard, livre III, chap. v.) Nous répondrons qu'en effet les peuples de la partie occidentale ne parlaient et ne comprenaient que la langue latine dégénérée, ou langue romane; mais que leurs rois et les principaux chefs, Austrasiens d'origine, avaient conservé le langage de leurs aïeux, conquérants de la Neustrie; et l'on sait que la langue maternelle de Charlemagne était le tudesque (Eginhard, chap. xxv-xxix). Ici, ce sont les hommes du roi, ses compatriotes, *patrienses*, comme dit la chronique, qui célèbrent sa victoire; mais le peuple ne pouvait comprendre ce chant [1]. Sous ce rapport il n'est pas national [2].

Plus de soixante ans après, au concile d'Ingelheim, en 948, on voit des lettres du pape relatives à la dispute sur l'archevêché de Reims, traduites en tudesque pour les deux rois Louis IV et Othon (chr. Frodoard). Louis ne connaissait donc que le tudesque; ou du moins il le regardait comme sa langue obligée, officielle, qu'il ne pouvait paraître ignorer sans se dégrader à ses propres yeux. C'est ainsi que les rois de la seconde

---

[1] Je n'oserais affirmer que les descendants des Francs-Saliens, compagnons de Clovis, conquérants de la Gaule, et maîtres de cette partie occidentale appelée depuis la *Neustrie*, eussent tellement oublié leur langue primitive qu'ils ne pussent comprendre ce chant de victoire; mais il devait être absolument étranger à la masse de la population gallo-romaine, dans laquelle se fondirent peu à peu les Francs de la première race.

[2] Il l'est encore moins si, comme le pense M. Simonde de Sismondi, ce chant n'était qu'une espèce de plaidoyer composé par les partisans de Louis III, et destiné à répandre sa réputation en Saxe lorsque, l'année suivante, ce prince songeait à recueillir l'héritage de son cousin Louis.

race, soit par dédain, soit par imprudence, négligèrent de se faire Français. Par leur langage ils restèrent étrangers à leurs peuples; et l'on peut croire que ce fut une des causes de leur ruine[1].

Quoi qu'il en soit, j'ai cru que la traduction de cette pièce ne serait pas déplacée dans un ouvrage tel que celui-ci. Elle est divisée en strophes, ou couplets, de quatre vers chacun, à rimes croisées, excepté le dernier qui en a six. Cette division a dû être conservée en français ;

« Je connais un roi ; il s'appelle le seigneur Louis : il sert Dieu
« volontiers, car Dieu le comble de ses bienfaits.

« Jeune encore il perdit son père ; ce fut pour lui un grand
« malheur ; mais le seigneur l'adopta et fut son guide.

« Il lui accorda [2] des guerriers, d'illustres comtes, et un trône
« en France ; puisse-t-il en jouir longtemps !

« Louis plus tard [3] en donna la moitié à Carloman son frère, et
« ce partage se fit de bonne foi [4].

« Quand il fut fini, Dieu, qui voulait éprouver s'il pourrait
« supporter quelque temps les tribulations,

« Permit que le soldat des gentils fût amené [5] contre eux [6], et
« que le peuple des Francs devint l'esclave des barbares.

« Aussitôt [7], les uns abandonnèrent le roi ; d'autres furent

[1] Ces idées ont été rendues populaires par le talent avec lequel M. Aug. Thierry les a développées dans ses Lettres sur l'Histoire de France.

[2] Hugues, l'abbé, depuis duc de France ; Thierri, comte d'Autun; Boson lui-même, qui d'abord se déclara pour les fils de Louis le Bègue

[3] Le partage n'eut lieu qu'en 880, et leur père était mort le 10 avril 879.

[4] Il fait allusion à toutes les guerres civiles qui eurent lieu entre les frères de cette famille à l'occasion des partages.

[5] Par des traîtres, comme Esimbart. (Voyez plus bas.)

[6] C'est-à-dire les deux frères, Louis et Carloman.

[7] C'est-à-dire dès l'avénement de Louis à la couronne. L'auteur

« sollicités à la trahison ; des outrages attendaient quiconque
« refusait de se joindre à eux.

« ¹ Tel qui avait été jusqu'alors un brigand et devait sa puis-
« sance au désordre, attaqua le premier le camp du roi ², et par
« là devint un grand personnage ³.

dans ce couplet et les deux suivants, fait allusion non-seulement aux traîtres qui se joignirent aux Normands ou les appelèrent dans le royaume ; mais encore à ceux qui, comme Gozlin, Conrad et leurs partisans, voulurent donner le royaume de la France occidentale à Louis de Saxe, au préjudice des fils de Louis le Bègue.

¹ Je crois qu'ici l'auteur désigne plus particulièrement Esimbart, dont il a été question, an 879. Voici le passage de la Chronique de S.-Riquier où cette pièce est mentionnée ; il peut, jusqu'à un certain point, y servir de commentaire : « Post mortem Illudoguici, filii ejus
« Illudoguicus et Karlomannus regnum inter se dispertiunt. His ergo
« regnantibus, contigit Dei judicio innumerabilem barbarorum multi-
« tudinem limites Franciæ pervadere, agente id rege eorum Guara-
« mundo ; qui multis, ut fertur, regnis suo dirissimo imperio subactis,
« etiam Franciæ voluit dominari ; persuadente id fieri Esimbardo
« francigenâ nobili, qui regis Illudoguici animos offenderat, quique,
« genitalis soli proditor, gentium barbariem nostros fines visere hor-
« tabatur. Sed quià quomodò sit factum, non solùm historiis, sed
« etiam patricensium memoriâ quotidiè recolitur et cantatur ; nos pauca
« memorantes, cætera omittamus, etc..... prædictus ergò Illudoguicus
« rex in pago Vimmaco cum eisdem gentibus bellum gerens, trium-
« phum adeptus est, etc. » (T. VIII, p. 273.) Ainsi c'est non-seulement la victoire de Louis, mais les trahisons des grands à son égard, qui étaient rappelées dans les chants des Francs-Germains, encore deux siècles après. Hariulfe, l'auteur de cette Chronique, l'écrivait en 1088

² L'histoire ne dit pas qu'Esimbart ait attaqué le premier le camp du roi ; peut-être est-ce une figure pour dire qu'il se déclara le premier son ennemi ; peut-être faut-il le prendre à la lettre. Les historiens de ces temps-là ne nous ont pas tout appris.

³ C'est-à-dire aux yeux de ses complices. Ce vers est expliqué par le quatrième du couplet suivant.

« Un autre était un faussaire, celui-ci un assassin, celui-là un
« traître; et chacun se faisait gloire de ses crimes.

« Le roi était dans l'étonnement; tout le royaume dans la
« perplexité: le Christ irrité avait permis ces excès tyranniques.

« Mais enfin Dieu en eut pitié; il avait vu tous ses malheurs.
« Alors il ordonne au seigneur Louis de partir à l'instant:

« Louis, mon roi, secours mon peuple : les Normands l'ont
« cruellement opprimé. »

« Je le ferai, seigneur, répond Louis, pourvu que la mort
« n'arrête pas l'exécution de tes ordres. »

« Alors il reçoit le pardon de Dieu[1], lève l'étendard de la
« guerre, et marche en France[2] contre les Normands,

« Rendant grâces à Dieu, et plein d'espoir en son secours :
« Nous voici, seigneur, s'écrie-t-il; longtemps nous t'avons
« attendu. »

« Ensuite élevant la voix: « Ayez bon courage, leur dit l'illustre
« Louis, mes compagnons d'armes, mes connétables.

« C'est Dieu qui m'envoie ici (puisse-t-il m'être toujours
« favorable!) pour que vous me donniez les conseils, pour que,
« moi, je conduise l'armée.

« Je ne m'épargnerai point, jusqu'à ce que je vous délivre:
« maintenant suivez-moi, vous tous les fidèles de Dieu.

« La vie nous est donnée aussi longue que le veut le Christ:
« car c'est lui qui protége nos corps, c'est lui qui veille sur nous.

« Quiconque remplira avec alégresse la volonté de Dieu, et
« sortira vivant du combat, recevra de moi une récompense;

« Mais s'il meurt, elle sera pour sa famille. » Alors il saisit
« son bouclier, sa lance; et pousse son coursier rapidement :

---

[1] C'est-à-dire l'absolution d'un prêtre, pour avoir la conscience tranquille au moment du danger.

[2] La *France* était le pays au delà de la Seine. Louis III, pour aller combattre les Normands dans le Nord, était parti de Vienne où, réuni à Carloman, il assiégeait alors Boson.

« Car il voulait tirer une vengeance éclatante de ses adver-
« saires. Bientôt, à peu de distance, il rencontre les Normands

« Gloire à Dieu ! disait-il, en voyant ce qu'il avait tant désiré.
« Puis il s'élance avec audace, entonnant le premier un saint
« cantique [1].

« Et tous à l'unisson répondaient *kyrie eleison*. Les chants
« cessaient à peine, et déjà le combat était commencé.

« Un sang plus vif colorait les joues des Francs dans leurs
« transports belliqueux; mais aucun guerrier ne porta des
« coups tels que Louis :

« Vif, audacieux (telle était sa nature), il frappe l'un, il
« perce l'autre,

« Et fait boire un amer calice à ses ennemis. C'est ainsi qu'ils
« perdirent la vie.

« Bénie soit la vertu de Dieu ! Louis est vainqueur. Hommage
« à tous les saints ! son combat est suivi de la victoire.

« Mais aussi Louis est un prince heureux ; actif, il l'a montré
« ici ; grave, s'il est nécessaire. Seigneur, conserve-le longtemps
« dans tout l'éclat de sa majesté ! »

(11) P. 36. *Ville et cité*. Voici comment s'exprime Grégoire de Tours, *de Gloriâ confessorum*, chap. xc, copié par l'interpolateur d'Aimoin, III, 16 : « Ingrediente autem postmodum Chilperico « in *urbem* Parrhisiacam; sequenti die postquam rex ingressus « est *civitatem*, paralyticus, etc. » Duplessis (Annales de Paris, an 581) en conclut qu'il faut à cette époque distinguer la ville de la cité. La ville était la partie septentrionale sur la droite de la Seine, comme on l'appelait encore dans le siècle dernier. La cité était particulièrement l'île ou la ville primitive : elle conserve encore ce nom. Cependant je ne répondrais pas que, dans ce passage, l'auteur n'eût employé les deux mots comme syno-

---

[1] Une litanie, comme l'explique Schilter; explication confirmée par le verset suivant.

nymes ; et la phrase s'expliquerait ainsi : « Chilpéric entre dans « Paris ; le lendemain qu'il y était entré, un paralytique, etc. ; » d'autant plus que rien dans la suite du récit ne motive cette différence de lieux. On a vu (note 5) dans le récit d'un autre Aimoin, lors de la prise de Paris en 845, que *civitas* et *urbs* sont exactement synonymes. Néanmoins, l'histoire suivie des rois de la première race prouve que Paris avait pris, hors de l'île, surtout au nord, une assez grande extension pour justifier l'expression qui a donné lieu à cette note.

Il est à remarquer aussi que Paris, ville gallo-romaine, s'était accrue considérablement au midi ; Paris ville franke s'étendit plus vers le nord. Cette différence tenait-elle à la position géographique des deux peuples ? Sous la troisième race, Paris ville française s'est de même beaucoup plus développée par le nord. Quelle en est la cause ? Est-ce le voisinage des frontières qui a dû porter de ce côté la plus grande partie de sa population ? Est-ce l'exploitation des carrières du sud qui a empêché d'abord ce terrain de se couvrir d'habitations ? ou cette inégalité dans les deux parties de la ville vient-elle simplement des accidents du sol, qui présente du côté du midi moins d'agrément et de facilité pour la circulation à cause de sa montagne ? On peut dire encore, surtout pour les temps anciens, que, les Francs étant principalement établis au nord de la Seine, Paris leur capitale a dû se développer davantage dans le territoire qu'ils occupaient spécialement. De même sous la troisième race, Paris, devenu le noyau et le centre de la nouvelle nation française, a dû s'accroître surtout dans le pays appelé proprement *France* ou *Ile de France*. Or ce pays, beaucoup moins étendu que ne le fut depuis le gouvernement de l'Ile de France, et principal domaine des rois, anciens comtes de Paris, ne commençait qu'à la rive droite de la Seine. La rive gauche était d'un autre pays, le Hurepoix. Une rue, longeant la rive gauche du bras méridional de la Seine, au bas du pont Saint-Michel, s'appelait la *rue du Hurepoix*, comme pour rappeler que là commençait ce pays. Elle a disparu en 1808 avec les maisons du pont Saint-Michel, et elle fait maintenant partie du quai des Augustins. La rue de la Harpe, dite autrefois de la *Harpe*, a peut-être la même origine; *via Heripensis*: quoique dans des titres anciens elle soit appelée *via citharæ* [1].

(12) P. 37. *Pont de Charles le Chauve; sa position.*

Nous citerons d'abord les expressions mêmes du diplôme (v. not. 9):

« Placuit nobis extra prædictam urbem... supra terram monas-
« terii sancti Germani suburbio commorantis, quod à priscis
« temporibus Autisiodorensis dicitur, subjectum etiam matri
« ecclesiæ sanctæ Mariæ commemoratæ urbis, opportunum
« majorem facere pontem... dignum judicavimus... ipsum pontem
« Æneæ prædicti episcopi successorumque suorum potestati sub-
« jicere... cum viâ quæ per terram sancti Germani ad eumdem
« pontem vadit, etc. »

Que ce diplôme ait été fabriqué après-coup par l'église de Notre-Dame de Paris pour s'attribuer la possession d'un pont avec des moulins, peu importe; mais il me semble qu'on ne peut contester le fait qui est pour nous l'objet principal : l'existence d'un pont, bâti par ordre de Charles le Chauve, dans un certain endroit qu'il s'agit de déterminer.

Des auteurs qui ont approfondi la matière, entre autres Félibien et M. Dulaure, ne le distinguent pas du Pont au Change, qui fut aussi de temps immémorial appelé le grand pont. Et en effet la position d'un fort à son extrémité septentrionale, qui fut depuis le grand Châtelet; le nom de Porte de Paris [2] appliqué à cet endroit, la direction de la grande rue

---

[1] Sur le Hurepoix, dans lequel était comprise une partie de Paris, voyez HADRIEN DE VALOIS, *Notice des Gaules*, article *mauripensis pagus*.

[2] Ce lieu a été souvent nommé *l'apport de Paris* (FÉLIBIEN, t. IV,

Saint-Denis qui aboutit à ce pont, militent en faveur de cette opinion. Mais Bonamy, dans un mémoire lu en 1743 ( *Mém. de l'académie des inscriptions*, tome XVII, p. 290), et Duplessis, Annal. de Paris, en 861, pensent que ce pont devait être situé plus bas, vers l'endroit où était le For-l'Évêque. En effet, d'après les expressions mêmes du diplôme, il ne peut avoir été situé qu'à l'extrémité occidentale de Paris, puisqu'il était hors de la ville pour la protéger, et empêcher les Normands de remonter la Seine. Or on sait qu'à cette époque l'île de la Cité se terminait vers la rue du Harlay, vis-à-vis du For-l'Évêque. Nous voyons encore par le diplôme que ce pont était sur le territoire de Saint-Germain-l'Auxerrois, ce qui le suppose dans le voisinage. Je sais bien que le bourg auquel cette église donna son nom s'étendit jusqu'au grand Châtelet; et telle est encore la limite de la circonscription de cette paroisse; mais à cette époque, il ne pouvait pas être si étendu à l'est, autrement Abbon aurait nommé ce côté de la rivière terre de Saint-Germain-le-Rond, tandis qu'il l'appelle *rivage de Saint-Denis* (I, 173; II, 175). Ce pont était donné à l'évêque de Paris; et au point où nous supposons qu'il aboutissait était la justice de l'évêque de Paris, c'est-à-dire, le For-l'Évêque.

Voici d'autres particularités en faveur de cette opinion, rappelées par Bonamy dans son mémoire : « En 1731, M. Turgot, prévôt des marchands, faisant nettoyer la rivière, on « trouva à cet endroit (toujours le For-l'Évêque, et la rue du « Harlay) des pilotis d'un ancien pont de bois. » Peut-être le

*Pièces justificatives*, p. 122, 429), parce que là, dit-on, étaient apportés par eau les approvisionnements de Paris. Et en effet, jusqu'au commencement de ce siècle, il y eut un marché à cet endroit; mais la plupart des auteurs, Sauval, t. I, p. 30; Duplessis, an 581, p. 71; Dulaure, etc., pensent qu'il faut dire *la porte de Paris* : c'est ainsi qu'a toujours prononcé le peuple de ce quartier.

pont de Charles le Chauve avait-il été remplacé par le pont aux Meuniers : celui-ci, quoique probablement un peu au-dessus, conserva la dénomination de grand pont. « Dans les déclarations « que le chapitre de Notre-Dame fit en 1549 et 1586 de sa « censive, il fait mention du pont aux Meuniers, sans parler en « aucune sorte du pont au Change. Voici les termes de ces « déclarations : pareillement déclarent qu'ils ont droit de haute « justice moyenne et basse, et voirie, sur le pont aux Meuniers, « autrement appelé le *grand pont*, le chemin duquel n'est voie « publique ; et aussi avoir droit de censive sur les maisons et « moulins y étant assis, ainsi qu'il s'ensuit, etc. » ( Bonamy, *Mémoire cité*). M. Dulaure (tome III, p. 488, 3ᵉ édit., in-12 ) cite aussi une phrase qui vient à l'appui des présomptions précédentes. « On voit, dit-il, dans le cartulaire de Saint-Magloire, « an 1296 : le vieux grand pont de pierre, lequel souloit être où « le pont *des Moulins* est à présent. » L'induction naturelle à tirer de ce passage, c'est que le pont bâti en pierre ne fut jamais qu'à la place où nous le voyons ; mais qu'anciennement ce qu'on appelait le *grand pont* était plus bas, sur l'emplacement du pont aux Moulins, qui peut-être avait été bâti sur ses débris.

De tout ce qui vient d'être dit, on peut présumer que le pont aux Moulins avait remplacé le grand pont de Charles le Chauve ; que le pont aux Moulins fut remplacé par celui des Meuniers ; peut-être n'y eut-il que le nom de changé. Ce pont aux Meuniers, appelé aussi *pont aux Colombes*, tomba de lui-même le 22 décembre 1596, et fut remplacé par le pont aux marchands ou aux oiseaux, encore plus rapproché du pont au Change. Enfin ces deux ponts ayant été brûlés en 1621, on rebâtit à la place des deux le grand pont au Change, tel qu'il existe actuellement. Ainsi disparurent toutes les traces et tous les souvenirs de l'ancien grand pont qui fait le sujet de cette note.

Quant à la direction de la rue Saint-Denis, elle ne prouve

rien. Elle aboutissait probablement à une ancienne porte, au milieu des anciens remparts, et à un pont attenant au milieu de la cité. Mais dans notre système, ces remparts et ce pont avaient disparu, et le nouveau grand pont étant hors de la ville, ne pouvait être dans la direction de la grande route. On pourrait encore se demander si, au IX° siècle, cette rue n'était pas un peu plus inclinée à l'ouest en s'approchant de la rivière; d'autant plus que maintenant elle est loin de former une ligne droite comme la rue Saint-Martin.

La tour septentrionale qui défendait ce pont sera devenue, non le grand Châtelet, dont on ne fait remonter la première construction qu'à Louis le Gros, mais le *for*, ou *fort*, ou, comme le vulgaire l'appelait, le *Four-l'Évêque*. C'est aussi le nom que lui donnaient par dérision les femmes des Normands (Abbon, I, 127. 133). Le For-l'Évêque a été démoli en 1780, et remplacé par une maison particulière du quai de la Mégisserie, n° 56; et n° 65, dans la rue Saint-Germain-l'Auxerrois.

Une autre question est à résoudre: y avait-il d'autres ponts à cette époque? Bonamy et Duplessis prétendent que ce grand pont de Charles le Chauve fut construit indépendamment de l'ancien pont, depuis nommé le *pont au Change*; et qu'il est appelé *major*, parce qu'il se continuait de l'autre côté de l'île, à peu près comme le Pont-Neuf actuel. Mais Félibien et Dulaure pensent qu'il remplaça l'ancien grand pont de bois, détruit apparemment par les Normands, et qu'il est appelé *major pons*, par opposition avec l'ancien *petit pont* sur le bras méridional de la Seine. Je suis de leur avis, en ce sens qu'il fut bâti lorsque l'ancien n'existait plus, mais plus bas, comme nous l'avons vu: et quoique d'après certains endroits d'Abbon (I, 17, 64, 236; II, 232, 397), où puisse conclure qu'il y avait alors plusieurs ponts à Paris, je crois qu'au moment du siége il n'y avait au nord que ce grand pont capable d'opposer une résistance solide aux assiégeants. Les autres étaient peut-être des ponts volants, des ponts de bateaux, mais ils n'aboutissaient pas à la rive opposée ; car ils auraient dû être fortifiés par des tours ; et dans tout le siége il n'est parlé que de deux tours hors de la cité, l'une au nord du grand pont, l'autre au sud du petit. Les Normands espèrent avoir tout gagné s'ils parviennent à rompre le pont et à emporter la tour (I, 251). C'est ce pont et cette tour qu'ils veulent brûler par des bateaux chargés de matières combustibles, qu'ils font descendre par le courant de la rivière (I, 378). S'il y avait eu au-dessus un autre pont, ils auraient eu une double tâche à remplir; et le poëte n'en dit rien. C'est aussi cette tour qui est l'entrée principale de la ville (*Annal. Vedast.*, p. 52. Ann., II, 201, 205); il n'y en a donc pas d'autres, il n'y a pas d'autre pont servant de communication au rivage. Remarquons encore que, dans un diplôme de Charles le Simple en 909 (*Histor. franç.* tom. IX, p. 509), confirmant à l'église de Paris la possession de ce pont, il est appelé *pons urbis Parisiacæ*, le pont de Paris : il était donc le seul important. Si ce diplôme, suspect de fausseté, est d'une époque postérieure à sa date, il favorise encore mieux notre opinion ; ce pont aura été le seul pendant longtemps.

Quant au petit pont, rien ne prouve qu'il fût la continuation du grand, ni qu'il fût ailleurs que le petit pont actuel. Bonamy (mémoire cité) dit qu'il devait être plus bas, au moins au pont Saint-Michel ; parce que le poëte dit que la tour de ce pont était fondée sur la terre de Saint-Germain (I, 509), et que le pont Saint-Michel était la limite de la censive de l'abbaye. Mais il ne faut peut-être pas prendre à la lettre l'expression d'Abbon. Il peut donner à toute la rive méridionale le nom de rive ou terre de Saint-Germain, comme il appelle celle du nord le rivage de Saint-Denis, soit à cause d'une ancienne église de Saint-Denis dans le voisinage de la rivière, comme le pense Duplessis, soit plutôt à cause de la célèbre abbaye de ce nom. Du reste nous ferons observer que ce pont au midi était aussi le seul; car, une fois détruit, il n'y a plus de communication de la Cité à la rive méridionale (*Ann. Vedast.* an 886), et six cavaliers envoyés par Ebles, pour surprendre les Normands endormis, sont obligés de traverser la Seine en bateau (Abbon, II, 174).

Mais, dira-t-on peut-être, si le pont de Charles le Chauve était hors de Paris, comment communiquait-on de la Cité à la partie de la ville située au nord de la Seine? Nous répondrons, d'après le texte d'Abbon, que Paris à cette époque était réduit à la Cité (I, 15 et suiv.); que ce qu'on appelait alors les faubourgs, n'est autre chose que cette ancienne ville septentrionale de la première race, commençant à la rive droite de la Seine. C'était autrefois une partie de la ville, car elle avait été entourée de murs (II, 322); mais ces murs avaient été ou détruits ou abandonnés, car les Normands étaient maîtres de ce faubourg (II, 160); ce faubourg commençait à la rive de la Seine, car ils étaient maîtres de la rive droite du fleuve, puisqu'ils attaquent la tour de trois côtés (I, 357-360), puisqu'ils font descendre le long du fleuve et dirigent avec des cordes trois barques remplies de matières enflammées pour incendier le pont et la tour (I, 378); ainsi il n'y avait ni au nord, ni au midi, d'autre pont ni d'autre tour, ni d'autres fortifications d'aucune espèce, capables d'arrêter les Normands.

Ce serait ici le moment d'examiner quels étaient ou avaient pu être précédemment les murs de Paris, hors de la Cité. Mais, après plusieurs recherches, je crois impossible de déterminer au juste l'enceinte ou les enceintes qui précédèrent celle de Philippe-Auguste.

Pour ne parler que de la partie du nord, nous voyons que dans Abbon, II, 322, il est question de *murs*, et d'églises avoisinant ces murs; mais il ne dit pas si elles étaient en dedans ou en dehors. Un prétendu diplôme de Lothaire et Louis V, en faveur de Saint-Magloire de la rue Saint-Denis (*Histor. franç.* tom. IX, p. 644), place ce monastère non loin des murs de la ville, ce qui les suppose assez avant dans la rue Saint-Denis. Au XII° siècle, Suger parle d'une maison située près de la porte voisine de Saint-Merry [1]. Raoul de Presles, sous Charles V, dit qu'on voyait encore de son temps un des jambages de l'ancienne porte ou archet Saint-Merry (SAUVAL, I, 30; Félibien, tom. I, 180; Dulaure, tom. II, 67). Aujourd'hui encore, dans quelques maisons du cloître, on voit des jardins presque à la hauteur du premier étage élevés sur des terrasses qui paraissent être des restes d'anciennes fortifications. Plus loin à l'est, la rue *Barre-du-Bec* indique assez une barrière ou porte : et en descendant au midi, d'anciennes constructions qui ont subsisté longtemps et qui subsistent encore en partie rue des Deux-Portes (SAUVAL, tom. I, 29); le nom de *Vieilles-Garnisons* donné à une rue derrière l'Hôtel-de-ville, qui n'existe plus; une vieille tour carrée, vers le même endroit, au tourniquet Saint-Jean, surnommée *la Tour du pet au diable*; enfin la dénomination de la porte Baudet, Baudoyer, ou des Bagaudes, parce qu'elle conduisait aux fossés des Bagaudes ou S*-Maur [2], sont des preuves manifestes d'une ancienne enceinte. Mais de quelle époque? est-ce celle de la première race, dont il ne restait plus que des débris lors des invasions des Normands, et qui aura été réparée sous la troisième? Ne reconnaît-on pas encore les traces d'une enceinte plus petite que la première, dans la suite et la courbure des rues *Perrin-Gasselin*, *d'Avignon*, *des Écrivains*, *Jean-Pain-Molet*

---

[1] Domum quæ superest portæ Parisiensi, versus Sanctum-Medericum, emimus M. solidis (*De suâ administratione*, libro .—DUCHESNE, t. IV, p. 332); c'est-à-dire une maison au-dessus de la porte de Paris située près de Saint-Merry. Cette phrase ne dit pas que la porte fût en deçà de Saint-Merry, du côté de la rivière, comme le pense M. Dulaure, t. II, p. 66.

[2] Lebeuf, *Histoire de la ville et du diocèse de Paris*, t. I, p. 127, pense que ce nom vient plutôt d'un nommé *Baudacharius*. Peu importe pour l'objet de cette note.

et *Jean-de-l'Épine*, terminée et fortifiée à l'orient par une grève couverte d'eau[1]. Mais où commençait-elle à l'ouest? Est-ce à cette dernière qu'appartenait la Porte de Paris près le grand Châtelet? Est-elle postérieure au siége de Paris? antérieure à celle dont nous avons parlé d'abord? On ne peut proposer là-dessus que des conjectures. Aussi les auteurs sont loin de s'accorder entre eux. Delamare, Sauval, Félibien, Duplessis, admettent la première, mais avec plusieurs modifications, surtout pour la partie occidentale, et la rapportent à des temps différents. Delamare (*Traité de la police*, tom. I, 71, 75, 2° et 3° plan) la fait remonter aux Romains; Duplessis, *Annal.* 581, en fait l'enceinte de la première race; Sauval et Félibien la placent à une époque incertaine, mais postérieure au siége de Paris. M. Dulaure adopte la seconde, et la confond avec certains points de la première; mais il ne la suppose que sous Louis VI. Je n'ose décider après mes maîtres; mais il me semble qu'ils ont eu tort de ne pas distinguer deux enceintes établies à deux époques différentes.

Il existe encore des traces d'autres fortifications : la rue *des Fossés Saint-Germain-l'Auxerrois*. Là étaient des fossés et des remparts qui probablement enfermaient le cloître du monastère de Saint-Germain, rebâti par le roi Robert (HELGAUD, ch. XXXI). Au XVI° siècle, il en restait encore une tourelle qui a donné son nom au cul-de-sac de *la petite Bastille*, rue de l'Arbre-Sec. Abbon nous apprend, I, 175, que ces fossés furent l'ouvrage des Normands, qui investirent ainsi l'église de Saint-Germain-

[1] On sait qu'autrefois, à l'entrée de la place de Ville par le quai Pelletier, le parapet remontait, au nord, jusqu'à la rue de la Tannerie, à peu de distance de la rue Jean-de-l'Épine; puis, se dirigeant vers l'orient à angle droit, formait un port séparé de la place. Ce port, destiné au charbon, était dans l'origine une grève qui a laissé son nom à toute la place, et même à ce quartier de Paris. (LEBEUF, *Histoire de Paris*, t. I, p. 127.)

le-Rond, et s'y retranchèrent. Il est possible que par la suite ces fortifications aient été jointes, soit à la petite, soit à la plus grande des deux enceintes.

Ce qui paraît probable, c'est qu'au temps de l'abbé Suger l'enceinte au nord renfermait Saint-Merry; que la grande enceinte a précédé immédiatement celle de Philippe-Auguste; et ce qu'il y a de certain, c'est que, soit qu'elle ait existé dès la première race, soit qu'elle n'ait été construite que sous la troisième, c'est la seule des deux dont il reste des vestiges matériels et indubitables.

(13) P. 37. *Gozlin, évêque de Paris.* Gozlin ou Gauzlen, était allié à la famille régnante. Il était frère de Louis, abbé de Saint-Denis, lequel était fils de Roricon, comte du Maine, et de Rotrude, fille de Charlemagne (*Ann. Bertin.*, an 867, tom. VII, p. 95). Si Gozlin était également fils de Rotrude, il était le cousin-germain de Charles le Chauve. Mais, selon dom Bouquet (tom. VII, p. 73, not., et 89, not.), il était fils du même Roricon, et d'une autre femme appelée *Bilichilde* : alors il n'est plus qu'allié de Charles, à moins que Bilichilde sa mère ne soit aussi du sang royal. Sa sœur, également nommée *Bilichilde*, épousa un Bernard, comte de Poitiers, mort en 844 (dom Bouquet, VII, 89, not.), et en eut un fils également nommé *Bernard*, marquis de Gothie, puis comte de Bourges (*Art de vérifier les dates*, comtes et vicomtes de Berri), lequel eut trois fils, Èbles, le célèbre abbé; Ramnulfe, le même qui se fit proclamer roi en Aquitaine en 888, et Gauzbert (dom Bouquet, VIII, 89, not.). Si cette généalogie était bien prouvée, Èbles ne serait que le petit-neveu de Gozlin. (Voyez le tableau généalogique ci-après.) Gozlin en 847 ou 848 (Duplessis, *Annal.*) succéda à Ebroin, abbé de Saint-Germain-des-Prés. Plus tard, il fut archichancelier à la place de son frère Louis (dom Bouquet, tom. VII, p. 691, 704) en 876 et 877. Enfin en 883 ou 884, il remplaça Ingelwin comme évêque de Paris (*Annal. Vedast.*). Dom Bouquet pense que c'est le même

qui fut abbé de Glanfeuil, ou *Maur-sur-Loire* (tom. VII, 89, note), de Jumièges en 862 (tom. VIII, 571) et d'Elnone ou *Saint-Amand*, en 871 (tom. VIII, 632). Cette accumulation de dignités ecclésiastiques sur une seule tête n'était pas rare à cette époque. Les hommes de guerre même en possédaient plusieurs à la fois. Ainsi, Hugues le Grand, duc de France et comte de Paris, était en même temps abbé de Saint-Germain-des-Prés, de Saint-Denis et de Saint-Martin de Tours.

(14) P. 40. *Parenté d'Eudes et de Hugues l'abbé.* La femme de Robert le Fort était Adélaïde (dom Bouquet, VII, p. 11, not d.), sœur du comte Adalelme (*Ann. Metens.* 892, tom. VIII, 73, not.), veuve en premières noces de Conrad, comte d'Auxerre (*Chron. Alberici*, tom. IX, p. 59 d. et not.); or ce Conrad était frère de l'impératrice Judith, mère de Charles le Chauve (NITHARD. I, 3); d'ailleurs il est souvent appelé *avunculus*, oncle maternel du roi (*Ann. Bertin et Metens.* 186). Il eut deux fils, Hugues l'abbé et Conrad comte de Paris (*Ann. Bertin.*, 879, tom. VIII, p. 33, 80), le même qui se ligua avec Gozlin contre les fils de Louis le Bègue. Ce second Conrad fut père de Rodolphe qui se fit roi de la Bourgogne transjurane (*Annal. Metens.*, 888), et d'une fille nommée *Adélaïde*, qui épousa Richard le justicier, duc de Bourgogne, frère de Boson, roi de Provence, de Richilde, femme de Charles le Chauve, et père de Rodolphe ou Raoul, qui devint roi de France (*Art de vérifier les dates*). D'autre part, ce comte Adalelme, beau-frère de Robert le Fort, eut trois fils; 1° Waltgaire, mis à mort par le roi Eudes, son cousin, en 892 (*Annal. Metens.*, tom. VIII, 73, c. et note); 2° Emenon, comte d'Auvergne et de Poitiers, dont les deux fils furent Adalelme (dom Bouquet, VIII, 11, not.), et Adémar, ce parent d'Eudes, *consanguineus*, dont parle Abbon (II, 537); 3° Bernard, probablement l'aîné des trois; ce comte de Poitiers dont nous avons parlé dans la note précédente, et dont le fils Bernard fut père de Rannulfe, Èbles et

Gozbert. Ce n'est pas tout; peut-être, selon dom Bouquet (tom. VIII, 11, not.), une fille de Robert le Fort épousa Éménon, père d'Adalelme et d'Adémar, qui seraient alors les propres neveux du roi Eudes. Une autre fille, nommée Richilde, fut mariée à Thibaut de Blois, père de Thibaut le Trichard (*Art de vérifier les dates*, comtes de Blois). Ainsi ces différentes familles, loin d'être étrangères l'une à l'autre, se réunissaient par tant de points qu'elles semblaient n'en faire plus qu'une. Les Conrad, les Rodolphe, les Robert, les Hugues, étaient, comme proches parents du roi, ceux à qui il communiquait plus volontiers sa puissance. Leur élévation au trône ne parut point extraordinaire; depuis longtemps, par le fait, ils étaient rois.

TABLEAU GÉNÉALOGIQUE.

# NOTES
## TABLEAU GÉNÉALOGIQUE DES FAMILLES
POUR L'INTELLIGENCE DES N

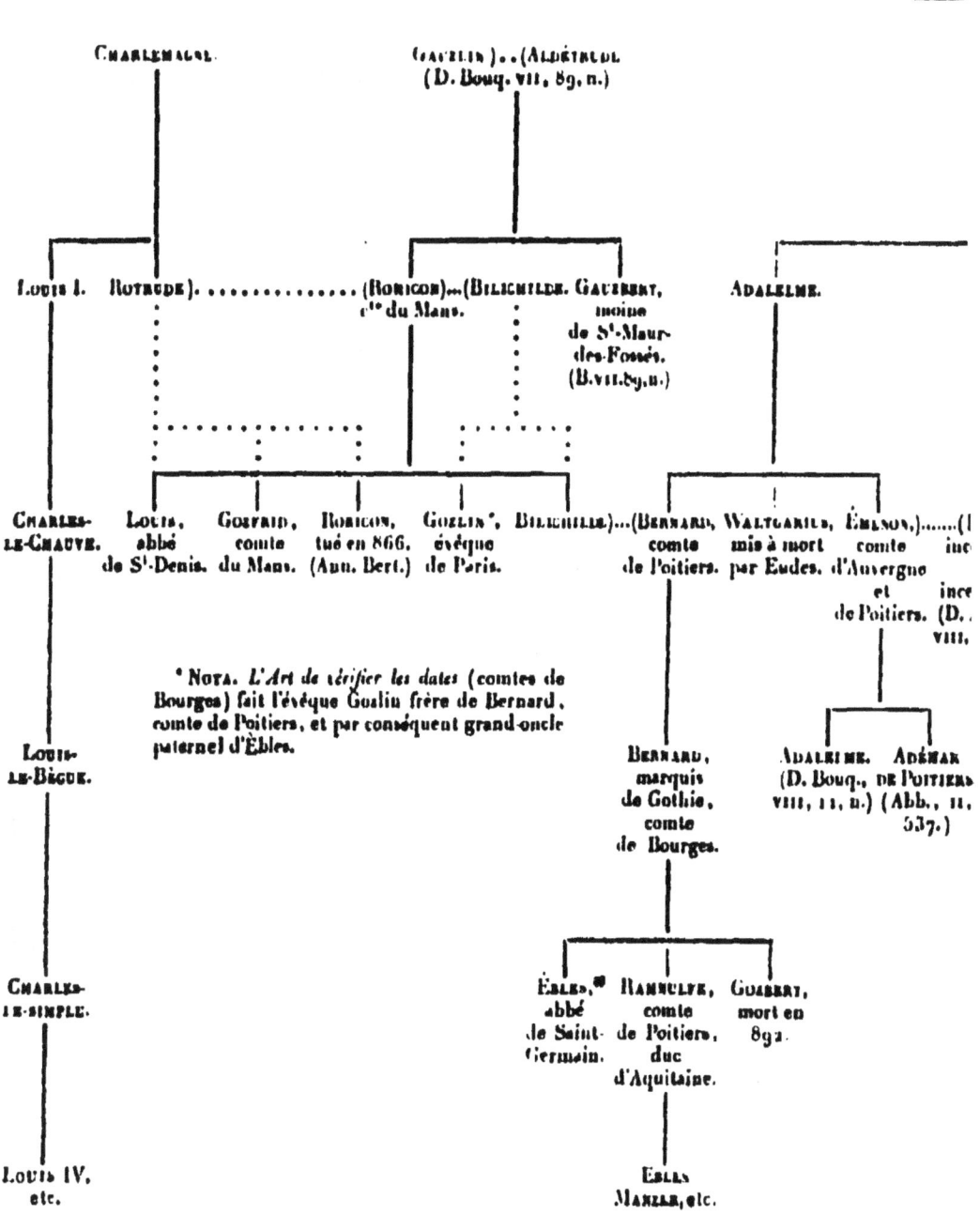

# DE L'INTRODUCTION.

## FAMILLES DE GOZLIN, ÈBLES, EUDES, HUGUES L'ABBÉ, ETC.

INTELLIGENCE DES NOTES 13 ET 14 DE L'INTRODUCTION.

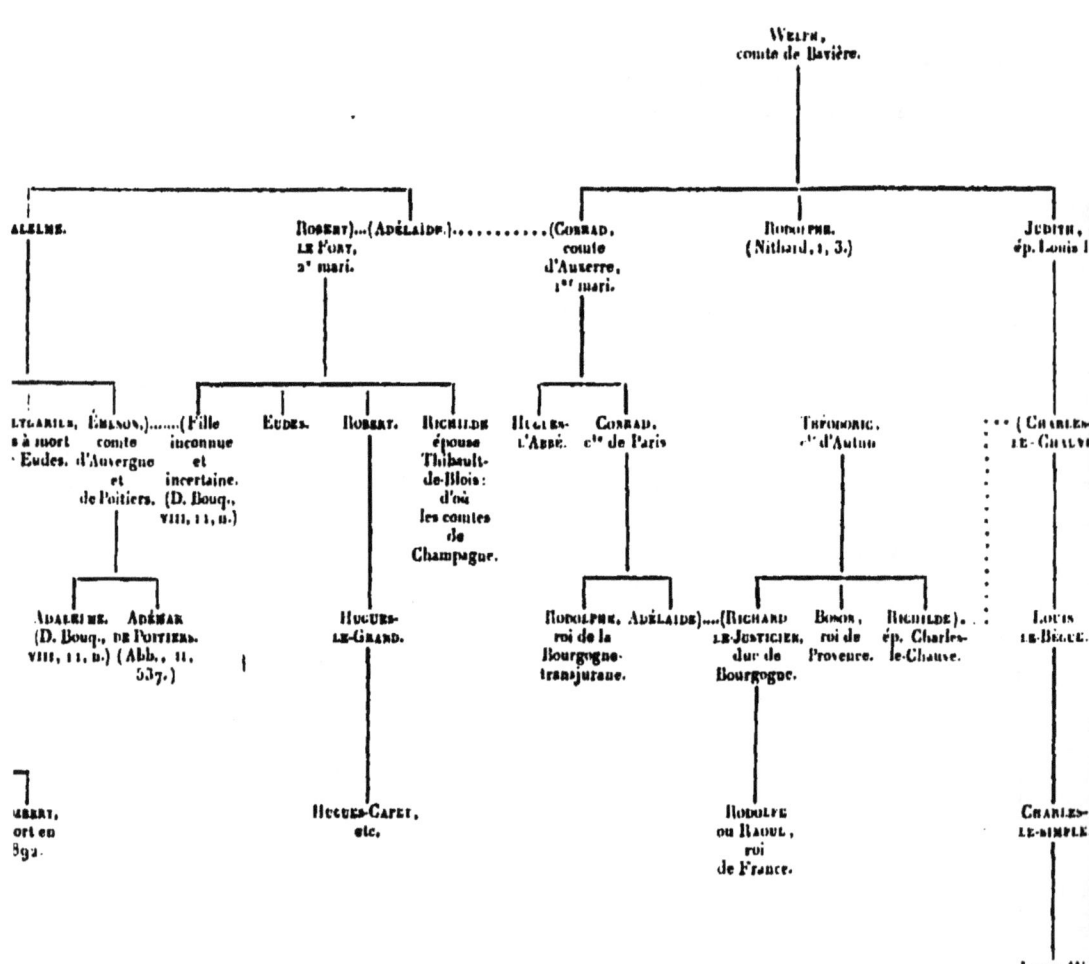

(15) P. 41. *Hugues l'abbé.*

Hugues l'abbé, dont il est souvent question dans cette partie de notre histoire, était, comme on l'a vu par la note précédente, fils de Conrad d'Auxerre, neveu de Judith, et par conséquent cousin de Charles le Chauve. Ce prince lui donna en 866 le duché de Robert le Fort, parce que les fils de ce dernier étaient trop jeunes (*Annal. Metens. et Bertin.*). Eudes n'en fut pourvu qu'en 886, à la mort de Hugues (*Ann. Vedast.*). Comme son prédécesseur, Hugues est quelquefois appelé marquis (*Ann. Bertin.* an 878); de plus que lui, il possédait Orléans, où il mourut (*Ann. Vedast.*). Il était en outre abbé de Saint-Martin de Tours, de Saint-Germain d'Auxerre, de Saint-Aignan d'Orléans (*Hist. franç.*, tom. IX, p. 352), etc. Il a été confondu par la chronique d'Albéric (tom. IX, p. 59) avec Hugues l'abbé, fils de Charlemagne; mais celui-ci était mort dès 844. Selon la même chronique, il régit la France pendant sept ans; c'est-à-dire que, depuis la mort de Louis le Bègue, il fut régent du royaume, et, de plus, tuteur de ses enfants, Louis III, Carloman, et surtout Charles le Simple (*Chron. Turonens.*, tom. IX, p. 46 b., 47 a.). Entièrement dévoué à leurs intérêts, comme à ceux du royaume, il remplit cette double fonction avec un zèle rare à cette époque. On le voit mêlé à toutes les entreprises pour le bien général, à toutes les expéditions contre les Normands. Carloman disait de lui dans un diplôme de 883 : « Hugone, tutore nostro ac regni nostri maximo defensore » ( tom. IX, p. 431 ). Il est singulier que l'Art de vérifier les dates, article des *ducs de France*, ait omis un personnage si important.

(16) P. 41. *Neustrie et France.*

Il a été dit plusieurs fois qu'à l'époque dont nous parlons on distinguait la Neustrie de la France. Cette distinction est établie par Abbon, II, 447. Nous y voyons aussi, I, 598, 618, que la Neustrie était le pays compris entre la Seine et la Loire, à partir du Loing, à l'orient, limite présumée de la Bourgogne. Or l'Aquitaine, comme tout le monde sait, s'étendait de la Loire aux Pyrénées : donc la France était au nord de la Seine (Abbon, I, 440; II, 446-452). C'est ce que le poëte appelle *Germanica regna Odonis*, II, 571, la partie de ses états où il y avait le plus d'hommes d'origine germanique, c'est-à-dire de Franks. Cette France et la Neustrie réunies s'appelaient, sous la première race, d'un nom unique, *Neustrie*. Quelle que soit l'étymologie de ce mot, que l'on prétend formé, par corruption, de *Westrie*[1], terre de l'ouest, mot qui ne se rencontre jamais dans les auteurs primitifs et contemporains de la première division des Franks en deux peuples, il est certain que la *Neustrie* était la partie occidentale de l'empire des Franks[2]; occupée d'abord par les Franks-Saliens ou Mérovingiens, compagnons de Clovis; tandis que l'*Ostrasie* en était la partie orientale. Celle-ci fut subjuguée, il est vrai, par Clovis dans la personne de Sigebert, roi des Franks Ripuaires à Cologne; mais elle voulut toujours avoir ses rois et son trésor à part, et se détacha enfin totalement de la Neustrie en 679 pour la conquérir huit ans après, à la bataille de Testri. La limite entre ces deux pays n'est pas aisée à déterminer; cependant on peut la fixer à peu près au cours de la Meuse : car en 842, avant le partage définitif de l'empire, telle devait être la limite des états de Lothaire au nord. Il obtint qu'on y ajoutât tout le pays entre la Meuse et l'Escaut, qui semblait ne pas appartenir naturellement à sa portion (Nithard, IV, 3). A partir de cette époque, on peut regarder comme n'étant plus du royaume de la France occidentale les comtés, les pays, les villes, les abbayes mentionnés

---

[1] Pasquier, *Recherches*, t. I, p. 12.

[2] *Neustrie* vient-il de *ne-oster*, pays du nord-ouest, ou de *ni-oster-rich*, nouveau royaume de l'est? Mais pourquoi de l'est, puisqu'il s'agit de l'occident? Ne viendrait-il pas plutôt de *ni-west-rich*, nouveau royaume des Francs, à l'ouest?

par l'annaliste de Saint-Bertin, an 870, lors du partage de la Lotharingie entre Louis le Germanique et Charles le Chauve. Mais déjà, dans cette France occidentale, dès le temps de Charlemagne (voyez son testament, BALUZ., *Capitul.*, I, 439), une distinction avait lieu entre la France et la Neustrie : c'est celle qui nous occupe. La Neustrie, située entre les deux grands fleuves, étant plus souvent que toute autre partie de l'empire attaquée par deux ennemis puissants, les Bretons, redevenus indépendants, et les Normands, encore pirates barbares, qui la dévastaient et par la Seine et par la Loire, exigea toute l'attention des rois, et devint un duché confié à des seigneurs, capables par leur puissance et leurs grandes qualités de la sauver de sa ruine. Tels furent, sans compter Lambert (*Chron. Fontanell.*, t. VII, p. 42), qui n'était guère chargé que de la marche d'outre-Maine, Robert le Fort, d'abord comte ou marquis d'Anjou, et qui, en 861, reçut du roi le duché entre Seine et Loire (*Ann. metens.*); Hugues l'abbé, qui lui succéda, et qui résidait à Orléans, où il mourut en 886 (*Ann. vedast.*); Eudes, depuis roi, et qui était comte de Paris[1]; Robert, son frère, qui possédait à la fois ces deux villes; enfin Hugues le Grand, fils de Robert. Il est le premier, je crois, qui eut le titre de duc de France, lorsque Louis IV, en 943, lui eut conféré le duché de ce nom (*Chron.*, FRODOARD). Or, je pense que ce duché était ce qui restait aux rois, de la France au nord de la Seine, lorsque les ducs de Normandie, de Ponthieu, de Vermandois, de Champagne eurent resserré de plus en plus le domaine immédiat de la couronne. Par cette dernière cession, les rois n'eurent plus en propre que la ville de Laon et quelques maisons royales, comme Compiègne et Attigni. Le

---

[1] Il est probable que Paris ne devint qu'à cette époque capitale de tout le duché: auparavant c'était peut-être Orléans. Sous Robert, le duché ne s'étendait pas si loin à l'orient

duché entre Seine et Loire, joint à celui que les rois venaient d'y ajouter, prit désormais le titre de duché de France, ayant pour vassaux immédiats les comtes d'Anjou, de Maine, de Blois et de Chartres; et l'on voit par là, qu'excepté Étampes et Orléans, ce qui appartenait directement aux ducs de France au midi de la Seine se trouvait réduit à peu de chose; de sorte que le nom de pays de France, ou Ile de France, resta toujours propre à la rive septentrionale : ce fut là le noyau du nouveau royaume. La dénomination de Français, particulière d'abord aux peuples du duché de France, et peut-être encore à ceux du Vermandois et de la Champagne, ne convient aux autres populations de l'ancienne Gaule qu'à mesure qu'elles furent agrégées, par la conquête ou par diverses cessions, au petit royaume qui venait de se former parmi elles, sans exciter beaucoup leurs craintes pour l'avenir. Si, dans cette introduction et dans la traduction du poëme, j'ai employé les mots de France et de Français pour désigner les pays et les peuples renfermés dans la portion de Charles le Chauve, c'est par anticipation, et faute d'un autre terme pour faire entendre ma pensée. Cependant je ne les ai pas employés au hasard : je ne donne le nom de Français qu'aux peuples de l'occident; j'appelle Francs ou Franks ceux de l'orient et de Germanie [1].

Du reste, pour préciser les idées, voici les différentes acceptions historiques et géographiques du nom de France :

1. La France primitive, au delà du Rhin, en Germanie, de l'Yssel au Nècre : c'est la France de Pharamond, Clodion, Mérovée, dans la Chronique de Prosper, et dans la table de Peutinger; celle peut-être que le moine de Saint-Gall appelle *Francia antiqua*, I, 25; II, 16.

---

[1] L'euphonie m'a quelquefois forcé de déroger à ce principe. Par exemple, II, 317, *sexcentis Francis* est traduit par *six cents Français*, quoiqu'il s'agisse des peuples de Charles le Gros.

2. La France en Gaule : la partie de cette contrée conquise d'abord par les Francs, et où ils s'établirent en plus grand nombre que dans l'Aquitaine et la Bourgogne. Elle s'étendait du Rhin à la Loire, et était partagée en *Neustrie* et *Austrasie*; l'Austrasie renfermait de plus toute la France germanique, n° 1 : c'est la véritable France des deux premières races, probablement celle que le moine de Saint-Gall (I, 23) appelle *Francia nova*, par opposition à la précédente.

3. La France germanique ou orientale était dans l'origine la partie méridionale de la première, entre le Mein et le Nècre : mais elle s'étendit beaucoup plus à l'est : c'était une province de l'empire de Charlemagne (Éginhard, 15), dont la Franconie actuelle est une partie.

4. La France, ou royaume de France occidentale : portion de l'empire de Charlemagne échue par le traité de Verdun, 843, à Charles le Chauve, s'étendant, du nord au sud, de la Flandre à la Marche d'Espagne qu'elle renfermait toutes deux ; et bornée à l'est par les royaumes de Lotharingie et de Bourgogne cis-jurane : c'est par anticipation qu'on l'appelle la France, comme ayant été, pour ainsi dire, le cadre de la France moderne ; mais je ne crois pas que cette dénomination se trouve dans les auteurs contemporains.

5. France ; la partie du royaume précédent, au nord de la Loire ; la France, par exemple, qui reconnut Eudes ou Rodolfe ; appelée dans Luitprand, I, 6 (t. VIII, 131), *Francia romana* : c'est à peu près l'ancienne Neustrie. Dans la Vie de Conrad, t. XI, p. 4, la Champagne est une partie de la *France latine*.

6. France, au nord de la Seine, distincte de la Neustrie, celle dont il a été question dans cette note.

7. France (Duché de), composé du reste de la Neustrie et de la partie de la France précédente qui appartenait encore aux rois. C'est le sujet de cette note.

8. France, ou royaume de France : c'est le duché précédent, s'accroissant successivement comme domaine royal par des conquêtes et des réunions de provinces. Au commencement du xiii° siècle, cette dénomination était encore bornée presque entièrement aux pays du nord de la Loire (Voyez Pierre de Vaux-Cernai, historien de la guerre des Albigeois, ch. III, x, xvii, etc.; *Hist. Franc.*, t. XIX, p. 7, 15, 22). A cette époque, cette acception peut se confondre avec la 5°. Peu après, le royaume prit au delà une grande extension, surtout par l'adjonction des provinces méridionales.

9. France (Ile de), représentant la partie septentrionale de l'ancien duché de France, un des trente-deux grands gouvernements du royaume avant 1789.

10. France (Pays de), ou Ile de France proprement dite, comprise entre l'Oise, la Seine et la Marne, s'étendant au nord jusqu'à Beaumont et Dammartin, partie centrale du gouvernement précédent. C'est ce pays, reste de la France n° 6, qui était le domaine immédiat des ducs de France et des premiers rois de la troisième race, au nord de la Seine. Quand on dit Saint-Denis en France, Marcil en France, il est question de la France dans cette dixième acception. C'est aussi, à peu de chose près, l'ancien *Parisis*, ou *Parisiorum civitas* des Gaulois. (Voyez la note sur le vers 8 du premier livre d'Abbon.)

11. La France actuelle, telle que l'ont faite Richelieu et Louis XIV, devant avoir pour ses limites naturelles celles de l'ancienne Gaule.

Quant à la dénomination de Neustrie, elle se perdit peu après la cession faite aux Normands; et comme ils en habitaient une assez grande portion, on s'habitua à dire que la Normandie avait remplacé la Neustrie; comme on a cru autrefois que la Bretagne représentait l'ancienne Armorique. Depuis longtemps ces deux mots, Neustrie, Armorique, ne sont plus que des expressions poétiques, synonymes de Normandie et de Bretagne.

17 P. 43. Les mêmes Annales de Metz, an 888, disent qu'au premier siége de Paris, les Normands ne pouvant prendre la ville, tirèrent leurs barques à sec sur le rivage, les traînèrent par terre l'espace de plus de deux milles, et les remirent à flot bien au-dessus de Paris. Mais il faut remarquer, 1° qu'Abbon n'en parle pas, ce qui est étonnant de la part d'un témoin oculaire; 2° que le fait n'est pas vraisemblable, puisque tout se termine par un accord; 3° qu'il est inutile, puisque avant la fin du siége ils étaient maîtres du cours supérieur de la Seine (voyez note 12). Sans doute le grand pont n'ayant pas été rompu, ils ont dû faire passer leurs barques sur le rivage, mais seulement pour le court espace qu'occupaient la tour et ses fossés; on pourrait même objecter qu'ils n'en eurent pas besoin, et qu'après la rupture du petit pont ils pouvaient remonter librement par le bras méridional; mais peut-être que les débris du pont et le peu de largeur de ce bras ne laissèrent pas un assez libre passage à leurs grandes barques. (Voyez la note, au vers 397 du livre II.)

18. P. 47. *Cession de la Normandie.*

Nous suivons ici le récit de Frodoard, un des historiens les plus estimés de cette époque, et l'auteur du discours préliminaire sur les grands fiefs, *Art de vérifier les dates*, est entièrement de cet avis. Ce n'est pas que Frodoard nous apprenne quel territoire fut cédé en 911, car sa Chronique ne commence qu'à 919; mais on le conclut naturellement d'après les cessions de 924 et 933. C'est Guillaume de Jumièges, postérieur de près de deux siècles à l'événement, qui établit l'opinion autrefois généralement reçue que Charles avait cédé de suite à Rollon tout ce que nous appelons la Normandie avec la Bretagne entière (liv. II, ch. XVII), *cum totâ Britanniâ*; ce qui constitua, dit-on, la mouvance de la Bretagne à l'égard de la Normandie, et son arrière-mouvance à l'égard du roi de France. (VERTOT, *Histoire critique de l'établissement des Bretons en Gaule*, tome II.)

Sans vouloir discuter ici cette obscure question, étrangère d'ailleurs à notre sujet, nous remarquerons, d'après Frodoard surtout, que la Bretagne, à ce moment, était occupée en effet presque entièrement par les Normands, soit de la Seine, soit de la Loire. Voici quelques passages de sa Chronique :

« 919. Les Normands ravagent la Bretagne *in cornu Galliæ* « (c'est la Cornouaille ou la partie la plus occidentale), emmè-« nent une partie des habitants en esclavage et chassent les « autres.

« 921. Le comte Robert, frère d'Eudes, cède à des Normands « de la Loire, qu'il avait combattus pendant cinq mois, la « Bretagne qu'ils avaient ravagée et le territoire de Nantes. Les « Normands commencèrent à embrasser le christianisme.

« 927. Hugues, fils de Robert, leur confirme la possession « du Nantais.

« 931. Les Bretons qui étaient restés, dans la Cornouaille, « soumis aux Normands, c'est-à-dire les plus pauvres, car les « grands et les riches s'étaient enfuis en Angleterre (*Chronicon* « *Namnetense*, t. VIII, p. 276), s'insurgent contre ceux qui les « possédaient, et, le jour de Saint-Michel, tuent tous les Nor-« mands qui habitaient parmi eux, en commençant par leur « chef Félécan. Pour venger ce massacre, Incon, Normand de « la Loire, entre en Bretagne avec une armée, en tue ou en « chasse les habitants et se rend maître du pays. »

Selon Guillaume de Jumièges, l. III, ch. 1er, et Hugues de Fleuri, t. VIII, p. 319, c'est Guillaume lui-même, duc de Normandie, qui punit le meurtre de Félécan; alors il expulsa Alain Barbetorte, comte de Vannes, et admit à la réconciliation et à l'hommage Juhel-Bérenger, comte de Rennes, qui devint ainsi son vassal (*Dates, ducs de Bretagne*).

« 936. A la mort du roi Rodolfe, les Bretons reviennent d'An-« gleterre, avec le secours du roi Athelstan, pour reprendre « leur terre.

« 937. Les Bretons, de retour des pays d'outre-mer après une
« longue émigration, livrent de fréquents combats aux Nor-
« mands maîtres de leurs terres, et s'en remettent en posses-
« sion. » (Frodoard.)

Alain Barbetorte reprit Nantes et chassa les Normands de
toute la Bretagne (*Chron. Namnet.*, t. VIII, p. 276). Selon
Guillaume de Jumièges, l. III, ch. IV, Athelstan intercéda auprès de Guillaume en faveur d'Alain, et en obtint son retour
et la remise en possession de ce qu'il avait perdu.

On voit par là comment la suzeraineté de la Normandie sur
la Bretagne a pu s'établir : les Normands, non pas ceux de la
Seine, l'avaient conquise en entier ; quelques portions leur en
avaient été cédées légalement, non par le roi, mais par le duc
de France, dans le gouvernement duquel la Bretagne était
comprise. Enfin on avait cédé aux Normands de la Seine une
terre dite *des Bretons*, qui devint partie intégrante de la Normandie. Les comtes de Rennes, de Vannes et de Nantes, revenus de l'exil, ou sauvés par leur soumission, n'existaient qu'avec
leur permission et sous leur bon plaisir. Il y avait donc alors
une supériorité réelle des uns sur les autres ; et quand les faits
qui l'avaient causée n'existèrent plus, des souvenirs, des équi-
voques furent des prétextes suffisants à l'ambition pour s'arroger
des droits qui probablement n'avaient jamais existé.

# NOTE SUR L'ÉPITRE DÉDICATOIRE.

P. 58. *Præcellentissimi principis ab examine regni huc usque Odonis....* Cette phrase n'est-elle qu'un éloge banal adressé par la flatterie au roi régnant? ou faut-il y chercher l'expression d'un sentiment vrai et réfléchi? Il est certain que, malgré son mérite comme guerrier, Eudes ne peut entrer en comparaison avec Clovis, Pepin et Charlemagne; et sous le rapport des vertus privées, Charlemagne et son fils peuvent lui être opposés avec avantage. Je serais tenté de croire que le poëte le compare seulement aux rois de la France occidentale dont la capitale était Paris; comme ceux de la première race et ceux de la seconde depuis Charles le Chauve. Les premiers rois austrasiens de la seconde race n'auraient été à ses yeux que des vainqueurs, des maîtres, qui dédaignaient les Neustriens vaincus; et non pas des rois nationaux (voyez les notes, vers 10, 14). Or, comme guerrier et comme homme moral à la fois, Eudes l'emporte infiniment sur tous ceux qui, avant lui, avaient régné à Paris.

# NOTES DU POËME.

L. I, v. 1. *Lutecia*. Telle est l'orthographe adoptée par plusieurs savants, et entre autres Adrien de Valois, au lieu de *Lutetia* (*Notitia Galliæ : Parisiorum urbs, Lutecia*). Le manuscrit d'Abbon l'écrit indifféremment *Lutecia* ou *Lutetia*. Dom Toussaints Duplessis (*Nouvelles Annales de Paris*, p. 2 et 3) approuve l'opinion de Cambden (*Britannia*, édit. de 1607, p. 641), qui fait venir ce mot de *lug*, tour, et *tec*, belle. Mais il la modifie : il croit que *lug* peut signifier une colonne, une pierre destinée à indiquer les distances, d'où *leuga*, mesure itinéraire gauloise; ou même simplement une pierre : et *Lutèce* tirerait son nom des carrières de belles pierres qui la dominent au midi. Cette partie a été appelée aussi *mons, collis lucoticius* ou *locutitius*. On retrouve cette forme dans les variantes du nom de la ville. Strabon l'appelle Λευκοτεκία; Ptolémée, Λευκοτεκία; Julien, Λευκετία, qui semble mis pour Λευκετκία. On voit le c ou k à la dernière syllabe dans toutes ces dénominations. Ceux qui les dérivent de λευκός, à cause de la blancheur de ses maisons bâties en plâtre (Sauval, t. I, p. 57), seraient bien en peine d'expliquer la dernière partie du mot *tec*, τεκία. Quant à l'étymologie de *lutum*, elle n'a pu être jamais qu'une plaisanterie (PASQUIER, *Recherches sur la France*, l. IX, ch. 11), quoique avancée par Rigord (*Hist. Fr.*, t. XVII, p. 16) et Guillaume Le Breton (*Philippid.*, I, v. 104, 105), à propos du pavage des rues ordonné par Philippe-Auguste : ce qui, selon eux, en fit disparaître la boue. Nos auteurs du XIII° siècle n'étaient pas forts en étymologies.

V. 3. *Isis*. De même qu'à l'ancienne Olympie, il ne manque

à cette ville, si remarquable par son port et sa position au milieu de la Grèce, que d'avoir existé : du moins aucun auteur que je sache ne l'a nommée. Mais *Isia* ne serait-il pas la dénomination insolite d'une ville connue d'ailleurs? à deux villes grecques peut s'appliquer en partie ce que dit le poëte. En ce temps, la ville la plus célèbre par son port et par son commerce était sans contredit Constantinople; mais pouvait-on dire, même alors, qu'elle fût au centre de la Grèce ? Cette particularité convient bien mieux à Athènes, qui s'était distinguée aussi, mais plus anciennement, par son port, sa marine, son commerce, et que Xénophon avait supposée placée au milieu de la Grèce et même du monde. Οὐκ ἂν ἀλόγως δέ τις οἰηθείη τῆς Ἑλλάδος καὶ πάσης δὲ τῆς οἰκουμένης ἀμφὶ τὰ μέσα ᾠκῆσθαι τὴν πόλιν. (*De l'amélioration des finances*, t. I, p. 118, édit. Gail.)

Maintenant quel rapport entre les noms d'*Isia* et d'*Athènes*? Ou bien *Isis* a été regardée par le poëte comme la même que Minerve : or, c'était une opinion assez commune au temps de Plutarque (*De Iside et Osiride*, t. II, p. 354, édit. Francfort); et il en a fait *Isia*, la *ville Isienne*, comme on avait dit Ἀθῆναι de Ἀθήνη; ou bien, admettant la synonymie plus généralement reçue de Cérès et d'Isis, il aura appelé *ville d'Isis* celle où cette déesse avait institué ses mystères. J'abandonne ces conjectures à de plus habiles.

V. 8, 9. *Parisius... Par Isiæ*. Cette étymologie, toute ridicule qu'elle est, vaut bien celle qui fait venir les Parisiens du Troyen *Páris*. Rigord (XVII, p. 18) et Guillaume le Breton (*ibid.*, p. 63), fondés sur une certaine manière d'écrire ce mot, *Parrhisii* (forme que l'on rencontre dans l'édition de Pline de Dalechamp), ont dérivé le nom de *Paris* du grec παῤῥησία, franchise, assurance :

> Et se Parrhisios dixerunt nomine græco,
> Quod sonat expositum nostris audacia verbis.
> (*Philipp'd*. l. 93, 94).

Ils laissent le choix cependant à ceux qui préféreraient l'origine de *Pâris*. L'étymologie qui a paru longtemps la plus raisonnable faisait venir *Paris* de παρά Ἴσιδι, *voisine d'Isis*; parce que cette déesse aurait eu très-anciennement un temple sur l'emplacement occupé depuis par l'abbaye Saint-Germain, et aurait même donné son nom au village d'Issy (SAUVAL, I, 57). Cette opinion a été réfutée par M. Dulaure (*Hist. de Paris*, t. I, p. 80 et suiv.). On pourrait encore se demander si la langue grecque était assez familière aux Gaulois avant l'arrivée de César, pour en tirer les noms de leurs villes et de leurs peuplades ? Sans doute il n'est pas impossible qu'ils aient eu connaissance de cette langue, soit par leurs relations avec Marseille, soit en raison de leur origine, s'il est vrai que les Kimris-Belges venaient des pays orientaux voisins de Constantinople, et n'étaient autres que les Cimmériens, chassés de la Tauride par les Scythes (HÉRODOT., IV, 11, 12), comme l'a avancé l'auteur de l'Histoire des Gaulois. Les druides faisaient usage des caractères grecs (CÉSAR, *de Bello gallico*, VI, 14), mais les peuples ne connaissaient pas cette langue, puisque César écrit en grec à Cicéron, campé chez les Belges-Nerviens, afin que, si sa lettre est interceptée, l'ennemi ne puisse apprendre ses projets (*ibid.*, V, 48). En supposant que les druides eussent conservé la connaissance de cette langue et en eussent pris quelques dénominations de villes et de pays, est-il probable qu'avant César le culte d'Isis se fût introduit en Gaule en concurrence avec celui des druides, ministres d'Hésus ? Non certainement; mais cela n'est pas impossible, si, comme l'avance le même auteur de l'Histoire des Gaulois, il y avait une grande conformité entre les mystères des deux religions.

Ajouterons-nous que deux savants, Jean-Tristan de Saint-Amand et Jacob Spon, cités par Leroy dans une dissertation sur l'origine de l'hôtel de ville (FÉLIBIEN, t. I, p. xl), avaient vu, dans le vaisseau des armes de Paris, une nouvelle preuve

en faveur d'*Isis*? Ils s'appuyaient sur ce passage de Tacite :
« Pars Suevorum et *Isidi* sacrificat..... signum ipsum, in mo-
« dum *Liburnæ* figuratum, docet advectam religionem. » (*German.*, IX.)

Sans réfuter longuement cette assertion, qu'ils ont d'ailleurs très-mal prouvée, on peut répondre que jamais la tradition n'a établi de rapport entre Isis et le vaisseau de Paris, tandis que probablement elle existait chez les Suèves ; autrement à quoi aurait-on reconnu qu'un vaisseau représentait une déesse ?

Concluons que, si l'on rejette cette étymologie, elle n'est pas cependant aussi ridicule qu'elle aurait pu le paraître d'abord ; et que cette question, pour être décidée, doit être soumise à un examen approfondi.

Faut-il rappeler aussi cette autre étymologie dont se moque Sauval dans son avant-propos (t. I, p. 10), avancée par J. Lipse, que les Parisiens viennent de la Perse, parce que dans *Paris* on trouve les trois mêmes radicales P, R, S? Il se fonde encore sur certains rapports, comme la vénération de la noblesse pour ses rois et sa générosité pour les étrangers. S'il eût fait remarquer que les Germains, dont probablement une partie des Gaulois tiraient leur origine, cherchaient des présages dans le hennissement de leurs chevaux (Tacit., *Germ.*, X), comme firent les Perses pour l'élection de Darius (Justin, I, 10) ; s'il eût rappelé la conformité qui, selon Pline, existait entre les mystères des druides et la religion des Perses (XXX, 1), et surtout s'il eût connu les monuments du culte de Mithra découverts à Paris (Dulaure, t. I, p. 190), son opinion aurait pu paraître moins absurde.

Il est plus naturel de penser que le nom de Paris, comme celui de Lutèce, est d'origine gauloise : c'est l'avis de Félibien ; mais il ne pousse pas plus loin ses recherches. M. Dulaure (t. I, p. 80) le dérive de *par* ou *bar*, barrière, limite, parce que les *Parisii* habitaient sur les frontières des Sénones, dont ils étaient même dépendants. Mais cette conjecture ne rend pas compte de la terminaison du mot. Duplessis, p. 2, cite les Bollandistes (JUILLET, t. V, p. 422), qui le font venir de *OEsia, Isia*, l'Oise, parce que ce peuple habitait sur les bords de cette rivière ; mais la première syllabe du mot n'est pas expliquée. Ne pourrait-on pas réunir ces deux opinions, et dire que les Parisiens étaient un peuple limitrophe soit des Sénones, soit plutôt des Belges et des Celtes qu'il séparait, établi le long de l'Oise entre cette rivière, la Seine et la Marne ; occupant le petit pays qu'on a depuis appelé le Parisis ? Peut-être s'étendaient-ils plus au nord qu'au sud de la Seine ; et alors leur territoire serait assez bien représenté par l'Ile de France proprement dite, dont il a été question, note 16 de l'introduction.

V. 10. *Culti quoque regni Francigenûm.* Paris est au milieu du royaume des Francs. Il s'agit ici de la France occidentale, de l'ancien royaume de Neustrie, s'étendant de l'Escaut à la Loire, et borné à l'est par la Meuse ; domaine des rois de la première race, et des rois de la seconde qui ne furent point reconnus par l'Aquitaine, comme Eudes et Rodolfe : c'est pourquoi j'ai cru pouvoir employer le mot de *Français*. (Voyez la note 16 de l'introduction.)

V. 14. *Quisque cupiscit opes Francorum.* Il s'agit toujours de la même France. On a vu dans l'introduction, an 857, que Paris était toujours réputé la capitale de ce royaume.

V. 15. *Insula te gaudet.* Sur la position de Paris à cette époque, son étendue, ses murs, ses ponts, ses tours, voyez les notes 11 et 12 de l'introduction.

V. 42. *Transire hanc urbem.* Il demande non pas à entrer dans la Cité, mais à passer au delà en remontant la Seine. Or le pont était un obstacle : c'est donc, selon M. Dulaure, la rupture du grand pont que demande Sigefred. Cependant il semble (l. II, v. 397) que les Normands passent sous le pont sans qu'il soit détruit. (Voyez la note.)

V. 52. *Salvetur per eam.* Remarquez l'importance de Paris pour le salut de tout le royaume : il la devait à sa position. (Montesq., *Esprit des Lois*, XXXI, 32.)

V. 62. *Turri.* Il s'agit de la tour septentrionale, puisque les Normands arrivaient de Pontoise (*Ann. vedast.*) et qu'ils se retranchent peu après (I, 175) autour de Saint-Germain-le-Rond ou l'Auxerrois, sur la rive où ils avaient débarqué d'abord. Quand plus tard ils s'établissent à Saint-Germain-des-Prés, l'auteur fait remarquer leur déplacement (II, 35).

Quant à la forme de la tour, on voit (v. 78 et suiv.) qu'elle avait trois étages, dont les deux premiers étaient en pierre et le troisième en bois ; elle était aussi entourée de fossés (v. 303) et servait de porte à la ville (II, 201, 205).

V. 99. *Murum.* Est-ce le mur de la tour ou de la Cité ? Les vers suivants appuient le second sens, puisque, repoussés, les Normands se précipitent dans la Seine.

V. 173. *Sorte Dionysii*, etc. En lisant ce vers et les deux suivants, on ne peut s'empêcher de se représenter une église de Saint-Denis dans le voisinage de Saint-Germain-l'Auxerrois. Ce doit être celle que Sainte-Geneviève avait fait bâtir ; laquelle fut rachetée à prix d'argent en 857 ; mais qui fut peut-être détruite pendant ce siége. (*Note de Duplessis.*)

On a vu (note 7 de l'introduction) qu'on ne sait de quelle église de Saint-Denis il est question en 857, soit Saint-Denis de la Châtre, dans la Cité; soit l'abbaye de Saint-Denis, comme le prétend le fragment historique cité dans cette note. D'ailleurs il n'est pas prouvé, ce me semble, que l'église de Saint-Denis, bâtie près de Paris par sainte Geneviève vers 475 (*Annales de Duplessis*), d'où les reliques du saint furent transférées par Dagobert, vers 630, dans la nouvelle église, à deux lieues de Paris (Duplessis, *Annal.*), ait subsisté jusqu'aux rois de la seconde race ; il est probable au contraire que la translation n'eut lieu, sous Dagobert, dans une église plus magnifique, que parce que la première tombait en ruines. Ainsi l'on peut croire que c'est la grande abbaye de Saint-Denis qui avait donné son nom à la rive septentrionale de la Seine. (Voyez aussi Dulaure, t. II, p. 363.)

V. 175. *Germanum teretem.* Nul doute que cette église ne soit Saint-Germain-l'Auxerrois. Elle est sur la rive de la Seine opposée à l'abbaye Saint-Germain : elle est sur le rivage de Saint-Denis ; voisine de la tour et du pont, puisque les Normands s'y retranchent ; et on a vu dans le diplôme de Charles le Chauve (notes 9 et 12) que le pont était sur le terrain de Saint-Germain-l'Auxerrois. Enfin les Normands construisent des fortifications alentour; et une rue voisine s'appelle encore *rue des Fossés-Saint-Germain-l'Auxerrois.* (Voir la note 12.)

V. 395. Saint Germain, évêque de Paris. Natif du territoire d'Autun, il devint abbé de Saint-Symphorien de cette ville, puis évêque de Paris vers 555, et mourut le 28 mai 576 (*Annal.* Duplessis, *et Vit. S. Germani, Hist. Fr.,* t. III, p. 443). Son corps fut transféré dans l'église de l'abbaye de Sainte-Croix et de Saint-Vincent, le 25 juillet 754 : c'est depuis ce temps que cette église fut plus communément appelée *Saint-Germain.*

V. 405. *Ad sancti tumulum.* Ce tombeau est probablement la châsse du saint, transportée dans la Cité pendant le siège (v. 467). La tradition des religieux de l'abbaye Saint-Germain était qu'ils choisirent pour refuge une église de la Cité, appelée alors *Saint-Jean-Baptiste;* elle fut nommée depuis *Saint-Germain-le-Vieux,* soit parce que saint Germain, n'étant encore qu'abbé de Saint-Symphorien et venant de temps en temps à Paris, avait fait bâtir cette chapelle pour lui servir de retraite pendant son séjour dans cette ville, ou simplement s'y retirait avec ses religieux (Duplessis, *Annal.,* an 885; Félibien, t. I, p. 35, 36) : soit que ce surnom *le vieux* lui ait été donné, par corruption, pour *de vado,* parce qu'en cet endroit on pouvait, en été, traverser la Seine à gué (Duplessis, p. 74) ; ou qu'on l'ait nommé dans l'origine l'aivieux, l'évieux (aquosus), à cause de sa situation dans le terrain fangeux qui a donné son nom au marché Palud (Lebeuf, *Hist. de Paris*, t. 1, p. 440). M. Dulaure (t. 1, p. 515) pense qu'elle ne prit le nom de *Saint-Germain* qu'à l'occasion du corps de saint Germain déposé dans la cathédrale, et dont cette église, qui était une dépendance de la cathédrale, garda un bras. Le nom de *vieux* lui aura été donné par opposition à l'abbaye qu'il fallut rebâtir à neuf, tandis que l'église de la Cité n'avait souffert en rien.

V. 440. *Francia*. C'est la France au nord de la Seine. (Voyez note 16 de l'introduction.)

V. 466. *Neustria*. La Neustrie proprement dite commençait à la rive gauche de la Seine (voir la note 16) ; ainsi l'abbaye de Saint-Germain était en Neustrie.

V. 619. *Procerum genitrix dominantum*. Ces grands, ces princes enfants de la Neustrie, sont probablement ceux que nous appelons *ducs de France* : Robert le Fort, Hugues l'Abbé, Eudes et Robert son frère, et d'autres seigneurs puissants dans ces contrées, Lambert, Rainold, Thibaud, etc. (Voyez la note 16, et l'an 885 de l'introduction.)

V. 653. *Uddonis consulis*. Gérard Dubois (*Hist. eccl. Paris*, t. 1, p. 505) croit que cet Uddon ou Odon était comte de Chartres. (D.)

L. II, v. 3. *Saxonid vir Ainricus*. Sur Henri et son titre, voyez les *Annales de Saint-Waast*, an 886, traduites en tête du poëme, et la note sur l'endroit où il est nommé.

V. 38. *Clauditur en dominusque meus*. C'est-à-dire que l'église de Saint-Germain et tout le monastère furent renfermés dans le camp des Normands.

V. 45. *Qualiter osque freti*, etc. On croirait par ces vers que le spectacle de l'embouchure de la Seine était chose inconnue aux Normands ; et cependant nous avons vu, en 885, que tous les Normands de la Gaule et de la Frise s'étaient réunis contre

Paris; mais plusieurs peut-être, surtout les soldats de Sigefred qui étaient précisément cantonnés en Frise, n'avaient jamais remonté la Seine à partir de son embouchure.

N. 54. *In-que-sulas penetrant urbis sedes quibus exstat;* et plus bas, v. 187 : *In-que-sulam penetrant..... mœnia quâ resident urbis*, etc. Comment concilier ces deux passages ? Le premier vers indique plusieurs îles comme siège de la ville, le second une seule. A moins que le pluriel ne soit ici une forme poétique pour le singulier, on pourrait dire qu'il y avait dans les îles environnant la Cité quelques habitations composant, avec la Cité, l'ensemble de la ville, *sedes urbis*, tandis que la Cité seule était défendue par des remparts, *mœnia urbis*. Du reste, quelles étaient ces îles? M. Dulaure (t. III, p. 91 et suiv.), d'après Félibien (t. I, p. 186), en compte cinq : 1° la *Cité* ou l'Ile du Palais, la plus grande de toutes ; 2° et 3°. A l'occident, deux petites îles : de *Bucy*, au nord; on l'appelait encore *Ile du Pasteur aux Vaches, Ile aux Pasteurs* : au sud de la précédente, une île un peu plus grande, nommée *Ile aux Juifs* par le continuateur de Nangis, et *Ile aux Treilles* par des titres de 1566 ; c'est dans cette île que fut brûlé le grand-maître des templiers : elles ont été toutes deux réunies à la grande lors de la construction du Pont-Neuf, et elles forment la place Dauphine et le terre-plein de Henri IV. 4° A l'est de la Cité, l'*Ile Notre-Dame*, aujourd'hui *Saint-Louis*, séparée en deux lors des fortifications de Philippe-Auguste; l'*Ile Tranchée* et l'*Ile aux Vaches* plus à l'orient, mais comprises toutes deux sous le nom commun d'*Ile Notre-Dame*. 5° L'*Ile Louviers*, qui a porté différents noms et qui n'a jamais été habitée.

V. 85. *Objurgantur et hi castellanis*. On peut trouver étrange que les Parisiens reprochent aux Normands de ne pas célébrer une fête chrétienne, puisque le poëte, à tout moment, les appelle païens. Mais les Normands campaient sur la terre du saint ; ils avaient déjà cru éprouver les effets de sa puissance ;

et l'on voit (v. 105, 106) que par crainte de sa colère ils établissent dans son église des prêtres pour y dire la messe. On pourrait en conclure que les Normands n'étaient pas loin d'adopter un culte qu'ils avaient si longtemps persécuté. Sigefred lui-même s'était fait chrétien (voyez l'introduction). En effet, leur vengeance contre la religion de Charlemagne était assouvie; et ils devaient, comme tous les vainqueurs barbares, subir l'influence des institutions et des croyances au milieu desquelles ils vivaient.

V. 121. *Marcelli... Clodoaldi*, etc. Il paraît, d'après ce vers, que les châsses de saint Marcel et de saint Cloud avaient été déposées et mises en sûreté dans la cathédrale, ainsi que celles de sainte Geneviève et de saint Germain (*Annales de Duplessis*, an 885; Abbon, II, v. 247, 310, et la note sur le vers 405 du Ier livre).

V. 160. *Urbanos... suburbanos*. Sur les faubourgs de Paris à cette époque, voyez la note 12 de l'introduction.

V. 284. *Maxima turris*. Il y en avait d'autres : c'étaient les tours qui flanquaient les murs de la Cité.

V. 284, 288. *Ponte... pontem*. On a vu nommer précédemment (v. 232) plusieurs ponts, *pontes cuncti*; mais dans toutes ces attaques il ne s'agit que d'un seul pont, le grand pont de Charles le Chauve; les autres ne défendaient pas la ville. (Voyez la note 12 de l'introduction.)

V. 301. *Lignum crucis almæ*. C'est probablement la croix que Childebert avait rapportée de Tolède, lors de son expédition contre Amalaric, en 531, selon la Vie de saint Doctrovée. Il la déposa dans l'église qu'il fonda, vers 543, en l'honneur de saint Vincent; d'où cette église fut aussi appelée *de la Sainte-Croix* (*Annales de Duplessis*, an 543, et note du l. I, v. 395); mais rien n'indique que ce fût un morceau de la vraie croix, comme le pense Duplessis. Voici le texte: *Asportavit crucem auream pretiosis gemmis redimitam* (*Vit. S. Doctrovæi, Hist. Franc.*,

t. III, p. 437). Le premier morceau de la vraie croix apporté à Paris fut envoyé, en 1109, à l'évêque Galon, par Anseau, prêtre du Saint-Sépulcre de Jérusalem (Félibien, t. I, p. 143, 144), et reçu d'abord à Fontenai-sous-Louvres (*Dissertations de l'abbé Lebeuf*, t. III).

V. 310. *Basilicam Stephani*. Puisque tous les dehors à droite et à gauche de la Seine étaient occupés par les Normands, il est évident que cette église de Saint-Étienne ne peut être que dans la Cité. Nous savons en outre que saint Étienne, en 690, était le patron, ou un des patrons, de la cathédrale (*Carta Vandemiris*, MABILLON, *de Re diplom.*, lib. VI, p. 472) : donc il s'agit ici de la cathédrale (DUPLESSIS, *Annales*, an 690). Nous disons un des patrons de la cathédrale, car, dès 775, un diplôme de Charlemagne (MABILL., *de Re dipl.*, 498, 499) nous apprend qu'elle en avait deux autres, la sainte Vierge et saint Germain. Le nom de Saint-Germain fut affecté à l'église Saint-Germain-le-Vieux (note du l. I, v. 405); le nom de Notre-Dame resta seul attaché à la cathédrale qui, dès le temps de Frédégonde, s'il faut en croire Aimoin (l. III, ch. LVII ou LVIII), était déjà dédiée à la Vierge Marie : enfin la ville de Paris elle-même lui était consacrée (ABBON, I, 327).

V. 322, 324. *Templa... Ecclesiam*. On voit ici une église, opposée à plusieurs autres, dans le voisinage des murs. Si nous savions quels étaient ces murs (voir la note 12 de l'introduction), nous pourrions avancer des conjectures sur le nom de ces églises : les plus anciennes de ce côté étaient Saint-Jacques-la-Boucherie, Sainte-Opportune ou Notre-Dame-des-Bois; Saint-Pierre, depuis Saint-Merry.

V. 329. *Aledramni*. Duplessis pense que c'est le même qui avait été chargé de la défense de Pontoise (*Ann. Vedast.*, 885).

V. 337. *Anschericus*. Ce fut, suivant les *Annales de Metz*, l'empereur Charles qui le nomma lui-même, au mois d'octobre. Félibien (t. I, p. 108) croit qu'il ne fit que confirmer son élection. Tout ce qu'on peut conclure du texte d'Abbon, c'est que Anscheric ne fut élevé à cette prélature qu'après l'arrivée de Charles à Paris et avant le traité conclu avec les Normands. Anschéric fut aussi chancelier de France. (Note extraite des *Annales de Duplessis*, an 886, p. 182.)

V. 338. *Senones*. On a vu, *Annales de Saint-Waast*, 886, que Charles permit aux Normands d'aller ravager la Bourgogne. On peut conclure de ce vers que Sens était compris alors dans ce pays.

V. 358. *Puteus*. Ce puits, situé dans le sanctuaire, a été comblé depuis longtemps, et maintenant il n'en reste plus de traces.

V. 397. *Transcendere pontes*. Relativement à ce pluriel, voyez la note 12 de l'introduction, et la note des vers 284, 288 de ce livre. Maintenant comment expliquer *transcendere*? Ou il s'agit de franchir les ponts, de se transporter au delà en tirant les barques sur le rivage et les remettant à flot un peu au-dessus; et nous avons vu, note 17 de l'introduction, que ce travail ne fut ni aussi pénible, ni par conséquent aussi admirable que le prétend l'annaliste de Metz; ou plutôt je serais tenté de croire, par les détails de cet endroit : *multiplici remo contundere... scandere eoas undas*, par la mort du pilote tué dans son vaisseau, le naufrage de ce bâtiment et l'effroi des Normands qui s'arrêtent près de la grosse tour, que les barques ont pu passer sous les arches du pont et n'ont pas quitté le fleuve un seul instant. On se demandera peut-être pourquoi, s'ils pouvaient passer sous le pont, se sont-ils obstinés si longtemps à vouloir le détruire? La réponse est facile : ce pont était garni de tours, de machines et de soldats, arrêtant les barques des ennemis lorsqu'elles voulaient tenter le passage.

V. 437. *Ebolus, Mavortius abba*. Sur Èbles, voyez l'introduction.

V. 438. *Gramma* semble être ici le terme générique pour

exprimer l'ensemble des études littéraires telles que la grammaire, la dialectique et la rhétorique : c'était l'ancien *trivium*. Celles qui composaient le *quadrivium* y sont plus étrangères : c'était l'arithmétique, l'astronomie, la géométrie et la musique. (Voyez la Dissertation de l'abbé Lebeuf sur l'état des lettres en France, depuis Robert jusqu'à Philippe le Bel.)

V. 442. *Carolus, regno vitâ quoque nudus*. On sait comment ce prince incapable fut déposé solennellement à l'assemblée de Tribur, abandonné de tout le monde, et réduit enfin à implorer la pitié de son neveu Arnoul qui l'avait supplanté. Il en obtint quelques terres en Alemanie pour suffire à ses besoins ; mais il mourut peu après dans un état voisin de la démence : ce qui n'a pas empêché l'annaliste de Metz de louer sa sagesse, sa piété, sa résignation dans la disgrâce : mais il n'ajoute pas que ses malheurs furent la suite de ses fautes.

V. 447. *Francia lætatur*. Voyez la note 16, sur la Neustrie et la France.

V. 449. *Dux... Burgundia*. Ce duc était alors Richard le Justicier. (Voir la table généalogique.)

V. 451. *Ternum... regnum*. Ces trois royaumes sont la France, la Neustrie, la Bourgogne. L'Aquitaine est nommée ensuite et fait une quatrième partie bien distincte. Ainsi Pithou s'est trompé en écrivant à la marge du manuscrit et dans son édition : *Regni partes*, 1° *Francia seu Neustria*; 2° *Burgundia*; 3° *Aquitania* : cela est vrai, en prenant *Neustria* dans son ancienne acception; mais ce n'est pas la pensée d'Abbon : ce n'était plus la division en usage. (Voir la note 16.)

V. 452. *Aquitanos*. Ramnulfe, comte de Poitiers, s'était fait déclarer roi en Aquitaine (Hermann, Contract., t. VIII, p. 247) et ne fut peut-être jamais bien soumis. (Voyez la note sur le vers 530, année 892.)

V. 492. *Falconem... montem*. Nous plaçons ce Montfaucon en Argone, et non pas près de Paris, parce que, selon les *Annales de Saint Waast*, ce fut près de l'Aisne que le roi défit les Normands.

V. 495. *Lux præcursoris*, etc. C'est le 24 juin, jour de la naissance de saint Jean, ou le 29 juillet, jour de sa décollation, qui est appelé aussi quelquefois jour natal de saint Jean. (DUPLESSIS.)

V. 513. *Tunc tuba*, etc. Ces détails ne rappellent-ils pas l'imagination des romanciers de Charlemagne? On croit entendre le fameux cor de Rolland, ce paladin, héros de nos romans du XII<sup>e</sup> siècle. Ainsi son olifant, dont les sons se font entendre à plusieurs lieues, pourrait bien être une imitation du cor du roi Eudes; du moins on ne peut s'empêcher de trouver entre eux certains rapports. Lorsqu'il se vit enveloppé de Sarrazins et qu'il eut fendu un roc de trois coups de son épée *Durandal*, au lieu de la briser, l'historien, qui n'a guère fait que traduire Turpin, ajoute : « Son cor d'yvoire mist à sa bouche, et commença à corner par si grant force, comme il put plus... Lors sonna l'olifant (*éléphant*, cor d'ivoire) par si grant vertu que il le fendit par mi (milieu) par la force du vent qui issi de sa bouche, et li rompirent li nerf et les vaines du col. Li sons et la vois du cor ala jusques aux orilles Kallemaine par le conduit de l'angle... Einsi était loing de Rollans entour VIII milles envers Gascoigne. » (*Chronique de Saint-Denis, Gestes de Charlemagne*, l. V, ch. II.)

Le *conduit de l'angle* traduirait assez bien *anfractus* dans le sens de détours et sinuosités de la vallée.

Le poëme de *Roncevaux*, sur lequel M. Monin, professeur d'histoire à la Faculté de Toulouse, a soutenu et publié une thèse en 1832, s'exprime ainsi :

> Li cuens Rollans son olyfant sonna.
> Par tel vertu li temples li faussa,
> Et la cervelle li frémist et mesla,
> Parmi la bouche, li sans clers li raia     (coula)

> Et le menton trestout ensainglenté.
> Tint l'olifant, tréis fois le sona,
> Quo savoir veult si Karlles reveura.
> Bruient li mont, et li vauls resona.
> Bien quinze lieues li oïe (le son) en ala.
> François l'oïrent, et Karlles l'escouta.
> Et dist li Rois : cil cor grant alainne a.
> Respont dus Naymes : que fors hom le sona, etc.

Il semble ici que Charlemagne tarde à reconnaître le cor de Rolland. Dans le poëte latin, un seul homme était capable de sonner de la sorte, c'est Eudes, c'est le roi! *Nil mirum, quoniam regale caput tonat.* Ce trait complète le tableau.

V. 530. *Révolte de l'Aquitaine.* Ce fait important est indiqué d'une manière trop confuse dans notre auteur ; il faut y suppléer par le récit des historiens. Voici comment l'annaliste de Saint-Waast raconte cette guerre : « an 892 : Les Francs, parti-
« sans de Charles (le Simple) et ennemis d'Eudes, lui persua-
« dèrent de quitter la France et d'aller hiverner en Aquitaine,
« pour donner à la France, accablée de maux depuis si long-
« temps, le moyen de réparer ses désastres (remarquons que la
« présence du prince et de son armée était une calamité pour le
« pays), et en même temps, pour se concilier, ou chasser du
« royaume, ou priver de la vie Ebles et Gozbert, qui, après la
« mort de Ramnulfe, avaient quitté son parti (tous trois étaient
« frères : note 14 et tableau généalogique). Dès que le roi eut mis
« le pied en Aquitaine, Ebles s'enfuit et fut tué d'un coup de
« pierre près d'un fort (Brillac, en Poitou). Son frère Gozbert,
« assiégé (on ne dit pas dans quelle ville), mourut aussi peu
« après. »

Nous voyons en outre, dans le poëte, qu'Eudes avait donné le comté de Poitiers à son frère Robert, au préjudice d'Adémar, qui croyait y avoir plus de droits. Telle avait été, selon lui, la cause de cette guerre. Il est certain qu'Adémar était plus proche parent que Robert de Ramnulfe, précédemment comte de Poitiers; mais Ebles et Gozbert, ses frères, n'avaient-ils pas plus de droits encore à sa succession? Ainsi, selon l'annaliste et d'après les données du poëte, la guerre ne commença qu'après la mort de Ramnulfe; mais, selon l'*Art de vérifier les dates* (t. X, p. 91), c'est à Ramnulfe lui-même que le roi Eudes ôta le comté de Poitiers pour le donner à Robert; et après sa mort, Adémar, qui d'ailleurs avait disputé ce comté à Ramnulfe lui-même (*Chron. Ademari cabannensis*), continua la guerre. On lit encore dans cet ouvrage qu'Eudes, après avoir fait sa paix avec Ramnulfe, le traita avec honneur, plutôt par crainte que par amour (*Chron. Ademari*), et le fit empoisonner, parce qu'il soupçonnait sa bonne foi. Mais la Chronique d'Adémar (t. VIII, p. 232) et celle de Richard de Poitiers, qui l'a copiée en partie (t. IX, p. 22), disent: *Dum regalem aulam assiduaret, veneno necatus est.* Est-il prouvé que c'est par le roi, plutôt que par des ennemis jaloux des honneurs qui lui avaient été accordés?

Il me semble résulter de ces divers passages que cette seconde guerre en Aquitaine n'eut lieu qu'après la mort de Ramnulfe et à l'occasion de son héritage.

V. 533. *Modo vulgus.* C'est le petit peuple qui porte la peine de la révolte des grands. Telle fut toujours la justice de ces temps-là, et, on peut ajouter, la conséquence inévitable des institutions féodales. (Voyez HÉNAULT, *Remarques particulières sur la seconde race*, p. 123, édit. in-12.)

V. 537. Adémar resta comte de Poitiers malgré l'opposition du roi. Sur sa parenté avec Eudes, voyez la note 14 et le tableau généalogique.

V. 549. *Willelmi.* C'est Guillaume le Pieux, III, comme comte d'Auvergne, I, comme duc d'Aquitaine. Les dates placent cette guerre immédiatement après l'avénement d'Eudes, par conséquent avant la précédente; mais d'après quelle autorité, si

Abbon est le seul qui en ait parlé? Peut-être l'a-t-il confondue avec celle qui fut occasionnée par la défection de plusieurs seigneurs en faveur de Charles, parmi lesquels était ce même Guillaume. (Voyez la note suivante.)

V. 568. *Gallia*, etc. Voici le fait, d'après les *Annales de Saint-Waast*, an 893 : Tandis que le roi Eudes était en Aquitaine, ses ennemis, réunis à Reims, appellent Charles, fils posthume de Louis le Bègue, et le reconnaissent pour roi. Cette démarche entraîna la plupart des seigneurs de la France en faveur du jeune prince.

A cette nouvelle, Eudes mande à tous ses partisans en France de lui rester fidèles; mais après Pâques, Foulques, archevêque de Reims, et Herbert, comte de Vermandois, accompagnés du jeune Charles, se disposent à marcher contre Eudes avec une armée. Ils sont bientôt rejoints par Richard, duc de Bourgogne, Guillaume, duc d'Aquitaine, Adémar, comte de Poitiers, suivis de troupes nombreuses. Eudes s'avance à leur rencontre et leur rappelle les serments qu'ils lui avaient faits précédemment. Le temps se passa en pourparlers; et chacun se retira sans avoir rien fait.

Au temps de la moisson, Eudes entre en France à l'improviste et met en fuite Charles et ses partisans, qui étaient restés réunis en petit nombre. Ce prince y rentra en septembre; et les deux partis conclurent la paix jusqu'à Pâques. Eudes retourna à Compiègne, et Charles à Reims, auprès de l'archevêque Foulques.

Il est possible que l'expédition d'Eudes contre Guillaume d'Auvergne, duc d'Aquitaine, ne soit qu'un incident de cette guerre, ou plutôt le résultat de cette défection. Le Hugues tué par Guillaume n'est pas connu d'ailleurs.

Il est certain, d'après les diplômes de Charles, que de cette époque datent les années de sa royauté. Mais conserva-t-il une portion du royaume lui appartenant en propre? c'est ce dont il est permis de douter. Des Chroniques d'une faible autorité prétendent que le royaume fut alors divisé entre les deux concurrents; que Charles eut du Rhin à la Seine, et Eudes de la Seine à l'Espagne. Cette assertion, dont les Chroniques contemporaines ne parlent pas, est démentie par les faits des années suivantes. La guerre continue à différentes reprises entre Charles et Eudes, et presque toujours au nord de la Seine. Eudes réside et combat plus habituellement dans ces provinces que dans le midi de la Gaule.

V. 568. *Gallia*. Il s'agit ici de toute l'ancienne Gaule, puisque les seigneurs de la France et ceux de l'Aquitaine se réunissent contre Eudes.

V. 571. *Germanica regna*. Ce n'est point la France germanique au delà du Rhin. Eudes n'y avait aucun droit, non plus que les successeurs de Charles le Chauve. Est-ce la Lotharingie ou ancienne Austrasie? L'expression pourrait se justifier, puisque les Francs-Austrasiens étaient restés Germains de mœurs et de langage. Mais rien dans le poëte et les historiens du temps n'appuie cette interprétation. La Lotharingie n'appartenait pas à Eudes, et ce n'est pas en Lotharingie que Charles fut d'abord reconnu roi : c'est dans la France occidentale. C'est donc ce dernier pays qu'il faut entendre par ces mots : la France proprement dite, de l'Escaut à la Seine (voyez note 16, et la France dans sa sixième acception). Des pays sur lesquels régnaient Charles le Chauve et ses successeurs, c'est celui où il restait le plus d'hommes d'origine germanique, c'est-à-dire de Francs, ce qui donna à cette contrée le nom spécial de France. Ces hommes parlaient-ils le germain, c'est-à-dire le tudesque? Sans doute, quelques-uns; ceux surtout qui touchaient de plus près aux rois Carolingiens (voir la note 10 et le chant teutonique de 881); mais la majeure partie des peuples parlait le roman.

On pourrait dire encore, sans vouloir tirer une induction

trop rigoureuse de cette expression, ou sans en chercher bien loin l'explication, qu'Abbon ne l'a employée que comme locution poétique, à l'imitation de Fortunat (*Carminum*, lib. VI, 7). C'est en effet du même pays que parle Fortunat, celui où régnait Chilpéric ; mais à cette époque, il est probable que les Francs de Chilpéric étaient encore tout germains, et ne différaient guère par le langage des Francs-Austrasiens de Sigebert.

V. 579. *Cendebaldum*. Zuentibold, fils naturel de l'empereur Arnoul, ainsi nommé de Zuentibold, son parrain, roi des Sclaves-Maraves, avait été établi par son père, roi de Lotharingie. Le poète a usé ici du privilége de sa profession, en exagérant les victoires d'Eudes sur Zuentibold. Voici, du moins d'après les *Annales de Metz* et de *Saint-Waast*, à quoi se réduit ce triomphe :

An 895. Les partisans de Charles firent alliance avec Zuentibold et lui cédèrent, s'il voulait secourir son cousin, tous les droits de Charles le Simple sur la partie de la Lotharingie qu'avait possédée Charles le Chauve. Eudes apprit cette nouvelle ; mais comme son armée était fatiguée, il fit semblant d'ignorer tout et repassa la Seine, de France en Neustrie. Il revenait alors de Germanie, où il était allé exposer devant Arnoul la justice de ses droits contre Charles. Zuentibold et Charles réunis vinrent assiéger Laon. Secourir Charles n'était qu'un prétexte pour Zuentibold ; par le fait, il voulait agrandir ses états. Bientôt, en effet, Beaudouin, comte de Flandre, Raoul, son frère, comte de Cambrai, et Regnier de Hainaut abandonnèrent Charles et se lièrent plus particulièrement avec Zuentibold. Ceux qui étaient restés fidèles à Charles voyant leur nombre diminué, et craignant que Zuentibold ne voulût attenter aux jours de Charles, députèrent à Eudes pour qu'il accordât à Charles telle partie du royaume qu'il lui plairait, et les reçût en paix. Eudes y consentit, rassembla une armée et repassa en France

Zuentibold, voyant les mauvaises dispositions de ses alliés, leva le siége et retourna dans son royaume.

Ainsi, d'après cette narration, c'est Eudes qui, en quelque sorte, sert d'auxiliaire à Charles contre Zuentibold.

V. 598. *Propter vitium*, etc. Si les reproches du poëte sont fondés, il faut plaindre la faiblesse de la nature humaine et reconnaître avec Sénèque (*de Beneficiis*, I, 10) que les vices des hommes sont de tous les temps ; mais il faut convenir aussi que la barbarie et les calamités des ix° et x° siècles, en abrutissant les âmes et les intelligences, devaient y avoir ajouté quelque chose de plus franchement hideux et atroce.

V. 605. *Aurea sublimem*, etc. Luxe des habits. Sans parler de différentes descriptions d'habillements antiques, comme celui des Gascons, dans lequel Louis I°, encore enfant, se présenta à son père (*Vita Ludovic. ab astronom.*, c. iv); celui du même Louis, devenu empereur (*Thegan.*, cap. xix); de Charlemagne (*Éginhart*, c. xxiii); de Charles le Chauve (*Annal. fuldens.*, an 876), qui ne sont que des costumes de cérémonie et propres à une certaine condition; sans rappeler le portrait des anciens Francs, par Sidoine Apollinaire (*Panegyr. Majoriani*), nous nous contenterons de comparer à ce passage d'Abbon celui où le moine de Saint-Gall, à peu près son contemporain, décrit l'habillement et la parure des anciens Francs du temps de Charlemagne :

« L'ornement et la parure des anciens Francs étaient : des
« chaussures dorées en dehors, ornées de courroies longues de
« trois coudées. Sur la jambe, des bandelettes de couleur ver-
« meille, et par-dessous une étoffe de lin pour couvrir les jambes
« et les cuisses, de la même couleur, mais d'un travail plus
« fin; par-dessus le tout, en haut, en bas, ces longues courroies
« dont j'ai parlé se croisaient en tous sens. Ensuite une camisole
« d'une étoffe recherchée (appelée *ghizza*); puis un baudrier sou-
« tenant une épée retenue d'abord par son fourreau, seconde-

« ment par un cuir quelconque, enfin par un linge blanc rendu
« plus ferme au moyen de la cire la plus éclatante : au milieu
« étaient ciselées en relief de petites croix : et elle se conservait
« ainsi en bon état pour la destruction des gentils. Pour compléter
« l'habillement, ils avaient un manteau blanc ou bleu, de forme
« carrée, double, taillé de manière que, placé sur les épaules,
« il touchait les pieds par devant et par derrière ; sur les côtés,
« il atteignait à peine les genoux. En même temps ils portaient
« à la main droite un bâton de pommier, dur, terrible, merveil-
« leux par ses nœuds symétriquement disposés, dont le manche
« était d'or ou d'argent, artistement ciselé. »

Il ajoute plus bas : « Les Francs, dans leurs guerres parmi
« les Gaulois, voyant les saies bariolées de ceux-ci (*virgatis lucent*
« *sagulis*, Virg., Æn., VIII, 660), prirent goût pour cette nou-
« veauté, et, abandonnant leur ancien costume, commencèrent à
« les imiter. L'empereur, malgré sa sévérité, ne s'y opposa pas,
« parce que cet habit lui semblait plus commode pour la guerre.
« Mais les Frisons abusèrent de cette permission et ne vendirent
« plus que de ces courts manteaux[1] ; alors il défendit à ses sol-
« dats de leur en acheter d'autres que ces grands, longs et larges
« manteaux à l'antique, sans les payer plus que le prix ordinaire.
« *A quoi servent ces petits carreaux ?* disait-il : *au lit, ils ne peuvent*
« *me couvrir ; à cheval, ils ne m'abritent ni du vent ni de la pluie ;*
« *et quand il faut vaquer aux fonctions secrètes, j'ai les jambes*
« *gelées.* »

On voit par là et par quelques traits du poëme, que nos anciens avaient aussi le mot pour rire.

V. 615. *Psallere non tædet*, etc. Si Abbon eût été un poëte
de génie, capable par ses vers d'immortaliser son héros, c'était,
ce me semble, la manière la plus noble et la plus délicate de

---

[1] Il paraît que les ancêtres des Hollandais avaient déjà le goût
du commerce.

reprocher au roi son apathie et de l'en punir, que de se condamner au silence parce qu'il ne trouve plus en lui de matière à ses chants ; et il ne voit d'autre consolation à sa douleur, comme bon Français, comme admirateur de son roi, que de travailler à vaincre l'ennemi de tous les hommes. C'est ainsi que devait terminer un poëte chrétien ; et ces deux vers peuvent, jusqu'à un certain point, servir de transition à son troisième livre, qui est une œuvre toute de morale et de piété.

# CHRONOLOGIE

DES

# ÉVÉNEMENTS MENTIONNÉS DANS LE POËME.

| An 885. | | Date fixée par les Annales de Saint-Waast. | |
|---|---|---|---|
| | 25 nov. | Date fixée par le poëte, I, 170. | |
| | | Arrivée des Normands au pied des murs de Paris avec une flotte de sept cents barques et une infinité de bateaux.... | I, 27-35 |
| | 26 | Demande d'un passage à Gozlin, par Sigefrid................................ | I, 36-60 |
| | 27 | *Premier assaut*, donné à la tour septentrionale du grand pont. Pendant la nuit, les Parisiens exhaussèrent la tour d'un tiers................................ | I, 61-83 |
| | 28 | *Deuxième assaut*, à la tour. Inutile comme le premier. Les Normands cherchent à l'incendier; ils y perdent trois cents hommes........................... | I, 84-168 |
| | | Ces deux assauts furent terminés trois jours avant le 1ᵉʳ décembre......... | I, 169-171 |
| | Fin de l'année. | Les Normands se retranchent sur le rivage de Saint-Denis, autour de Saint-Germain-le-Rond, et ravagent tous les environs.......................... | I, 172-204 |

| | | |
|---|---|---|
| An 886. | | Les dates suivantes sont déterminées par le poëte, I, 433-437. |
| | 30 janv. | Apprêts d'un triple bélier porté sur seize roues, rendu inutile par la mort des deux ingénieurs qui devaient le faire manœuvrer................. I, 205-216 |
| | | Les Normands préparent toute la nuit des mantelets pour un nouvel assaut..... I, 217-223 |
| | 31 | *Troisième assaut.* (C'est le quatrième selon Duplessis, qui compte la journée précédente pour le troisième. Ici nous nous éloignons tout à fait de son calcul : le 30 janvier ne fut pas un jour de combat.) Attaque furieuse contre la tour et le pont, par terre et sur leurs barques. Les Normands passent la nuit en observation. I, 224-300 |
| | 1 février. | Continuation du troisième assaut. Ils cherchent à combler les fossés de la tour avec de la terre, des arbres et les corps des prisonniers égorgés, mais ils n'y réussissent pas.................. I, 301-352 |
| | 2 | *Quatrième assaut.* Ils attaquent la tour de trois côtés, tâchent d'incendier le pont avec des barques chargées de matières combustibles ; mais elles échouent contre les massifs de pierre qui soutiennent le pont...................... I, 353-424 |
| | 3 | Les Normands se retirent. Le dernier jour des combats, c'est-à-dire le jour du quatrième assaut, était le jour de la Purification. Ces combats avaient duré trois jours, et avaient commencé le dernier jour de janvier................ I, 425-437 |
| | .. février | Les Normands font des courses dans les |

| | | | |
|---|---|---|---|
| An 886 | février. | parties orientales. Mort du comte Robert............................. | I, 438-460 |
| | | Ils viennent assiéger l'église de Saint-Germain-des-Prés, et le saint les punit par différents miracles............ | I, 461-503 |
| | 6 | Date donnée par les Annales de Saint-Waast. | |
| | | *Cinquième assaut.* Chute du petit pont. Embrasement de la tour. Mort des douze guerriers qui la défendaient......... | I, 504-597 |
| | ....... | Les Normands font des courses entre la Seine et la Loire. Èbles, croyant le camp abandonné, l'attaque avec peu de monde et est forcé de se retirer............ | I, 598-617 |
| | | Les Normands remplissent le monastère de Saint-Germain de troupeaux qu'ils ont enlevés ; la plupart périssent faute d'espace............................ | I, 618-644 |
| | | Les Normands échouent devant Chartres et le Mans............................ | I, 645-660 |
| | ..... mars. | Henri de Saxe, duc d'Austrasie, parti de Germanie en février, arrive, dans le carême (*Annal. fuld.*, 1ᵉ continuat.), en printemps (*Ann. metens.*), au secours des Parisiens, avec un convoi de vivres; il attaque le camp des Normands, leur enlève plusieurs chevaux et leur tue peu de monde........................ | II, 3-22 |
| | | Entrevue d'Eudes avec Sigefrid, qui commençait déjà à négocier son départ (avec Gozlin, selon les Annales de Saint-Waast). Eudes échappe avec peine aux piéges des Normands.............. | II, 23-33 |

| | | | |
|---|---|---|---|
| An 886. | ...... mars | Départ de Henri. Les Normands quittent leur camp de Saint-Germain-l'Auxerrois et s'établissent dans le pré de l'autre Saint-Germain. Sigefrid ayant reçu soixante livres d'argent pour se retirer, veut entraîner avec lui tous les Normands, mais en vain............ | II, 34-53 |
| | mars ou avril. | *Sixième assaut.* Les Normands pénètrent dans l'île, au pied des murs, et y perdent deux de leurs rois. Sigefrid, spectateur du combat, se rit de leurs pertes et se retire................. | II, 54-67 |
| | 16 avril. | Date tirée du Nécrologe de l'abbaye Saint-Germain. Mort de l'évêque Gozlin............. | II, 68-75 |
| | vers avril | Mort de l'abbé Hugues et d'Évrard, archevêque de Sens. (Les Annales de Saint-Waast mettent cette dernière en 887.) Les Normands redoublent d'activité ........................ | II, 76-83 |
| | 28 mai. | Fête de saint Germain, évêque de Paris. Les Normands, pour insulter les Parisiens, veulent, ce jour-là, travailler à la terre, et en sont empêchés par un miracle...................... | II, 84-97 |
| | | Autres miracles opérés par la vertu de saint Germain. Guérisons; visions où il promet son secours, etc.......... | II, 98-153 |
| | ...... juin. | La peste se met dans la ville, et la guerre continue toujours................ | II, 154-162 |
| | | Eudes sort de la ville pour aller demander du secours à l'empereur. Ebles, en son absence, soutient par ses exploits le courage des assiégés............. | II, 163-186 |

| | | DES ÉVÉNEMENTS. | 303 |
|---|---|---|---|
| An 886. | ..... juin. | Mort de Ségebert et Ségevert, dans un combat contre trois cents Normands qui s'étaient avancés jusque dans l'île, au pied des remparts.................. | II, 187-196 |
| | | Retour d'Eudes dans Paris. L'escorte qui l'avait accompagné se retire, commandée par Adalelme, et bat les Normands qui l'avaient poursuivie plus de deux lieues............................ | II, 197-216 |
| | juillet ou août. | En juillet (selon les Annales de Fulde); en été, avant la moisson (*Ann. metens.*); aux environs de l'automne (*Ann. vedast.*), le duc Henri, envoyé par l'empereur, revient une seconde fois au secours de Paris : mais il périt dans une embuscade. (Les détails sont dans les annalistes cités.)................ | II, 217-218 |
| | | Sinric, un roi normand, se noie dans la Seine......................... | II, 219-226 |
| | | *Septième assaut.* Au plus fort de la chaleur, la rivière étant presque à sec, la ville est attaquée de tous côtés. On porte Sainte-Geneviève à la pointe orientale de l'île, où un nommé Gerbold soutint et repoussa de ce côté l'effort des assiégeants. Autre part, les Normands étaient déjà entrés dans la ville. On invoque saint Germain; on apporte sa châsse sur les remparts. Vers le soir, les Normands repoussés mettent le feu à la tour; il est éteint par la vertu de la croix......................... | II, 227-315 |
| | vers sept. | Annales de Saint-Waast. Charles envoie six cents hommes, sous la conduite de | |

| | | | |
|---|---|---|---|
| An 886. | vers sept | Thierry et d'Aledramne, pour reconnaître le terrain où il doit camper. Attaqués à leur retour par les Normands, ils en tuent trois mille...... | II, 315-329 |
| | vers oct. | Charles arrive avec une armée innombrable; campe au pied de Mont-Martre; nomme Anschéric évêque à la place de Gozlin, et Eudes, duc de France, à la place de Hugues (*Annal metens., vedast.*); il accorde aux Normands, moyennant sept cents livres d'argent payables en mars, d'aller ravager la Bourgogne, qui ne voulait plus lui obéir (*Ann. metens.*); | |
| | novemb. | puis il s'en retourne en novembre.... | II, 330-342 |
| An 887. | ..... mars. | Les Normands vont ravager la Bourgogne, qui ne les connaissait pas encore..... Date donnée par le poëte, II, 340, et les Annales de Saint-Waast. En mai (selon la Chronique d'Odoran, t. VIII, p. 237.) | II, 343-346 |
| | | Les Normands reviennent recevoir leur argent, et s'établissent de nouveau dans le pré de saint Germain, qui se signale encore par plusieurs miracles........ | II, 347-387 |
| | peu après | Les Normands, au lieu de se retirer, veulent remonter la Seine et retourner en Bourgogne, du moins à ce qu'ils disent. A cette nouvelle, Ébles et Anschéric quittent leur dîner; Ébles tue leur pilote. Effrayés, les Normands demandent grâce, promettent de ne pas remonter la Marne, et de revenir bientôt comme auparavant. A cette condition, ils sont reçus dans la ville; mais en se | |

## DES ÉVÉNEMENTS.

| | | | |
|---|---|---|---|
| An 887. | peu après mars. | retirant ils emmènent avec eux vingt chrétiens et entrent dans la Marne. Aussitôt on massacre tous ceux qui étaient restés dans Paris : pour eux, ils forment le siége de Meaux....... | II, 348-441 |
| An 888. | 12 janv. | Annales de Saint-Waast. L'empereur Charles meurt dépouillé de tout. Eudes est fait roi.................. | II, 442-451 |
| | | Il passe dans l'Aquitaine, dont il reçoit les soumissions. (Ramnulfe s'y était fait déclarer roi. *Hermann. Contract.*) Les autres annalistes placent cette première expédition en 889.............. | II, 452-453 |
| | | Prise et ruine de Meaux par les Normands. | II, 454-466 |
| An 888 ou 889. | | Les Normands reviennent devant Paris. Eudes y convoque tous les peuples de la Gaule ; mais ils restèrent peu de temps, et rien ne se fit. Le comte Adémar et le chevalier Seladémar attaquent quelques partis de Normands. Ce dernier est tué ; Anschéric tue six cents barbares. (Annales de Metz, an 889.)..................... | II, 467-490 |
| | 24 juin ou 29 août. | Victoire d'Eudes, près de Montfaucon en Argonne, où il défait dix-neuf mille Normands. (Les Annales de Saint-Waast la placent avant la prise de Meaux. Abbon semble la rejeter en 889.)....... | II, 491-530 |
| An 892. | | Date donnée par les Annales de Saint-Waast et par les événements de l'année suivante. | |
| | | Révolte de l'Aquitaine. A la mort de Ramnulfe, selon les Annales de Saint-Waast, | |

| | | |
|---|---|---|
| An 892. | ou de son vivant, selon les Dates, Eudes avait donné le comté de Poitiers à Robert, son frère ; mais Adémar le lui disputa. Eudes entre en Aquitaine et la ravage. Pendant une nuit, Adémar lui tua beaucoup de monde......... | II,530-547 |
| | Eudes avait aussi donné à un nommé Hugues le comté de Berri, appartenant à Guillaume d'Auvergne, qui s'était déclaré contre lui ; mais ce dernier résista, et tua Hugues de sa main dans une bataille où il perdit un grand nombre des siens................ | II,548-566 |
| An 893. | Annales de Saint-Waast. Tandis que Eudes était en Aquitaine, Charles est nommé roi par ses partisans. Eudes revient et le met en fuite par sa présence. | II,567-576 |
| An 895. | Annales de Metz et de Saint-Waast. Eudes met en fuite Zuentibold, partisan et appui de Charles................ | II,577-582 |
| An 896 ou 897. | Nouveaux ravages des Normands. Eudes n'y oppose aucune résistance........ | II,583-595 |
| | Vices et luxe des Français, cause de leurs désastres.................... | II,596-614 |
| | Abbon compose son poëme, ou du moins en écrivait la fin à ce moment....... | II,615-618 |

FIN DE LA CHRONOLOGIE DES ÉVÉNEMENTS.

# TABLE ALPHABÉTIQUE

## DES MATIÈRES CONTENUES DANS LE POËME,
### L'INTRODUCTION ET LES NOTES.

*Nota. Pour le poeme, on indique le livre et les vers; pour le reste, on renvoie à la page du volume.*

## A

ABBON, moine de Saint-Germain-des-Prés. — Bon citoyen, *Avant-Propos*, page 1. — Ce qu'il était, ses ouvrages, *Préface*, v-viii. — Jugement sur son poëme du siége de Paris, *ibid.*, viii-xvi. — Son style, xvi-xix. — Manuscrit de son ouvrage, xix-xxii. — Éditions de son poëme, xxii-xxvii. — Neustrien de naissance, I, 624. — Témoin de la prise de la tour du petit pont, I, 593-595. — Adresse des reproches à Eudes, II, 588-595. — A la France, II, 596-614.

ABBON, abbé de Saint-Fleuri-sur-Loire, confondu avec le précédent, Préf., v, vi.

ADALELME, neveu de Robert Troussi, I, 452-460; II, 206-216.

ADEMAR, comte de Poitiers, II, 474-476. — Parent d'Eudes, s'insurge contre lui, II, 535-547, p. 262, 264, 291.

AGIUS, évêque d'Orléans, sauve cette ville en 854, p. 9.

AIMOIN, maître d'Abbon, p. 71. — Confondu avec Aimoin l'historien, p. vi, vii.

ALEDRAMNE ou ALETRAMNE, chargé de défendre Pontoise en 885, p. 34. — Conduit l'avant-garde de Charles le Gros, II, 329, p. 286.

ANGERS repris sur les Normands par Charles le Chauve, p. 18.

ANSCHÉRIC, évêque de Paris, nommé par Charles le Gros, II, 335-337. — Arrête les Normands prêts à remonter la Seine, 398-404. — Sauve du massacre les Normands gardés chez lui, 439, 440. — Plus tard, tue six cents Normands, 485, 490 — Chancelier de France, p. 286, 287.

AQUITAINE, ravagée par les Normands. p. 5, 6, 7, 8. — Guerres d'Eudes en ce pays, II, 452, 453, 530 et suiv., p. 288, 290, 291.

AQUITAINS, rusés, II, 452. — Distingués par la finesse de leur langage, 471.

ARCS des Normands, faits de bois d'if, I, 275.

ARDRAD, un des douze guerriers de la tour méridionale, I, 527.

ARMORIQUE, synonyme poétique de Bretagne, p. 271.

ARNOLD, un des douze de la petite tour, I, 526.

ARNOUL, neveu de Charles le Gros, duc des Bavarois, p. 26. — Roi de Germanie, p. 44. — Empereur, II, 578, p. 294.

ASCLOHA, fort des Normands près de la Meuse, en 882, p. 26 et suiv.

AUVERGNE, envahie par Eudes, II, 548.

AVRANCHES, cédée aux Normands, p. 47.

## B

BATAVES (îles des), p. 7.

BERNON, chef de Normands, p. 10, 11, 12.

BESSIN (comté de), II, 355. — Cédé aux Normands, p. 47.

BONAMY, Cité, p. XI, 254, 255.

BOSON, roi de Provence, p. 22, 262, 264.

BOUIN (île de), *Bundium*, à l'embouchure de la Loire, p. 2, 5.

BOURGES (comté de), II, 552, 553.

BOURGOGNE, ravagée par les Normands, II, 343-346. — Adopte Eudes pour roi, quoiqu'elle ait un chef distingué, 449. — Paresseuse à la guerre, 344.

BOURGUIGNONS, disposés à la fuite, II, 472.

BRETAGNE. Fut-elle cédée aux Normands avec la Normandie? p. 273, 274.

BRETONS (terre des), cédée aux Normands. Ce que c'était, p 47, 274.

BRETONS, reprennent leur pays sur les Normands en 937, p. 274

## C

CARLOMAN frère de Louis III, p. 22, 25. — Jugé trop jeune pour défendre le royaume, p. 31. — Sa mort, p. 32.

CENDEBALD. Voyez *Zuentibold*.

CENOMANES. Voyez *le Mans*.

CHARLEMAGNE, p. 1, 2. — Prévoit les ravages des Normands, p. 241, 242.

CHARLES LE CHAUVE, p. 5, 6, 9, 10, 12, etc. — Ordonne la construction d'un grand pont à Paris en 861, p. 15. — Fait mettre Paris et les rives des fleuves en état de dé fense en 877, p. 21. — Sa mort. — Jugé peut-être sévèrement, p. 21.

CHARLES LE GROS, empereur (*Basileus*), I, 48; II, 164, p. 22, 25. — Son expédition contre les Normands d'Ascloha en 882, p. 26-28. — Devient roi des Francs en 885, p. 32. — Fait assassiner Godefred et aveugler Hugues, p. 33. — Se prépare à secourir Paris, II, 315. — Vient camper à Montmartre, II, 330. — Accorde aux Normands une paix honteuse, 338. — Sa mort, 442, 443. — Loué par l'annaliste de Metz, p. 288.

CHARLES LE SIMPLE, reconnu roi en France pendant la guerre d'Eudes en Aquitaine, II, 569, 570, p. 292. — Partage la France avec Eudes (peu fondé), p. 293. — Se fait un appui des Normands contre Eudes, p. 45. — Leur cède une partie de la Neustrie, p. 41, 47.

CHARTRES assiégée par les Normands, sans succès, I, 648-651. — Avait été cédée peu avant au Normand Thibaut, p. 35.

CHRÉTIENS apostats, joints aux Normands, p. 8.

CITÉ de Paris, p. 36, 251, 252.

CLAIES, couvertes de cuir, pour protéger quatre hommes, établies par les Normands, I, 217-220.

CLERMONT en Auvergne, II, 506.

CLOUD (Saint-), II, 121.

COMPARAISONS employées par le poëte, I, 229, 259, 532; II, 44-46, 426.

CONRAD, comte de Paris, p. 22, 263, 264.

Cor du roi Eudes, II, 511-518. — Comparé avec celui de Rolland, p. 289, 290.

CORNOUAILLE (*Cornu Galliæ*), extrémité de la Bretagne, p. 273.

COUTANCES cédée aux Normands, p. 47.

CROIX (l'image de la) dissipe l'incendie de la grosse tour, II, 301-308. — Il n'y avait pas encore à Paris de morceau de la vraie croix, p. 285, 286.

## D

DÉCEMBRE, fin de l'année, dans Abbon, I, 170, 171.

DENIS (abbaye de Saint-), se rachète des Normands en 858, p. 11, 12. — Donne son nom à la rive nord de la Seine, I, 173, 174; II, 175, p. 244, 281.

DENIS (Saint-) de la Châtre, p. 10, 244, 281.

DENIS (ancienne église de Saint-) bâtie par Sainte-Geneviève, p. 281.

DÎNÉ à Paris, au milieu du jour, II, 227, 234, 235.

DORESTAD, en Frise, souvent ravagée par les Normands, p. 3, 6.

DUPLESSIS (D. Toussaints), bénédictin, septième éditeur d'Abbon,

p. VI, XVI, XIX, XXIV, 39. — Cité très-souvent dans les notes explicatives et historiques.

## E

EBLES (*Ebalus, Ebolus*), abbé de Saint-Germain, neveu de l'évêque Gozlin, I, 68. — Avec Eudes, défend la tour vaillamment, I, 95. — Perce sept hommes d'un seul coup, 107-111. — Combat avec vaillance, 244. — Attaque le camp des Normands qu'il croit abandonné, et est repoussé, 601-617. — Resté seul dans Paris, après le départ d'Eudes, emploie plusieurs stratagèmes contre les Normands, II, 166-186. — Arrête, avec Anschéric, les Normands prêts à remonter la Seine, et tue leur pilote, 398-410. — Propre à tout, sauf son ambition et son amour pour les plaisirs, 437. — Son éloge, sa mort, p. 39, 290. — Sa généalogie, p. 261, 264.

ECLOGUES de Virgile, p. XV, 60.

ÉGLISES près des murs, II, 322-324.

ÉGLISES (anciennes) de Paris au nord, p. 286.

EIMAR, un des douze de la petite tour, I, 527.

ÉLEUTHÈRE, père de saint Germain, I, 503.

ÉRILAND ou ÉRILANG, guerrier parisien, I, 245. — Un des douze de la petite tour. (Est-ce le même?) I, 525.

ERMENFRED, un des douze, I, 525.

ERVÉE (*Eriveus, Erveus*), un des douze, I, 525. — Sa mort, 565, 578.

ERVIC, un des douze, I, 526.

ESIMBARD, traître, attire les Normands en France en 879, p. 22, 248, 249.

ESTIENNE, soldat de Hugues, tué par Guillaume d'Auvergne, II, 563-565.

ÉTIENNE (église de Saint-), basilique, ou cathédrale, dans la Cité, II, 310, p. 10, 244, 286.

ÉTIENNE (église de Saint-) des Grés, p. 244.

ÉTUDES littéraires, p. 287, 288.

EUDES, comte de Paris, I, 44, 45. — Défend la tour avec Ebles, 66. — Jette des flots d'huile sur les assiégeants, 95-107. — Tue autant d'ennemis qu'il lance de flèches, 245-247. — En conférence avec Sigefred, faillit être surpris par les Normands, II, 23-30. — Va trouver Charles le Gros pour lui demander du secours, II, 163-165. — Revient escorté de trois escadrons, et s'arrête sur Montmartre, 195-200. — Rentre dans Paris, par la tour, malgré les Normands, 201-205. — Est fait roi, avec l'approbation de la France, de la Neustrie, de la Bourgogne, 444-451.—Était Neustrien, 447. — Va se faire reconnaître de l'Aquitaine, 452, 453. — Premier événement de son règne, ruine de Meaux, 466. — Réunit tous ses peuples près de Paris, où étaient revenus les Normands, 467-469. — L'assemblée se dissout sans avoir rien fait, 470-473. — Bat dix-neuf mille Normands à Montfaucon, 491-529, et p. 288, 289.—Marche contre l'Aquitaine révoltée, II, 532-543, et p. 290, 291. — Ne peut prendre les villes, II, 534. — Il avait donné le comté de Poitiers à son frère Robert, au préjudice d'Adémar, ce qui causa la guerre, II, 544-547, et p. 291. — Pénètre en Auvergne, et donne à Hugues le comté de Berri, appartenant à Guillaume, II, 548-553, et p. 291.— Met en fuite Charles, qui s'était fait déclarer roi, et Zuentibold, son appui, II, 567-582, et p. 292-295. — Laisse les Normands renouveler leurs ravages sans s'en mettre en peine, II, 583-595, 615, p. 297. —Comte de Paris, il est le plus célèbre des défenseurs de cette ville, p. 40-42. — Est le premier roi français, av.-prop., p. 11. — Son règne, lutte pénible contre les Normands, p. 41, 44, 45. — Le plus grand des rois de la France occidentale, p. 58, 275. — Sa généalogie, p. 26, 262, 264.

EUDES, soldat d'Uddon à Chartres, I, 652. —Avait une main de fer, I, 655-657.

EUSÉBIE, mère de saint Germain, I, 503.

ÉVRARD, archevêque de Sens. Sa mort, II, 77.

ÉVREUX cédée aux Normands, p. 47.

F

FAUCONS des douze guerriers de la tour, lâchés par eux avant de périr, I, 537, 538.

FÉLÉCAN, chef des Normands établis en Bretagne en 931, p. 273.

FLÈCHES des Normands, empoisonnées, I, 57, 299.

FOR-L'ÉVÊQUE, p. 254, 256.

FOSSÉS de la grande tour, I, 303-311, 371, 372.

FRANÇAIS, Franci, Francigenæ, I, 11, 14. — Portent la tête élevée, II, 470. — Leurs vices, II, 597-614. — Leurs parures, II, 605-610, et p. 295, 296.

FRANCE, à la droite de la Seine, ravagée par les Normands, I, 177-202.—orientale, ravagée par eux, I, 437-460.

FRANCE, prise dans différentes acceptions, p. 266-271.

FRANCE (duché de), p. 268.

Francl (ducs de), p. 268.

Francs ou Franks, originaires peut-être de la Chersonèse cimbrique, p. 241.

Francs-Saliens. Leurs descendants, au ix° siècle, parlaient-ils le tudesque? p. 247.

Frédéric, jeune soldat de l'évêque, tué, I, 70.

Frise, son étendue, p. 2, 242 — D'abord envahie par les Normands, p. 2, 3, 10, etc.

## G

Gaule, reconnait pour roi Charles le Simple, II, 568, et p. 292, 293.

Geneviève (châsse de sainte), II, 247, 248.

Gerbold, avec cinq hommes, repousse les Normands de la pointe orientale de l'île, II, 250-253.

Germain (saint), autrefois évêque de Paris, I, 395. — Son corps transféré dans l'église de l'abbaye de Sainte-Croix, qui prit son nom, p. 282. — Transporté dans la Cité lors du siège, I, 396, 467. — Son père et sa mère, I, 501-503. — Rôle qu'il joue dans le poëme, p. ix, x. — Ses différents miracles en faveur des Parisiens, et contre les Normands, I, 461-503; II, 79-83, 84-97, 107-118, 119-125, 126-145, 146-149, 150-153, 269-288, 347-366. — Comparé à saint Jean-Baptiste, II, 375-379. — Son éloge; il est le protecteur de Paris, II, 380-387.

Germain-des-Prés (école de St-), p. vi, xvii.

Germain-des-Prés (église de St-), monastère le plus noble de toute la Neustrie, I, 465, 466. — Sert d'étable aux troupeaux pris par les Normands, I, 636-644. — Investie par le camp des Normands, II, 37-40. — Ils y établissent des prêtres pour dire la messe et l'office, II, 105-106, 348. — Puits célèbre aux pieds du saint. Vertu de ses eaux, II, 358-366.

Germain (Pré de Saint-). Les Normands y établissent leur camp, II, 36, 37.

Germain-le-Rond, ou l'Auxerrois, (église de Saint-), sur la rive nord de la Seine, I, 175; II, 35, p. 254, 256, 281, 282.

Germain-le-Vieux (église de St-) dans la Cité, p. 282, 283.

Germanique (royaume) d'Eudes, II, 571, p. 293.

Gisèle, fille de Charles le Simple, mariée à Rollon, p. 46.

Gisla, fille de Lothaire II, accordée au Normand Godefred, p. 27.

Givaldi Fossa (Géfosse), p. 8, 10.

Glose interlinéaire du poëme d'Abbon; ce qu'elle prouve, p. xvi-xviii.

GODEFRED, soldat d'Uddon, à Chartres, I, 652.

GODEFRED, fils d'Hériold, chef normand, p. 6, 8, 9, 11. — Se fait chrétien, p. 27. — Massacré, par ordre de Charles le Gros, en 885, p. 33. — Sa mort occasionne le siége de Paris, p. 33-35.

GOZBERT, un des douze de la petite tour, I, 526.

GOZBERT, un des religieux de Saint-Germain-des-Prés, II, 150-153.

GOZLIN, frère d'Abbon, p. VII, 56.

GOZLIN, évêque de Paris, un des héros du poëme, p. VII, 37, I, 23. — Abbé de Saint-Germain, il est pris par les Normands en 858, p. 11. — Évêque de Paris, il s'oppose aux fils de Louis le Bègue, p. 22, 38. — Il est battu par les Normands, p. 23. — Fortifie Paris en 885, p. 35, 37. — Son éloge, p. 37-39. — Sa généalogie, p. 261, 262, 264. — Ses actions dans le poëme, I, 47-55, 69-72, 243, 312-321. — Secouru par Henri, II, 4. — Sa mort, II, 68-75.

GOZSUIN, un des douze de la tour, I, 527.

GUDURM, roi danois, rival d'Horich, p. 9.

GUILLAUME, comte d'Auvergne, tue Hugues, à qui Eudes avait donné son comté de Berri, II, 548-566; p. 291, 292.

GURMOND ou GUARAMOND, roi normand, p. 22, 26, 28. — Battu à Saucour, p. 27, 249.

# H

HALF, chef normand, p. 27.

HASBAIGNE, ou pays de Liége, p. 25.

HASTINGS, fameux chef de Normands, Français de naissance, p. 8, 17, 25, 34, 35. — S'établit sur la Somme, 43, 44.

HELGOLAND (île d'), p. 242.

HENRI, duc de Lotharingie, p. 26. — Assassine Godefred, p. 33. — Vient au secours de Gozlin, II, 3, 4. — Entre dans Paris, après avoir tué peu de monde aux Normands, II, 5-22. — Retourne en Saxe, II, 34. — Revient à Paris, et y est tué, II, 217, 218, p. 51, 53.

HÉNAULT (président), cité p. 291.

HÉRIOLD, chef normand, p. 4, 6, 242.

HINCMAR, archevêque de Reims. Sa mort en 882, p. 28, 29.

HORICH, roi de Danemarck, p. 5, 9.

HUGUES, fils de Lothaire II, battu par les Normands, p. 23. — A les yeux crevés par ordre de Charles le Gros, p. 33.

HUGUES l'abbé, duc de France, ou plutôt de Neustrie, sert Carloman, p. 29, 30. — Sa généalogie,

p. 262, 264. — Son éloge, p. 266. — Meurt à Orléans en 886, II, 76. et p. 52.

HUGUES, investi par Eudes du comté de Berri, est tué par Guillaume comte d'Auvergne, II, 551-566, p. 292.

HUNÉDÉE, chef des Normands en 896, p. 44.

HUNEROIX, rive sud de la Seine, à Paris, p. 253.

## I

ILES où la ville de Paris est bâtie, II, 54, 187, p. 284.

INCON, chef des Normands de la Loire en 931, p. 273.

ISIA, ville grecque, I, 3. — Existe-t-elle? p. 276, 277.

ISIS, a-t-elle donné son nom à Paris? p. 278, 279.

## J

JEAN-BAPTISTE (Saint) comparé à saint Germain, II, 375. — Fête de sa naissance, le 24 juin ou le 29 août, II, 495, p. 289.

## K

KINNEIM, pays de la Frise, accordé à Rorich, puis à Godefred, en 882, p. 27.

## L

LIMOSIN, II, 548.

LISIEUX, cédée aux Normands, p. 47.

LIUTBERT, archevêque de Mayence, p. 31.

LIUTWARD, évêque de Verceil, gagné par les Normands en 882, p. 27.

LOIRE, patrie d'une partie des Normands qui assiégent Paris, I, 598.

LOTHAIRE favorise les irruptions des Normands, p. 3, 4.

LOTHARINGIE, p. 25, 29, 46. — Ne faisait pas partie du royaume d'Eudes, p. 293.

LOUIS LE DÉBONNAIRE, p. 3, 4, 5.

LOUIS LE GERMANIQUE, p. 12.

LOUIS DE SAXE, son fils, bat les Normands à Thimum en 880, p. 23. — Sa mort, p. 25.

LOUIS LE BÈGUE, II, 569, p. 21.

LOUIS III, son fils, frère de Carloman, p. 22. — Bat les Normands à Saucour en 881, p. 23, 24. — Chant de victoire, p. 245-251. — Sa mort; jugement sur ce prince, p. 24.

LOUIS IV, parlait tudesque, p. 247.

LOUIS, abbé de Saint-Denis, p. 11, 261, 264.

LUTÈCE, I, 1, 7, 335, 336. — Étymologie du mot, p. 276.

## M

Machine triple, portée sur seize roues, fabriquée par les Normands, I, 205-216.

Maine (le) cédé aux Normands, p. 47.

Mangonneaux établis par les Parisiens contre les béliers des Normands, I, 363-368.

Mans (le) assiégé par les Normands, en vain, I, 658.

Mantelets en bois, couverts de cuir, pour protéger les Normands, I, 217-220. — Percés de meurtrières, pour livrer passage à leurs flèches, I, 296-300.

Marcel (Saint), II, 121.

Marne, II, 414, 429.

Meaux assiégée par les Normands, II, 441. — Prise et détruite, malgré la résistance du comte Thetbert, II, 454-466.

Miracles de saint Germain, I, 471-500.

Mithra (culte de) à Paris, p. 279.

Montagnes au nord de Paris, I, 358, p. 119, 121.

Montesquieu, cité p. xi, 2, 4, 281.

Montfaucon en Argonne, près de l'Aisne, célèbre par une victoire d'Eudes sur les Normands, II, 492, p. 288, 289.

Montmartre (*Mons Martis*), II, 196, 334.

Murs de Paris, II, 377, p. 258-260.

## N

Neustrie, I, 166; II, 345, 450. — Plus noble que les autres pays, I, 618, 619. — Ravagée par les Normands, I, 598-600, 618-644. — Grands hommes qu'elle a produits, p. 283. — C'était alors le pays entre Seine et Loire, p. vi, 20, 33. — En quoi différait de la France, p. 266-271. — En 859, révolte des Neustriens contre les Normands, réprimée par les seigneurs français, p. 13, 244, 245. — En 911, parties occidentales cédées aux Normands, p. 41. — Lesquelles? p. 47, 272.

Normandie, pays cédé aux Normands, p. 41, 47, 272.

Normands. Leur origine, p. 1. — Leurs ravages présentent deux périodes bien distinctes, de 834 à 873, p. 1-18; de 876 à 912, p. 20-47. — S'établissent successivement en Frise, sur la Seine, sur la Loire, p. 2, 3, 5, 19. — Se liguent presque tous pour le siège de Paris, après le meurtre de Godefred, en 885, p. 33-35. — Ni Rollon, ni Thibaut de Chartres, ne semblent avoir pris part à l'expédition, p. 35. (Voyez *Chartres* et *Thibaut*.) — Assiégent Paris; détails du siège, *sujet du poëme*. — Après la cession de la Normandie, adoptent le langage des vaincus, et deviennent Français, p. 48.

NORMANDS (femmes des); reproches qu'elles leur adressent, I, 127-130.

NOVEMBRE. Il gèle pendant ce mois, en 886, II, 341.

## O

OBODRITES, peuple voisin de la Frise, p. 6.

ODAUGER, un des douze guerriers de la tour méridionale, I, 525.

OISSEL (île d') sur la Seine, p. 12, 13.

ORPHÉE, p. 62.

OSCHERI, chef de Normands, p. 7.

OSTRASIE ou AUSTRASIE. Ses limites, p. 267.

## P

PARIS (*Parisiaca polis* vel *urbs, Parisius*), p. 58, 62, 72. — Autrefois Lutèce, I, 8, 9. — Dans une île, au milieu de la Seine, I, 10, 15-19. — Tranquille au milieu des ravages de la France, I, 204. — Consacré à la Sainte-Vierge, I, 327. — Dévasté par la peste, II, 154-162. — Désolation dans la ville attaquée de toute part, II, 258-278. — Paris pris une première fois en 845, p. 5, 242. — Deuxième prise en 856, p. 10, 243. — Troisième prise en 861, p. 13.
— Siége de 885, 886, p. 33-35, 50-54, et *tout le poëme*. — Assiégé de nouveau en 889, p. 43. — Une troisième fois en 890, *ibid*. — Ses murs, ses ponts, son étendue, p. 36, 37, 251 et suiv. — Enceintes avant Philippe-Auguste, p. 258-261. — Étymologie du mot, p. 277-280.

PARISIENS; leurs moyens de défense contre les Normands, I, 100, 141, 361, 363-370. — Font des sorties, II, 182-186. — Reçoivent les Normands dans leur ville avec amitié, II, 411-419. — Les massacrent en apprenant qu'ils violent leur promesse, II, 429-441.

PASCHASE RADBERT. Ses plaintes sur la deuxième prise de Paris, p. 10, 11.

PEPIN, roi d'Aquitaine, rejeté par les siens, p. 6. — Se joint aux Normands, p. 11, 16.

PERTZ (M.), de Hanovre, dernier éditeur d'Abbon, p. XXVI, et d'un grand nombre de nos chroniques, dans ses *Monumenta Germaniæ*, p. 50

PESTE, ravage Paris, II, 154-162.

PIÈCES de bois, garnies d'une pointe de fer, pour briser les béliers des Normands, I, 360-362.

PITHOU, possesseur du manuscrit d'Abbon, p. XIV. — Premier éditeur, p. XXII, XXIII.

PLOMB (balles de) envoyées par les Normands contre les Parisiens, I, 235; II, 240.

Ponts de Paris, II, 232. — Y en avait-il d'autres que le grand et le petit pont? p. 256, 257.

Pont (grand) établi par ordre de Charles le Chauve, p. 15, 37, 245, 253 et suiv. — Attaqué à plusieurs reprises par les Normands, I, 236, 250 et suiv., 375-380, 415-417.

Pont (petit-). S'écroule le 6 février 886, I, 504-510. — Attaque, défense et ruine de la tour qui le protégeait au midi, I, 511-591. — Où était-il? p. 257, 258.

Porte-enseigne (*signifer*) des Parisiens; son costume, I, 153-155.

# R

Ragenaire (comte), un des défenseurs de Paris, I, 67, 245.

Ragenaire, chef de Normands, prend Paris en 845, p. 5.

Ragnold, duc du Maine, tué en combattant contre les Normands en 885, p. 33.

Ramnulfe se fait déclarer roi en Aquitaine, en 888, p. 288, 290, 305.

Rhiustri, comté en Frise, p. 242.

Richard, duc de Bourgogne, p. 46, 264.

Richard, petit-fils de Rollon, contribue à l'élévation de Hugues-Capet, p. 49.

Rivet (D), cité, p. VI, VII, XVI.

Robert le Fort, p. 16, 17.

Robert, frère d'Eudes, I, 67, 245, II, 482, p. 46, 264. — Reçoit de lui le comté de Poitiers, II, 546.

Robert, guerrier tué dans le second assaut, I, 162.

Robert-Trousse (*Pharetratus*), tué dans un village de la France orientale par une irruption de Normands, I, 441-451.

Roger (*Rotgarius*) comte, neveu de Hugues, tué par Guillaume d'Auvergne, II, 562, 564.

Rolland, paladin de Charlemagne, p. 289, 290.

Rollon, chef de Normands, s'établit à Rouen en 876, p. 20. — N'est pas nommé dans Abbon, p. 35. — Son traité avec Charles le Simple, p. 46, 47.

Roman, langue des Francs Neustriens, p. 247.

Roncevaux (poëme de), cité p. 289, 290.

Roric, neveu d'Hériold, p. 6, 11.

Rouen, aux Normands, p. 20, 47.

# S

Saucour (victoire de), p. 24. — Célébrée par un chant teutonique, p. 245-251.

Saxe (*Saxonia*), II, 3.

Saxons joints aux Normands dans leurs premières incursions, p. 3, 4.

Sclademar, ancien guerrier de

Robert, tué par les Normands, II, 477-484.

Sées, cédé aux Normands, p. 47.

Segebert avec Segevert contribue à repousser trois cents Normands entrés dans l'île. Il est tué, II, 187-194.

Ségemond, évêque de Meaux, II, 455. — Pris par les Normands, II, 465.

Segevert, II, 194. Voyez *Segebert*.

Seine (*Sequana*), I, 10, 31, 105, 174, 234, 598, 643; II, 59, 66, 170, 202, 224, 391. — Débordée, emporte le petit pont, I, 504-507. — Son embouchure, II, 45, 46.

Sens, perd son archevêque Évrard. II, 77. — Abandonnée aux ravages des Normands, II, 338.

Serment de Strasbourg, en deux langues, p. 247.

Sidroc, chef de Normands, p. 10.

Sigefred ou Sigefrid, un des rois normands à Ascloha, en 882, p. 27. — Se fait chrétien, p. 28, 31. — Un des chefs au siége de Paris, p. 34. — Roi seulement de nom, I, 38. — Demande à Gozlin le passage, I, 40. — Sur son refus, le menace, I, 55. — Lève le siége de la tour, le 3 février, I, 430. — En conférence avec Eudes, II, 23. — Invite ses compagnons à se retirer, II, 31-33. — Reçoit 60 livres d'argent pour prix de son départ, II, 41, 42. — Exhorte tous les Normands à lever le siége, mais sans succès, II, 43-47. — Il se rit d'un échec qu'ils éprouvent, et se retire, II, 48-67. — Sa mort en 887, p. 44.

Sinric, un des rois normands, se noie dans la Seine, II, 219-226

Solius, un des douze guerriers de la petite tour, I, 526.

## T

Théodéric, seigneur franc, de l'avant-garde de Charles le Gros, II, 329.

Thetbert, frère d'Anschéric, comte de Meaux, la défend vaillamment, II, 456-462.

Thibaut, père de Thibaut le Tricheur, persuade à Hastings de quitter la France en 885, et en obtient Chartres, p. 35. — Était Normand; peut-être frère de Rollon, p. 48, 263, 265.

Thibaut le Tricheur, comte de Blois et Chartres, retient Louis IV prisonnier, p. 48.

Tortue des Normands faite avec leurs boucliers, en assiégeant la tour, I, 260-269, 302.

Tour au nord du grand pont, p. 50. — Sa forme, son importance, p. 281. — Attaquée d'abord par les Normands; la construction en est achevée dans la nuit, I, 62-75, 78-83. — But principal des attaques des Normands, ainsi que le grand pont, I, 84-171, 205-216, 232 et suiv., 250, 301 et suiv., 357-360, 425-431; II, 293-314. — Servait d'entrée à la ville, II, 16, 201, 205. — Appelée la grande tour, *maxima turris*, II, 284. — A-t-elle été remplacée par le grand Châtelet, ou par le For l'Évêque? p. 256.

Tour du petit pont, ou petite tour bâtie sur la terre de Saint-Germain-des-Prés, I, 469, 508, 509. — Gardée par douze seigneurs, I, 521-528. — Attaquée et détruite par les Normands, I, 511-590.

Tours (plusieurs autres) aux remparts de la Cité, II, 56.

Tudesque, langue des rois de la deuxième race, d'origine austrasienne, p. 247.

## U

Uddo, comte de Chartres, à ce que l'on croit, I, 653, p. 283.

Utto, seigneur parisien, combattant près d'Eudes, I, 245.

Uvido, un des douze guerriers de la tour, I, 526.

## V

Vierge (Sainte-). Prière que lui adresse l'évêque Gozlin, I, 314-319. — Actions de grâces du poëte, I, 322-352. — Patronne de Paris, I, 327. — Une des patronnes de la cathédrale, p. 286.

Vincent et Saint-Germain (église de Saint-), p. 10. Voyez *Saint-Germain-des-Prés*.

Vitres aux fenêtres de l'église de Saint-Germain, I, 471.

Voltaire, cité p. 39.

## W

Walachrie, île cédée aux Normands, p. 4.

Wéland, chef de Normands, p. 14. — Se fait chrétien, p. 15.

Wichert, comte franc, gagné par les Normands, p. 27.

Wurm. Voyez *Garmond*.

## Z

Zuentibold, duc ou roi de Lotharingie, fils naturel de l'empereur Arnoul, est battu par Eudes, II, 577-582, p. 294. — En 889, bat les Normands, p. 46.

# INDEX LATINITATIS.

*Nota.* Cet index comprend surtout les locutions extraordinaires employées par le poète, mai non les mots arbitrairement composés du troisième livre : ceux-ci formeront un index sépare Gl., après un mot, indique une expression de la glose.

## A

Abba *pour* abbas, I, 68, 95; II, 76, 166.
Accipitres, I, 538.
Acephali, Normanni, II, 410, 486.
Acerbi, Norman., I, 456.
Acidæ salutes, II, 17.
Acies linguæ, II, 471.
Acies pennivolæ, sagittæ, I, 299.
Addere, immittere, I, 100.
Admittere scutum, accipere, I, 446.
Adolet pugna, II, 525.
Ænigma, II, 426, 427
Æquiperans, I, 108.
Æquivocus, II, 37.
Æquor, pratum, I, 461.
Aer, *neutre*, I, 410; II, 261, 369.
Æstus arentes, I, 530.
Æthra, *pl. neut.*, II, 261.
Æthræ, *pl. de* æthra, I, 412.
Agon, certamen, I, 270, 311; II, 31.

Allegoria, p. 64.
Allophyli, alienigenæ; Normanni, I, 649; II, 520, 584.
Alluviæ bacchantes, I, 505.
Almus, sanctus, I, 474, 479 II, 147.
Alpes tumidi, I, 198.
Altæ, nutritæ filiæ, II, 345.
Altor, nutritor, I, 46.
Altri *pour* alteri, I, 510.
Anaphora (figuræ nomen), I, 70, 253.
Anfractus tubæ, II, 514.
Anquinæ, funes, I, 379.
Antistes, episcopus, I, 243; II, 439.
Aphrodite, II, 601.
Apollo, sol, I, 77, 660.
Applicare conflictus, I, 648.
Apri, carnes appositæ Normannis, I, 129.
Arcana uteri, I, 209.
Archos, dux, II, 555.
Arctatus, ligatus, I, 474.
Argiva sitis, i. e. avaritia Græcorum, I, 5.

# INDEX LATINITATIS.

Argutus fremitus, I, 609.
Arma, i. e. armati, I, 199.
Armisoni pedites, II, 512.
Arx, turris, I, 83, 148, 232, 240, etc.
　Ascella, II, 406.
　Ast, et, II, 329, 399.
　Atomi, II, 575.
　Atri, Normanni, I, 529.
　Attribuere jugulis, II, 184.
　Augere vitam, II, 6.
　Augmentant, gl., I, 65.
　Australe clima, I, 77.
　Avernus, II, 60.
　Avunclus, I, 455.

## B

　Bacchus, vinum, I, 129.
　Balista, I, 87; II, 242.
　Bannitæ syllabæ, p. 66.
　Barathrum tetrum, infernus, I, 500.
　Barcæ, naves Normannorum, I, 30; II, 423, 593.
　Basileus, imperator, I, 48; II, 164.
　Basilica, II, 310.
　Belligeri alicujus, i. e. milites, I, 652.
　Benedicere, II, 122.
　Benigna urbs, Parisius, I, 153.
　Benignus populus, Parisiaci, I, 248.
　Biblus, p. 62; II, 614.

Bis acutus, II, 72, 385.
Bisternis; biterni, sex, I, 147; II, 181.
Boare, I, 515; II, 275, 513.
Boatus, I, 402, 409; II, 369.
Bombus, II, 431, 517.
Bostar, stabulum, I, 636.
Botrus, *allegorice pro* versu, p. 70.
Bucolica cæsura, p. 66.
Bustum, II, 99.

## C

　Calclus *pro* calculus, lapis, II, 151.
　Campana, *pl. neut.*, II, 275.
　Cantio, p. 60.
　Caput urbis, II, 247.
　Carcamusæ, nomen arietis, I, 427.
　Carina; carinari, II, 174.
　Caro flatûs, II, 141.
　Castella, castra vel machinæ castri, I, 58, 603.
　Castellani, Parisiaci, II, 85, 103.
　Castellum, arx, vel urbs ipsa, II, 128.
　Catalecticus versus, p. 66.
　Catapulta, i. e. sagitta, I, 157, 236, 535; II, 238, 252, 385.
　Cata triton trochæon, p. 64.
　Cateia, I, 259, 554; II, 27.
　Cathecasta lux, II, 495.
　Cathedra animæ, corpus, I, 499.
　Catholici, II, 424.

Cauda anni, I, 171.—Sequanæ, II, 45.
Cauma, I, 113.
Celer, *fém.*, II, 1.
Censere, enumerare, I, 624.
Ceres, panis, I, 129.
Cernere, custodire, I, 300, 469.
Cernnus, humilis, p. 56, 70.
Chalybis dens, I, 361.
Charon, deus inferni, I, 167, 592.
Chelæ, brachia, I, 273.
Chile, mille, I, 115.
Chlamys, II, 607.
Chorda, II, 405.
Christus, unctus, rex, II, 522.
Cibus, *metaphor.* vulnus ori adactum, I, 278.
Cis, I, 19.
Citi, i. e. vocati, dicti, I, 137.
Citrà, ultrà, I, 19; II, 461.
Cives Parisiaci, II, 22, 234.
Clàm, sine, II, 397.
Clamor campanæ, I, 239; II, 275.
Clara Sequana, I, 545.
Cleronomi, clerici, p. 62.
Clibanus, I, 133.
Clima, I, 77; II, 2.
Clypeare, contegere, I, 219, 277.
— Clypeati viri, II, 496.
Codicellus, p. 58.
Cœnacula inferni, I, 500.
Collega urbs, æmula, I, 7.
Columba summa patris, S. Spiritus, I, 480.

Commenta, p. 64.
Concidere, II, 440.
Congaudere, II, 285, 451.
Conlevita, p. 56.
Consanguinitas regia, i. e. consanguineus regis, II, 543.
Consul, comes, I, 45, 453, 653; II, 457, 536.
Contemnere, deserere, I, 534.
Cornu, tuba, II, 511.
Cosmus, mundus, I, 49, 337.
Crates, I, 220, 426.
Cruenti, Normanni, II, 5.
Cubile, cubiculum, II, 108.
Cuneus, pars exercitûs, turma, I, 249, 448; II, 136, 320, 539, 562.
Cursus sacri, II, 106.
Curvari animis, I, 529.

## D

Dactylici trimetri, p. 68, 70.
Dæmon proprium, II, 589.
Dani, Normanni, I, 75, 84, 102, 155, et passim.
Dardi, tela, I, 86, 89, 603; II, 713.
Decussatus, p. 62; II, 608.
Defenstrix, gl. tutrix, I, 18.
Defit, deficit, II, 615.
Delius, sol, dies, II, 457, 575.
Depeculantes, I, 429.
Devia, menda, p. 58.
Devoti, christiani, I, 85.

Dextri, christiani, II, 20, 257, 297.
Diablus, I, 127.
Diadema, II, 446.
Diæresis (figuræ nomen), p. 66; I, 352; II, 41.
Diamant, valdè amant, I, 199; II, 58.
Dias, duo viri, I, 216.
Directio operis, p. 60.
Doma, domus, I, 208, 534.
Dominatus, ordo angelorum, I, 338.
Domnus, I, 481; II, 94, 285.
Doxa, gloria, p. 72.
Duelles, rebelles, II, 573.
Duellum, I, 61, 650.
Duit, dedit, I, 134; II, 478.
Durcones, naves Normann., I, 19, 123.

## E

Ecclesia, templum, I, 238, 642, 644; II, 109.
Eclipsis (figuræ nomen), II, 318, 566.
Elatio vestis, II, 600.
Elegus, miser, I, 309, 367; II, 91, 101.
Elios, sol, II, 199.
Epanalemsis (figuræ nomen), II, 358.
Ephthemimeris cæsura, p. 64.
Episynaleipha (figuræ nomen), p. 66; I, 433.

Epizeuxis (figuræ nomen), I, 103, 184.
Eumenides, I, 474.
Evax, interjectio lætantis, II, 435.
Examen, origo, p. 58.
Exteriùs, foris, II, 155.
Extimus, p. 56.
Extrema lucis, II, 777.

## F

Fabrica orbis, I, 413.
Fabricæ Dei, I, 288.
Facies, præsentia ipsa, II, 574.
Facta benè, i. e. benefacta, II, 36.
Facultas, p. 62; II, 534.
Fallaces, Normanni, II, 58, 299.
Famina, II, 144.
Famuli Sancti Germani, I, 467; II, 301.
Farsus, fartus, II, 324.
Fartus, opertus, I, 31.
Fas arridente, I, 534. — dato, II, 423.
Fata, dicta, II, 592.
Fenestræ, oculi, II, 353.
Fercla, prandium, II, 399.
Feri, Normanni, II, 243, 441.
Ferire urbem, II, 441.
Ferrea dextra, I, 657.
Fetor, I, 642.
Fibræ, II, 351.
Fibula aurea, II, 605.
Fidi, christiani, I, 114.
Figmenta, p. 60.
Finctus, fictus, I, 559.

21.

Flagrum, amor, p. 58.
Flamen, anima, vita, I, 125; II, 462.
Flatus rogi, I, 537.
———, supremus spiritus, I, 578.
———, anima, vita, I, 592; II, 127, 141, 185.
Fluentes obitus, I, 254.
Fœdi, Normanni, I, 116.
Fornax, turris (per ludibrium), I, 127.
Fornix, arcus curvatus, I, 233.
Forum, I, 449.
Fossata, I, 303; II, 26.
Fovea speluncæ, II, 115.
Fractus, subst., I, 368.
Frangere securum, II, 429.
Frustrari, passivè, I, 575; II, 473.
Fugella, I, 166; II, 22.
Fumat fremitus, I, 609.
Fundæ, I, 63, 87.
Fures, Normanni, II, 318.
Furvus, niger, I, 384.
Fusus intuitus, I, 568.
*Futur pour le présent*: fore, p. 60; affore, II, 583, p. 241.

## G

Garbæ, gl., mergites, II, 87.
Gazæ, I, 191, 623.
Gehenna, II, 162.
Gentiles, Normanni, I, 565, 602; II, 402.
Germanitas acceptissima, p. 56, 58.
Glaciari, II, 341.
Gladius, quodlibet telum, I, 71.
Glomerare statum, II, 507.
Glosæ, p. 64.
Glutto, gl., helluo, I, 132.
Gnomon, II, 400.
Gramma, litteræ, II, 438.
Grassans, prædo, I, 567.
Grassari, passivè, II, 140.
Gratari, activè, II, 618.
Gravare, I, 124.
Gravidare, I, 376.
Gravidatus, II, 87.
Grunnitus aprorum, I, 631.
Gurdi, stulti, Normanni, I, 424, 531; II, 525.
Gustat cædes mulierem, I, 182.
Gyrare, I, 355.

## H

Habenæ mortis, I, 187, 322.
Hasta, I, 604.
Haurire, videre, I, 595. — Palmas, I, 621.
Helmus, gl., conus, II, 521.
Heros, dominus, I, 22, 189; II, 28, 70.
Hice, ipsi, I, 116.
Honestè, convenienter, I, 7.
Honor ensis, I, 56. — Regis, II, 591.
Honores, I, 43, 551.
Horror, I, 140; II, 416.

Hospes animæ pectus, II, 524.
Hostis, diabolus, II, 618.
Humile, I, 133.

# I

Indicibiles grates, I, 329.
Induperator, II, 332.
Indusiari, indui, II, 607.
Infames, Normanni, II, 526.
Inferna, I, 476.
Infidi, Normanni, II, 480.
Infortuna cohors, Normanni, I, 439.
Ingeniolum, p. 58.
Innumeratus, innumerus, I, 641.
In-que-sulam, II, 187.
In-que-sulas, II, 54.
Insuperata vox, I, 573.
Intuitus fusus, I, 568.
Invitis mœnibus, II, 423.
Ironia (figur. nom.), II, 466.
Ivi, gl., taxi, I, 275.

# J

Jacere prælia, I, 85. — animam, II, 523.
Jaculari, *passivè*, I, 141, 214.
Jaculator, II, 524.
Janvarius, I, 433.
Jubæ, crines, I, 389.
Jugare, II, 597.
Jugiter, I, 98, 464, 586, 655; II, 177.

Juguli, II, 184, 477.
Junior navis, minor, I, 28.
Jus redditum pedibus, II, 353.
Jusjuranda, II, 412.
Juvamen, auxilium, I, 65, 521.
Juvenci, II, 91.

# L

Læsus, debilis, II, 356.
Lagena, I, 544.
Lampas, sol, II, 1.
Lancea, *pl. neut.*, I, 154.
Lanio, prædo, I, 472.
Laniones, Normanni, II, 9.
Lapidare, I, 124.
Laqueus necis, I, 319.
Lar, ignis, I, 144, 548.
Laterna, II, 82.
Latices, I, 160, 540; II, 366, 422.
Lemnius, Vulcanus, ignis, I, 159, 383, 607.
Letha, II, 564.
Leugæ, I, 32; II, 208.
Libræ argenti, II, 42.
Ligna nautica, I, 35.
Linguæ, glosæ, p. 64.
Linio, deosculor, p. 70.
Lintres, I, 158.
Liquescens carne, II, 126.
Litare, libare, dare, I, 21, 27, 129.
Literatoria disciplina, p. 60.
Littora vitæ, II, 424.
Litui, I, 515; II, 235.

Livor, sanguis, I, 563.
Lobiæ, gl., scenæ, I, 366.
Locellus, II, 81.
Lora, flagella, II, 425.
Lora accipitrum, I, 538.
Lorica, I, 286.
Lucifera planta, II, 2.
Luciflua figura poli, II, 400.
Lucina, luna, II, 575.
Lucrare, II, 264.
Lucrari, *pass.*, II, 282.
Ludere, bellare, I, 617, 651.
Lumbi, II, 609.
Lunatæ peltæ, II, 485.
Lymphæ marinæ, II, 44.
Lymphantes, dementes, I, 574.

# M

M, quadraginta, I, 115.
Macharius, sanctus, I, 174.
Madida nox, II, 79.
Madidus ensis, II, 305.
Magalia, I, 441.
Mala plumbea, I, 235.
Mane, *periphrases*, I, 84, 224, 355, 425, 511; II, 198.
Manere, esse, p. 62; I, 509, 641; II, 33, 130.
Mangana, I, 364.
Maria Sancta, dicta variis nominibus, I, 314, 315, 327, 332, 345.
Mars, II, 246.
Martis cacumina, II, 326. — Martis mons, II, 334.
Mathites, discipulus, p. 70.

Mausoleum, I, 493.
Mavors, I, 152; II, 307.
Meare, post terga, II, 207. — per verba, i. e. loqui, II, 560.
Meatus, I, 298.
Medicina Dei, I, 72.
Mel fluvii, II, 44.
Memoratio, II, 167.
Mensurare, I, 325; II, 63.
Merere lumen, II, 357.
Mereri requiem, I, 660.
Metalla convexa, campanæ, I, 238.
Metaphora (fig. nomen), I, 168, 233.
Metaplasmus (fig.), I, 6.
Metonymia (fig.), I, 275, 281; II, 251, 483.
Metrum, II, 63.
Miles, I, 161, 443. — Episcopi, I, 70.
Milites S. Germani, II, 147.
Milleni, mille, II, 431.
Miror, *pass.*, I, 266.
Misellus, I, 370, 394, 513.
Missas celebrare, I, 317; II, 106.
Missus, commissus, II, 590.
Mixtim, I, 517.
Modicum, dimidium, I, 32.
Modò, nunc, II, 546.
Modus solidus.—fractus, II, 515.
——— Ignarus modi, immensus I, 206.
Molior, cupio, p. 60.
Monachæ, II, 607.
Monas, unus ictus, I, 216.

Monstra, machinæ enormes, I, 206.
Morâ fugiente, I, 470; II, 16.
Mortalia arma, II, 463.
Mortes, I, 587.
Musclus, I, 99.
Muta verba, i. e. obscura, p. 64.

# N

Nactus, *passive*, II, 103.
Naviter, II, 572.
Ne, nonne, I, 24.
Nectere numerum, II, 469.
Nefandi, Normanni, I, 457; II, 320.
Nepos, *neveu*, I, 452.
Neptunus, pro quâlibet undâ, I, 160, 383, 547.
Nequam, Normanni, I, 354.
Nervi, I, 214.
Nexare, II, 586.
Nocturna turris, I, 89.
Normanni variis appellationibus dicti :
    Acephali, acerbi, allophyli, atri : atrox populus, I, 249. Cruenti, fallaces, feri, fœdi : gens truculenta, I, 366, 562. Gentiles, gurdi : infelix populus, I, 232, 248, 406. Infidi, infortuna cohors: inimicus populus, I, 273. Laniones, nefandi, nequam: pestifera gens, I, 161. Pestiferi : phalanges infelices, I, 371. Plebs inimica Deo, I, 555. Plutonis amica progenies, I, 21. Profani : proles Satanæ, I, 227. Protervi, severi, sinistri, tetri : torva plebs, I, 302. Torvi, truces.
Nothum nomen, I, 6.
Numen regis, II, 531. — regni, II, 444.
Numerus almus, i. e. trinus, I, 279.
Numerus numerans, I, 29.

# O

Oblitus, *passive*, II, 134.
Obtentu carens, I, 573.
Oc-que-cidens, I, 360.
Occidua sors, I, 495.
Occidui ultima, I, 76.
Oceani tori, I, 294.
Oceanus, II, 294.
Ocelli turris, I, 431; II, 285.
Octonæ bis, I, 205.
Odæ, cantus, I, 330.
Omen, II, 466.
Oppida Normannorum, castra, I, 426.
Ops diva, II, 443.
Orare, loqui, II, 462.
Orbis medius, II, 227.
Orbita teres, rota, I, 141.
Orbus, cæcus, II, 353.
Orcus, inferni Deus, p. 60.
Organa corporis, II, 351.
Oriens, I, 378, 439.

Os freti, II, 45.
Ovamen, II, 451.

## P

Pallos, pallor, I, 428.
Palpatus, læsus, I, 69.
Pansa, manifestata, I, 543.
Paragoge (figur. nom.), II, 618.
Paratus, reparatus, II, 352.
Parentes mulieres, II, 601.
Parisiaci, respectu Normannorum, dicti:
 Benignus populus, I, 248. Christicolæ, I, 93. Devoti, I, 85. Dextri, II, 257. Domini caterva, I, 407. Domini populus, I, 419. Fidi, I, 114. Veri, II, 58.
Paro, navigium, I, 250, 459.
Pastor, episcopus, I, 37.
Pedetentim, I, 378.
Pelagus, mascul., I, 105.
Penetrare prælia, II, 501.
Pennæ Sequaninæ, II, 46.
Pennivolæ acies, I, 299.
Penthemimeris cæsura, p. 64.
Pependit, activè, II, 500.
Per: equites adventant per millia, II, 499.
Peragendo, pass., I, 212.
Pergama, mœnia, I, 489; II, 49, 230.
Periergia, p. 64.
Periphrasis (fig. nom.), II, 141.
Perpes gladius, II, 528.

Pestiferi, II, 162. — Normanni, II, 212.
Phala, turris, I, 19, 213, 424; II, 26, 238.
Phalanx, multitudo, I, 195.
Phalarica, balista, I, 213.
Pharetra, sagitta, I, 281.
Phaseli, naves, I, 292; II, 408.
Philomela, II, 387.
Phœbe, luna, nox, II, 457.
Phœbus, dies, II, 527. — senex, I, 224.
Piaclum, II, 598.
Piare ecclesiam bovibus, I, 644.
Piceæ umbræ, I, 148.
Pictæ parmæ, I, 119. Pictus paro, I, 250. Picta scuta, I, 256, 257. Picta testudo clypeorum, I, 266.
Pietas, misericordia, I, 475; II, 100, 102, 559.
Pila, I, 86, 554; II, 238.
Pinguis furore, I, 283.
Pinnæ, propugnacula, II, 62, 249, 404.
Planctus scutorum, I, 284; II, 431.
Plangores clypeorum, II, 255.
Planta lucifera, II, 2.
Plasma, p. 56.
Plebes nobilium, II, 156.
Plecti, decollari, I, 569.
Plectra vocis, II, 388.
Plectrum, ictus, I, 214.
Plicare necibus, II, 425.
Plumbea mala, I, 235. Plumbi poma, II, 240.

# INDEX LATINITATIS.

Pluralitas scholarum, p. 58.
Pluteus, I, 220.
Polis, urbs, p. 58, I, 12, 20; II, 465.
Pompare, ornare, I, 294, 588; II, 336.
Pontifex, episcopus, I, 39.
Popellus, II, 475.
Populus senioris, *les vassaux*, I, 447, 453.
Portatores, II, 150.
Portunus Deus, II, 305.
Positor, poeta, p. 62; II, 617.
Posse, *subst.*, p. 62; I, 196, 201.
Potestas infirma, I, 647.
Potestates, ordo angelorum, I, 339.
Præcluis, nobilis, II, 345.
Præcursor Domini, II, 496.
Prænomen, i. e. cognomen, II, 570.
Præpulchra polis, I, 20.
Præsul, præsul domini, i. e. episcopus, I, 22, 47, 69, 312, 395; II, 4, 138, 455, 465.
Primas, primus omnium, I, 243; II, 319, 381. — Rex, II, 526, 542.
Primatus, principatus, ordo angelorum, I, 339.
Probitas, virtus, II, 592.
Profani, Normanni, II, 493.
Profugâ pietate, II, 100.
Proparare, II, 316.
Proprii, sui, I, 537, 572; II, 506.
Proscindere, primum legere, p. 60.

Protervi, Normanni, II, 287.
Prunæ sine tegmine, II, 427.
Psallere, II, 615.
Pueri Odonis, II, 505.
Pugnax, *subst.*, II, 482.
Purificatio B. Mariæ, I, 436.

## Q

Quadrigæ Phœbi, I, 225.
——————— solis, I, 425. — Thetis, II, 396.
Quantum, quantitas, I, 133.
Quatenùs, ut, II, 165.
Queo, I, 343, 348, 362, 597.
Quingen, quingenti, II, 435.
Quisque, quicumque, I, 14.
Quium, quorum, I, 156; II, 189.
Quo, sicut, II, 292, 476.
Quod, ut, I, 51, 52, 602.
Quoque, et, I, 77; II, 99.

## R

P græcum, 100; I, 114.
Rapere viscera, II, 502.
Rates Normannorum, I, 62.
Reatus, II, 40.
Reboare odas, I, 386.
Reboat tellus, II, 272.
Recidiva lux, II, 96.
Recolendus, II, 279.
Recubans, jacens, I, 173.
Redamat caro virum, II, 141.

Redire, abire, II, 42, 339, 342.
Redolent artus, II, 83.
Regna Sequanæ, I, 506.
Regnans, rex, II, 552, 585.
Relatus, suprà dictus, I, 580.
Rentes, sperantes, I, 145; II, 264.
Repedare, I, 130; II, 215.
Reprobus risus, I, 408.
Repserat, traxerat, I, 278.
Res celsæ, I, 217.
Resalutare, I, 84.
Resonare, nominare, I, 30, 427.
Restare, stare, II, 409.
Revelare tristes animos, II, 262.
Revolvere plectra, II, 388.
Rhythmus, numerus, I, 634.
Rogus, ignis, I, 537, 550.
Romphæa, I, 523; II, 73.
Rostrum catapultæ, II, 253.
Rubeus, sanguineus, I, 650.

## S

Sæcla novembris, II, 341.
Sævi, Normanni, II, 204.
Salire, transilire, I, 598.
Sanguivoma vulnera, I, 192.
Satanæ proles, I, 227.
Sategit, studuit, I, 152, 320.
Saturatus risu, I, 408.
Scandere mortem, II, 298. — undas, II, 402.
Scidula, epistola, p. 56.
Scindere silvas, personare, I, 631.
Scisci, I, 135.
Scitur, II, 366.
Scopare, gl., verrere, II, 266.
Scottum, symbolum, II, 362.
Securum, pactum securitatis, II, 415, 429.
Secùs, juxtà, I, 379.
Senior, un seigneur, I, 444.
Sentire aure, II, 68.
Sepire æthera, implere, p. 72.
Septeni, septem, I, 109.
Septentrio, fem., I, 358.
Sequi, pass., I, 77.
Serante, saranta, 40; I, 115.
Serenum regnum, I, 52.
Serere pontes catapultis, I, 236.
Sescupla arx, I, 83.
Sessio, II, 473.
Sestrix sacra, S. Spiritus, I, 483.
Severi, Normanni, II, 264.
Sicca, i. e. terra, II, 253.
Signifer, I, 153, 592; II, 282.
Silemsis (fig. nom.), I, 589.
Similans, similis, II, 111.
Similis, idem, I, 70.
Singularis, monachus, p. 56.
Sinistri, Normanni, II, 20, 296.
Siquidem, ut, I, 42.
Sociale vulnus, I, 572.
Sodales, socii, I, 568.
Sodes, II, 376.
Solamen cœleste, II, 502.
Soles, dies, I, 171.
Sors, pars, I, 151, 173. — occidua, mors, I, 495.
Spatium, requies, II, 458.
Species, figura, I, 6.
Specimen, ornamentum, I, 202.

# INDEX LATINITATIS. 331

Specula, turris, I, 98, 122, 133, 154, 236, 386, 398, 469, 535, 590; II, 24, 232.

Specula, speculantis status, II, 289.

Speculata, *passivè*, II, 176.
Spirare flamen, mori, I, 125.
Spiritus, anima, I, 477.
Spolium, II, 489.
Stabulatores, I, 640.
Stilla simplex, I, 113.
Stipare, circumdare, I, 490; II, 454. — certamina, I, 121.
Strues, agger, I, 416.
Studuit finire, I, 434.
Stupores, stupenda miracula, II, 288.

Sub, *accus.*, I, 532. — *Abl.*, I, 560, 561; II, 109, 149, 200, 380, 527.

Subintroire, II, 99.
Sublegere, furari, I, 627.
Subsannare, I, 407.
Subtilis fuga. — fugella, I, 166; II, 306.
Suburbani, Normanni in suburbiis, II, 160.
Succidere murum musclis, I, 99.
Sucula, I, 637.
Suggestus, castra, II, 317.
Sui, proprii milites cujuspiam, II, 564.
Sulci, fossæ, I, 304, 324.
Sumo, præsumo, I, 140.
Super, desuper, p. 72. — De, I, 593; II, 30.

Superare, *neut.*, I, 268; II, 248.
Supercilium, superbia, II, 599.
Supplere, implere, I, 239, 479. — Peragere, I, 170.
Syncope (fig. nom.), I, 127.

## T

Tabulata turris, I, 82.
Tactus, congressio, I, 610.
Taxor, nominor, p. 60, I, 8.
Tegmen ecclesiæ, II, 109. — stratûs, I, 130.
Tempe, valles, I, 629.
Tempestas, tempus, II, 76.
Tentoria, I, 17, 217; II, 223.
Tentus, detentus, II, 440.
Teres ecclesia sancti Germani, I, 175; II, 35.
Terni, tres, I, 171; II, 505.
Ternus, tertius, II, 221.
Terrigena dilectio, p. 56.
Testis, martyr, II, 310.
Testudo ponti, II, 536. — scutorum, I, 266, 302.
Tetri, Normanni, II, 461.
Thetis, II, 293.
Throni, ordo angelorum, I, 339. — siderei, I, 401.
Thule, I, 76.
Tiro, II, 497.
Tirunculus, p. 60.
Titan, dies, I, 36. — Sol, I, 293; II, 227, 399.
Tmesis (fig. nom.), II, 472.
Tome, cæsura, p. 66.

Tonare, vario sensu, I, 574; II, 137, 213, 234, 518, 579.
Torquere cachinnos, II, 263.
Torriculus, I, 484.
Torus, sepulchrum, I, 497.
Torva plebs, torvi, Normanni, I, 295; II, 306, 433, 479.
Totus, omnis, I, 238.
Toxica, *adj.* venenata, I, 58.
Tractare vitam, I, 576.
Trepida tela, I, 228.
Tressis, tres, I, 219.
Trias, trinus numerus, p. 62; I, 206.
Triduana certamina, I, 433.
Trinitas, trinus numerus, p. 62.
Tripudium, p. 60.
Trito pede stat, I, 383.
Truces, Normanni, I, 115, 302, 632; II, 25, 174.
Tueri, *pass.*, I, 567.
Tumida ira Sequanæ, I, 505.
Turris, I, 62, 65, 78, 84, 89, 92, 229, 281, 354, 431. — Dicta ars, clibanus, fornax, phala, specula. *Quæ vide.*
Tutamen, II, 313.
Tutor urbis, p. 60; I, 46; II, 137, 595.
Tutrix, I, 18.

## U

Uncus arcus, I, 275.
Undivagus, II, 536.
Un-que-gulæ, II, 268.

Unum, unà, II, 231.
Urbs Lutecia, *la Cité*, I, 36, 48, 64, 91, 153, 234, 255, 327, 386, 467; II, 236, 247, etc.
Urbani, *les Parisiens*, II, 148, 160, 490.
Urna Plutonis, I, 555.

## V

Vacuare, II, 96.
Vada ponti, I, 553.
Vallare, cingere, II, 11, 427, 441.
Valles humiles, I, 198.
Vallum, II, 37. — Vallus, palus, I, 175.
Vastipes thalamus Oceani, II, 198.
Vegetare, confortare, I, 114.
Velle, *subst.*, I, 196.
Venerari, ambire, I, 14. — *Pass.*, I, 45.
Ventus, anima, I, 639; II, 523.
Veri, christiani, II, 58.
Verna, famulus, I, 185.
Versus animo, II, 315.
Vertex, caput, II, 446. — australis, I, 508.
Vespere, *periphrases*, I, 76, 293, 353, 423, 553; II, 182, 294.
Vestigia, pedes, II, 358.
Vestire, *neutr.*, II, 168.
Vexare, allidere, I, 213.
Vice quâdam, II, 178, 187.
Vicibus, suâ vice, I, 116; II, 494.

Victus, *subst.*, II, 5.
Viduata ecclesia, II, 335.
Villa, I, 458.
Virgæ auri pedibus, II, 609.
Virgo Dei Genovefa, II, 247.
Viritim, I, 139.
Virtutes, ordo angelorum, I, 338.
Viscera, II, 115, 292, 503. — Opis divæ, II, 443.
Vitæ, *pl.*, II, 540.
Vitis, *allegoricè*, discipulus, p. 70.

Vocitare, II, 344.
Vox tubarum, I, 241. — Voces sanguineæ, I, 285.
Vulcania cura, I, 144.
Vulcanus, ignis, I, 377, 547; II, 305.

## Z

Zephyrus, II, 229.
Zeuma (fig.), p. 59; II, 445.
Zona, II, 608.

# INDEX LATINITATIS

POUR LES MOTS COMPOSÉS DU TROISIÈME LIVRE.

Abbachus, v. 33.
Abbaso, 55.
Abdomen, 60.
Ablunda, 18.
Absida, 5.
Abstemius, 26.
Aca, 69.
Acitabula, 45.
Acrimonia, 6.
Acrizimum, 29.
Ægidia, 74.
Affurcillando, 91.
Aforismi, 25.
Agagula, 18.
Agamus, 84.
Agape, 73.
Agason, 54.
Aginare, 88.
Agnati, 75.
Agonia, 79.
Agoniteta, 7.
Albuneus, 89.
Algema, 71.
Alogia, 5.
Amaneo, 80.
Amartetes, 87.
Amasius, 31.
Ambasilla, 7.

Ambro, 53.
Amicalo, 82.
Amiciter, 90.
Amineum, 82, 93.
Amphyballum, 30.
Amphytappa, 16.
Amphytheatra, 37.
Anabola, 20.
Anaboladia, 88.
Analogium, 39.
Ancisus, 64.
Anguina, 67.
Anodia, 9.
Antecenia, 72.
Antelis, 68.
Anthropus, 84.
Antigraphus, 26.
Antiquare, 88.
Aphatia, 72.
Apofereta, 83, 89.
Apogeum, 80.
Apoplexia, 86.
Aporia, 69.
Aposicrarus, 25.
Apostata, 78.
Apozima, 20.
Appodix, 70.
Aprilas, 77.

Architriclinus, 82.
Archos, 64.
Arcippio, 67.
Arcisterium, 81.
Aregidia, 75.
Argirippa, 85.
Armenum, 81.
Aslum, 76.
Aterva, 70.
Atrophia, 69.

Baben, 59.
Baccaulus, 34.
Badanola, 16.
Basileus, 26.
Bibiones, 92.
Bidentare, 96.
Biliosus, 98, 99.
Bimetur, 95.
Biotticus, 28.
Birotum, 40.
Bittere, 92, 95.
Blatta, 14.
Blatterat, 93.
Boha, 10.
Boson, 99.
Branchum, 91.

# INDEX LATINITATIS.

Brathea, 14.
Bravium, 40.
Brutescit, 94.
Buggeus, 98.
Bule, 58.
Burgus, 98.
Burra, 96.
Buteo, 96.

Cælibatum, 84.
Canterus, 31, 68.
Carchesia, 11.
Cardiacus, 65.
Catascopus, 27.
Cerritus, 32.
Cespitare, 104.
Clancula, 108.
Clancule, 107.
Clandestinare, 103.
Cliotedrum, 40.
Cloaca, 4, 34.
Coagmentare, 104.
Codrus, 22.
Colimbum, 66.
Congia, 45.
Corcula, 2.
Cosmographus, 27.
Crisis, 39.
Crisostomus, 24.
Croma, 8.
Culleum, 41.

Diamare, 17.
Diametra, 41.

Diamoron, 49.
Didasclus, 29.
Dipticæ, 1.
Disparare, 56.
Distica, 42.
Doma, 45, 57.
Doxa, 114.

Effebus, 30.
Effipia, 17, 19.
Egilopia, 37.
Emistichium, 42.
Enclitica, 14.
Enoforum, 43.
Enteca, 5.
Entole, 59.
Ergastula, 41.

Fraglet, 52.

Gallo, 53.
Gausape, 58.
Gimnus, 28.
Glauconia, 13.
Gorgon, 49.
Grammaton, 12.
Gripphia, 11.

Ierarchia, 4.
Ieron, 64.

Laon, 16.
Limphaticus, 24.

Lotium, 43.
Lucar, 52.

Machia, 4.
Monotalmus, 35.

Neofitus, 61.
Neotericus, 61.

Obliquus, 35.
Odon, 50.
Offa, 13.
Oletum, 47.
Olon, 50.
Oroscopus, 29.

Palinodia, 64.
Perifrasticus, 32.
Placenta, 21.
Platon, 50.
Pomarium, 46.
Pomerium, 46.
Postelis, 68.
Propoma, 17.
Prosapia, 14.
Pupillæ, 38.

Sandapila, 3.
Scrupulum, 38.
Silemsis (fig.), 46.
Sincophanta, 10.
Sinposia, 50.

Sinteca, 12.
Strabo, 54.
Stragulum, 17, 19.

Taphium, 99.
Teche, 60, 64.
Temeson, 51.
Teologus, 33.

Toga, 11.
Toparcha, 3.

Uraneus, 61.
Uranius, 8.
Uxorius, 23.

Wekus, gl 54

Xenodochium, 44

Yppos, 23.

Zelotipia, 44.

ΘHO. 117

ΨIXH, 38

# TABLE GÉNÉRALE
## DES MATIÈRES

RENFERMÉES DANS CE VOLUME.

———

|   | Pag. |
|---|---|
| Avant-propos. | 1 |
| Préface | v |
| Introduction historique. | 1 |
| Argument du poëme d'Abbon, tiré des Annales de Saint-Waast. | 50 |
| ABBON. | 55 |
| Épître dédicatoire à Gozlin. | 56 |
| Vers dactyliques à Aimoin. | 70 |
| Premier livre des guerres de la ville de Paris. | 76 |
| Deuxième livre *item*. | 156 |
| Troisième livre, à l'usage des clercs. | 233 |
| Notes de l'introduction. | 241 |
| Notes historiques sur le poëme. | 275 |
|     Premier livre. | 276 |
|     Deuxième livre. | 283 |
| Chronologie des événements renfermés dans le poëme. | 299 |
| Table alphabétique des faits contenus dans la préface, l'introduction, le poëme et les notes. | 307 |
| *Index latinitatis*, premier et deuxième livres. | 320 |
| ——————, troisième livre. | 334 |
| Table générale des matières. | 337 |

# ERRATA ET CORRECTIONS.

P. 56, not. 2 sur *singularis*. Après ces mots : *en trois livres*, indiquer par un trait — une nouvelle explication de *singularis*. Si on l'adopte, le titre en français sera : *Épître du moine Abbon le prosterné*, etc.

P. 58, l. 7. A la marge, lisez : *sinecdoche*, figure se rapportant à *pagellam*, pour *librum*.

P. 63, not. 7, au bas de la page, supprimer ce qui vient après ces mots : *glose presque perpétuelle*.

P. 68, not. 3 : *epis*, lisez : *epis*. (pour *episynaleiphâ*).

P. 78, aux vers 15, 17, supprimer les chiffres 1, 2, destinés d'abord à indiquer les notes.

P. 84, v. 53 : *quàm*, lisez : *quam*.

P. 120, les chiffres ne correspondent pas parfaitement aux vers. Rectifiez ainsi : v. 360. Oc-que-cidens....
                365. Saxa quibus....
                370. Quem talis....

*Ibid.* v. 365 : *truculente*, lisez : *truculentœ*;

P. 123, l. 4 : *y mettent le feu, puis....*, lisez : *y mettent le feu : puis*, etc.

P. 139, l. 9 : *à la tour, ils....*, lisez : *à la tour; ils....*

—— not., v. 530, 531, l. 2, lisez : *plenum gramine*.

P. 140, v. 535 : *fremus*, lisez : *fumus*.

P. 177, not., v. 175, lisez : *S<sup>ti</sup> Dion. littora*. Sur le rivage de Saint-Denis, voyez I, 173, 174, et les notes historiques : mais, etc.

P. 216, v. 509 : *adjicit*, lisez : *adjecit*.

P. 217, l. 10 : *et par des sons variés*, lisez : *par des tons variés*.

—— l. 13, 14 : *faut-il s'en étonner*, lisez : *faut-il en être surpris*.

P. 221, l. 5 : *accumula-t-il*, lisez : *accumula-t-il*.

—— l. 12 : *les deux armées*, lisez ; *les deux camps*.

P. 236, v. 54 : *Strabo*, lisez : *strabo*.

P. 254, l. 16 : *il ne pouvait pas être si étendu*, lisez : *il pouvait n'être pas si étendu*.

P. 288, not., v. 449 : *la table généalogique*, lisez : *le tableau généal*.

P. 320. Après ces mots de l'index : *abba, altri*, au lieu de *pour*, lisez *pro*.

P. 330. Ajoutez à son rang alphabétique : *sinecdoche* (fig. nom), p. 58.

www.ingramcontent.com/pod-product-compliance
Lightning Source LLC
Chambersburg PA
CBHW060056190426
43202CB00030B/1829